Liv Larsson
Wut, Schuld und Scham
Drei Seiten der gleichen Medaille

Ausführliche Informationen zu jedem unserer lieferbaren und geplanten Bücher finden Sie im Internet unter ↗ http://www.junfermann.de. Dort können Sie unseren Newsletter abonnieren und sicherstellen, dass Sie alles Wissenswerte über das Junfermann-Programm regelmäßig und aktuell erfahren. – Und wenn Sie an Geschichten aus dem Verlagsalltag und rund um unser Buch-Programm interessiert sind, besuchen Sie auch unseren Blog: ↗ http://blogweise.junfermann.de.

LIV LARSSON

WUT, SCHULD UND SCHAM

DREI SEITEN DER GLEICHEN MEDAILLE

Aus dem Schwedischen von Judith Momo Henke

Junfermann Verlag
Paderborn
2012

Copyright	© der deutschen Ausgabe: Junfermannsche Verlagsbuchhandlung, Paderborn 2012
	© der Originalausgabe: Liv Larson, 2010.
	Die schwedische Originalausgabe ist unter dem Titel „Ilska, skuld & skam. Tre sidor av samma mynt" im Verlag Friare Liv konsult erschienen. info@friareliv.se, www.friareliv.se.
Übersetzung	Judith Momo Henke
Coverbild	© Claudia Dewald – iStockPhoto.com
Covergestaltung/Reihenentwurf	Christian Tschepp

Satz	JUNFERMANN Druck & Service, Paderborn
Bibliografische Information der Deutschen Nationalbibliothek	Die Deutsche Bibliothek verzeichnet diese Publikation in der Deutschen Nationalbibliografie; detaillierte bibliografische Daten sind im Internet über http://dnb.ddb.de abrufbar.

ISBN 978-3-87387-779-5
Dieses Buch erscheint parallel als E-Book (ISBN 978-3-87387-877-8).

Inhalt

Vorwort der Autorin

Mein Lebensgefährte und ich ziehen uns manchmal gegenseitig mit Situationen auf, in denen einer von uns gehörig in Rage geraten ist. Erstaunlicherweise können wir uns jedoch einige Zeit später selten daran erinnern, worüber wir gestritten haben, was also der eigentliche Grund unseres Ärgers war. Wir wissen noch genau, welche Schimpfworte wir einander an den Kopf geworfen haben und zu welchen – im Nachhinein wenig schmeichelhaften – Handlungen wir uns haben hinreißen lassen. Nur der ursprüngliche Auslöser der Wut ist nach kurzer Zeit vergessen, obwohl er uns in dem Moment, als der Streit in vollem Gange war, als die wichtigste Sache der Welt erschien. Jeder von uns war so bemüht, den eigenen Standpunkt anzuführen und „recht" zu bekommen, dass wir sogar bereit waren, durch Worte oder Taten gewalttätig zu werden. Wenn wir hinterher der Ursache unseres Streits auf den Grund gegangen sind, mussten wir oft feststellen, dass es im Kern eigentlich um etwas ganz anderes gegangen war: um Autonomie, Mitbestimmung, Fürsorge und gegenseitigen Respekt.

Langsam, Schritt für Schritt, ist mir etwas bewusst geworden: Wenn ich andere für meine Gefühle verantwortlich mache, entgeht mir eine Möglichkeit, mich weiterzuentwickeln und zu lernen. Statt meine Kraft dadurch zu verschwenden, dass ich andere kritisiere, kann ich sie nutzen, um etwas zu verändern.

Sobald wir uns also mit den Vorgängen in unserem Inneren auseinandersetzen und unsere Wut zulassen, statt sie anderen vorzuwerfen, finden wir konstruktivere Wege uns auszudrücken. Indem wir hinter unseren Gefühlen unsere innersten Bedürfnisse erkennen, können wir Türen zu neuen Formen des Dialogs aufstoßen. So machen wir es uns leichter, unsere Bedürfnisse und die Bedürfnisse anderer wirklich zu befriedigen. Wenn in einem Konflikt beide Parteien ihr Anliegen äußern können und niemand zurückstecken muss, wird sich das positiv auf all unsere Beziehungen auswirken.

Während der Arbeit an diesem Buch ist mir klar geworden, dass sich hinter dem Empfinden von Wut und Schuld oft ein Gefühl der Scham verbirgt und eine Sehnsucht danach, respektvoll behandelt zu werden. Um unsere wahren Bedürfnisse zu erkennen, sollten wir also unsere Wut und unsere Schuldgefühle hinterfragen und uns mit der darunterliegenden Scham vertraut machen. Nachdem mir diese Zusammenhänge bewusst geworden sind, habe ich mich besonders intensiv mit der Scham auseinandergesetzt, da der Umgang mit unserer Scham auch unseren Umgang mit Wut und Schuldgefühlen stark beeinflusst.

Erst mehrere Jahre nach meinem ersten Kurs in Gewaltfreier Kommunikation (GFK) verstand ich in vollem Umfang, was Marshall Rosenberg (der Begründer der GFK) meint, wenn er sagt: „Versuche niemals, Scham und Schuld auszuweichen." Nachdem ich eine Zeit lang über diese Zeilen nachgedacht hatte, wurde mir klar, welch große Rolle Scham, Schuld und Wut in der zwischenmenschlichen Kommunikation spielen und wie wichtig sie als Schlüssel zu unserem Inneren sind.

Als ich mich intensiver mit der Scham beschäftigte und begann, den Bedürfniskompass anzuwenden, den ich in Kapitel 5 beschreibe, bekam ich ein weiteres Werkzeug an die Hand, um mich mit meiner Scham, meiner Schuld und meinem Ärger anzufreunden. Ich hatte sogar die Chance, an den Erlebnissen anderer (zum Beispiel meiner Kursteilnehmer) bei der Anwendung des Bedürfniskompasses teilzuhaben und war fasziniert von ihren Einsichten: Sie erkannten, wie typische Verhaltensweisen (Machtbestreben, ein Schwarzweißdenken in den Kategorien „schuldig" und „nicht schuldig" sowie Unterwerfung bzw. Widerstand) unser Leben und unsere Kommunikationsfähigkeit beeinflussen.

Mit diesem Buch möchte ich Ihnen zeigen, dass es gar nicht so schwer ist, einige Schritte in eine neue Richtung zu tun und das Leben zu leben, das Sie sich wünschen. Sie werden hoffentlich feststellen, dass jeder Augenblick die Möglichkeit birgt, einen tieferen Kontakt zu Ihrem Inneren herzustellen. Die Gefühle von Scham, Schuld und Wut können Ihnen treue Freunde in Ihrem Vorhaben sein, sich besser kennenzulernen.

Außerdem hoffe ich verdeutlichen zu können, wie eng Scham, Schuld und Wut zusammenhängen. Diese Gefühle beruhen auf Denkweisen, die wir Menschen in den vergangenen 8000 Jahren entwickelt haben. Auch wenn dieses Buch größtenteils davon handelt, wie Sie als Individuum mit Ihrer Wut, Ihrer Schuld und Ihrer Scham effektiver umgehen können, sehe ich diese Gefühle in erster Linie als Resultat des Dominanzsystems an, in dem wir sozialisiert wurden. Erst wenn wir dieses System an der Basis neu definieren, können wir auch unsere Art zu leben wirklich verändern. Ich bin zuversichtlich, dass wir so unser Menschenbild und die gesamte Gesellschaftsstruktur nach und nach weiterentwickeln können, hin zu einem lebenswerteren Miteinander.

Jemand, der heute geboren wird und dieses Buch in 30 Jahren liest, wird sich vielleicht wundern: Womit wir uns heute beschäftigen und was wir anhand verschiedener Methoden und Werkzeuge erst noch erlernen, wird ihm oder ihr – so hoffe ich – ganz einfach und natürlich erscheinen.

Piteå im Mai 2010
Liv Larsson

1. | Scham, Schuld und Wut

1.1 Scham, Schuld und Wut

„Man kann ein Problem nicht mit den gleichen Denkstrukturen lösen,
die zu seiner Entstehung beigetragen haben."

Albert Einstein

Mein Interesse an Wut, Schuld und Scham wurde geweckt, als ich Folgendes bemerkte: Dass es oft herausfordernd ist, mit diesen Gefühlen umzugehen, liegt an einer bestimmten Art zu denken. Diese Denkweise findet sich in den meisten heutigen Kulturen und kann daher als eine übergreifende „Kultur innerhalb der Kulturen" angesehen werden. Hinter diesem Denken verstecken sich Gefühle und Bedürfnisse, die wir manchmal vergessen, da wir eher damit beschäftigt sind, die Dinge in „richtig" und „falsch" einzuteilen, als darauf zu achten, was wir tatsächlich brauchen. Das Ermutigende daran ist: Wenn wir uns diese Zusammenhänge bewusst machen, können wir neue Denk- und Verhaltensweisen entwickeln.

Die Annahmen, auf denen dieses Buch begründet ist, sind folgende:

> Scham, Schuld und Wut sind im Grunde lebensdienliche Signale.
> Wir haben diese Signale bislang missverstanden.
> Wir müssen sie neu interpretieren, um sie konstruktiv nutzen zu können.

Solange wir nach jemandem suchen, dem wir die Verantwortung für unsere eigenen Gefühle aufbürden können, wird uns die wichtige Botschaft dieser Gefühle entgehen. Daher sollten wir uns klarmachen, dass wir Scham, Schuld und Wut bislang falsch interpretiert haben und nun nach neuen Deutungen suchen. Wenn wir die Bedürfnisse hinter diesen Gefühlszuständen wahrnehmen, wird es leichter werden, mit unserer Wut, unserer Schuld und unserer Scham umzugehen. Denn haben wir einmal den Kontakt zu unseren Bedürfnissen hergestellt, werden belastende Gefühle plötzlich zu Wegweisern, die uns dabei unterstützen, Kontakt mit uns selbst und anderen aufzunehmen.

Was das Erforschen von Wut, Schuld und Scham so interessant macht, ist die enge Verknüpfung dieser Gefühle mit unseren gelernten Urteilen darüber, was *richtig* und was *falsch*, was *passend* und was *unpassend*, was *unnormal* und was *normal* ist. Man kann diese Gefühlszustände als „Restprodukte" einer Lebensweise bezeichnen, die nicht an unsere tatsächlichen Lebensumstände angepasst ist. Im Kern dieser Restprodukte finden sich natürliche Gefühle und Bedürfnisse.

Wut, Scham und Schuld sind nützliche Signale dafür, dass wir uns Denkmuster zu eigen gemacht haben, die nicht lebensdienlich sind und daher unvermeidlich diese Restprodukte hervorbringen. Wir profitieren also davon, diese Gefühle ganz bewusst wahrzunehmen, denn sie machen uns darauf aufmerksam, auf welchem System sie basieren, und zeigen uns, wie wir von den Glaubenssätzen dieses Systems beeinflusst werden.

Vielleicht sind wir der Ansicht, dass jeder Einzelne lernen muss, mit seiner Wut, Schuld und Scham umzugehen. Oder aber wir machen das System für diese Gefühle verantwortlich. Viel interessanter ist jedoch, dass diese Gefühle uns verraten können, wie wir Veränderungen bewirken und unsere Lebensweise umstellen können, damit uns diese „Restprodukte" weniger zu schaffen machen. Wie können wir in unserem eigenen Inneren, aber auch in Familien, Schulen und anderen Gesellschaftsstrukturen, ein lebensdienlicheres Klima gestalten? Ein erster Schritt wäre es, eine Sprache zu entwickeln, die uns eher auf die inneren Prozesse von Menschen aufmerksam macht, statt auf „richtig" und „falsch" zu pochen. So könnten wir beginnen, auf eine Weise zu leben, die die Bedürfnisse aller im Blick behält.

1.2 Wie unsere Denkmuster Probleme hervorrufen

Im Kern jeden Ärgers findet sich ein Bedürfnis, das nicht erfüllt ist.So kann Ärger sehr wertvoll sein, wenn wir ihn als Wecker nehmen, der uns aufweckt – um zu realisieren, dass wir ein unerfülltes Bedürfnis haben und dass unsere Art zu denken dessen Erfüllung unwahrscheinlich macht.

Marshall Rosenberg[1]

Immer wieder begegnen uns Ärger, Scham und Schuld als Probleme, als etwas Unangenehmes, dem wir lieber ausweichen möchten. Stellen Sie sich jemanden vor, der es sich zur Gewohnheit gemacht hat, im Bett zu rauchen. Jedes Mal wenn das Bett brennt und der Rauchmelder losgeht, zieht diese Person völlig entnervt in ein neues Haus. Genau das tun wir, wenn wir Ärger, Scham und Schuld um jeden Preis vermeiden wollen. Statt unsere Energie darauf zu verwenden, diese Gefühle loszuwerden, können wir sie als einen inneren Feuermelder betrachten, der uns mitteilt, dass es irgendwo „brennt". Sie signalisieren, dass wir besonders aufmerksam sein sollten – und zwar nicht gegenüber den Gefühlen selbst oder dem Wunsch, sie loszuwerden, sondern gegenüber dem, was sie uns mitteilen wollen.

---

1   Rosenberg, Marshall B. (2011), Gewaltfreie Kommunikation. Eine Sprache des Lebens, Junfermann.

Ärger, Scham und Schuld signalisieren, dass unerfüllte Bedürfnisse in uns schlummern. Die Denkmuster, die diese Gefühle hervorrufen, helfen uns jedoch selten dabei, auch die dahintersteckenden Bedürfnisse wahrzunehmen und zu erfüllen. Im Gegenteil, sie lenken uns sogar davon ab, denn meist suchen wir fieberhaft nach einem Schuldigen, statt zu ergründen, was wir in diesem Moment tatsächlich brauchen.

Scham und Schuld leben von Denkmustern, die uns sagen, dass wir „schlecht" sind, dass wir etwas „falsch" gemacht haben und uns eigentlich anders verhalten sollten. Und wenn wir es leid sind, uns selbst die Schuld zu geben, wechseln wir einfach die Perspektive und suchen nun den Fehler bei anderen. Dann werden wir wütend, Adrenalin strömt durch unseren Körper, wir fühlen uns vital und lebendig. Dieses pulsierende Gefühl kann uns zu dem Irrglauben verleiten, wir seien ganz nah am Leben selbst, dabei sind wir nicht einmal in Kontakt mit unseren innersten, lebensbejahenden Bedürfnissen. Da wir unsere tatsächlichen Bedürfnisse nicht wahrnehmen, laufen wir Gefahr, auf eine Weise zu handeln, die weder uns noch anderen auf Dauer zugutekommt.

Waren wir eine Weile ärgerlich, pendeln wir häufig wieder zurück zu Schuld- oder Schamgefühlen – besonders wenn wir verinnerlicht haben, dass es falsch ist, Wut zu empfinden. Haben wir gedroht, beschuldigt, Forderungen gestellt oder unserem Gegenüber auf andere Art gezeigt, was wir an seinem oder ihrem Verhalten falsch finden, schämen wir uns häufig, suchen die Fehler wieder bei uns selbst – und finden sie auch. Wir glauben dann, uns unpassend, unreif und unvorsichtig verhalten zu haben oder nehmen an, wir seien dumm und egoistisch.

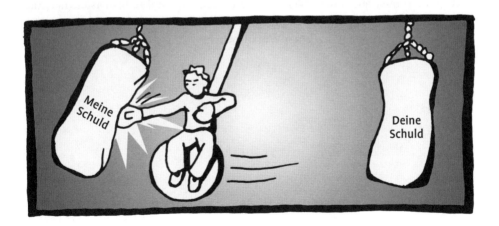

Haben wir uns wiederum lange genug selbst traktiert und sind nicht länger in der Lage, uns für schlecht zu halten, schlägt das Pendel [Abbildung S. 13] erneut in die andere Richtung aus. Wieder richten wir unsere Wut durch Urteile und Forderungen nach außen. Dieses Hin und Her wird schließlich zu einem Teufelskreis, aus dem wir nur schwer wieder herausfinden.

Eine Studie zur Scham von *United Minds* zeigt, dass wir uns am stärksten schämen, wenn wir zuvor wütend waren[2] – besonders wenn der Ärger gegen unsere Kinder gerichtet war. Der Wissenschaftler Alfie Kohn bringt diese Pendelbewegung auf den Punkt, wenn er ein Elternteil folgendermaßen zitiert: „Ich erlaube meinen Kindern alles, bis ich sie nicht mehr ausstehen kann; dann werde ich so autoritär, dass ich mich selbst nicht ausstehen kann."[3]

Wenn sie untersuchen würden, in welchem Ausmaß Gewalt zwischen Menschen mit Ärger beginnt, wären die meisten Menschen über das Ergebnis erstaunt. Sie würden nämlich entdecken, dass Wut trotz der ihr innewohnenden Explosivität und entgegen allen Vermutungen gar nicht der Gefühlszustand ist, der am häufigsten zu Gewalt führt. Ich behaupte, dass hinter den Gewalttaten der Menschen immer ein demütigendes Erlebnis steckt und dass einige der allen Menschen gemeinsamen Bedürfnisse (meist Respekt oder Akzeptanz) nicht erfüllt worden sind. Niemand dreht durch und wird gewalttätig, ohne sich zuvor auf irgendeine Art und Weise gekränkt gefühlt zu haben. Wir wissen nicht, wie wir die Scham und die Demütigung aushalten sollen, sodass sogar Gewalt zur Option wird. Ein Krieg ist kein Ausdruck explosiver Wut, sondern wurde meist zuvor strategisch durchdacht. Offiziere, die in Kriegssituationen aus einer starken Wut heraus agieren, werden hinterher häufig degradiert oder auf andere Weise bestraft. Männer, die ihre Lebenspartnerinnen schlagen, planen häufig genau, wann und wie sie das tun werden. Selten resultiert diese Gewalt aus einem plötzlichen Wutausbruch.[4]

2   Eine Untersuchung von *United Minds* zu Schuld- und Schamgefühlen aus dem Jahre 2007, die im Auftrag des *Centrum för samtidsanalys* und des Magazins *Existera* durchgeführt wurde, bestellbar unter ⊅ http://www.samtidsanalys.nu.

3   Kohn, Alfie (2010), Liebe und Eigenständigkeit: Die Kunst bedingungsloser Elternschaft, jenseits von Belohnung und Bestrafung, Arbor Verlag.

4   Isdal, Per (2001), Meningen med våld, Gothia förlag.

1.3 Probleme oder Möglichkeiten

Du sollst deinen Göttern danken
für den harten Zwang,
da du ohne Fußspur
irrst auf deinem Gang.

Du sollst deinen Göttern danken
für den schweren Schlag[5],
da du keine Zuflucht
hast bei Nacht und Tag.

Du sollst deinen Göttern danken
für die zersprengende Qual.
Wirklichkeit und Kern
bleibt dir nur zur Wahl.

Karin Boye[6]

Kleine Kinder sind sehr sensibel; ich sehe diese angeborene Verletzlichkeit als eine Art feinkalibrierte Scham an. Wie ein „Bedürfnis-Thermostat", der auf unsere Umwelt reagiert, uns auf innere und äußere Zustände aufmerksam macht und uns an lebenswichtige Bedürfnisse wie gegenseitigen Respekt, Integrität und Gemeinschaft erinnert. So hilft uns die Verletzlichkeit zu lernen, wie wir in Einklang mit anderen Menschen leben können.

Erst wenn unsere natürliche Verletzlichkeit auf kulturell geprägte Denkmuster trifft, führt sie zu einem unangenehmen Schamgefühl. Vielleicht ist es an der Zeit, den Kern wechselseitig voneinander abhängiger Bedürfnisse, der sich in Gefühlen von Scham, Schuld und Wut zeigt, zurückzuerobern, statt ihn als Stolperstein auf dem Weg zum Kontakt mit anderen und mit uns selbst einfach liegen zu lassen!

---

5 Anmerkung der Übersetzerin: Die Formulierung im schwedischen Original lautet wörtlich übersetzt: *Du sollst deinen Göttern danken, wenn sie alle Scham zu deiner machen.*

6 Aus dem Gedichtband „Brennendes Silber", übersetzt von Hildegard Dietrich, erschienen im Maximilian Dietrich Verlag, hier zitiert nach ↗http://www.karinboye.se. Das Gedicht besteht eigentlich aus fünf Strophen.

1.4 Wut, Schuld und Scham in unseren Körpern

Wenn wir Scham fühlen, verliert die Muskulatur im Nacken und in den Schultern an Spannung. Das führt dazu, dass Kopf und Blick sich nach unten richten, Nacken und Schultern hängen. Scham kann auch Hitze und Röte im Gesicht hervorrufen. Bei starken Schamgefühlen fühlen wir häufig einen „heißen Stich", der uns durch die Eingeweide fährt, und der Magen zieht sich zusammen. Darauf können wir ganz unterschiedlich reagieren, manchmal beginnen wir nervös zu lachen oder tragen ein eingefrorenes Lächeln im Gesicht, und manchmal verlieren wir gänzlich den Faden in einem Gespräch.

Scham kann auch in Wut umschlagen. Dann verändern sich die körperlichen Reaktionen: Kiefer und Gesichtsmuskulatur verhärten sich, das Gesicht wird rot, die Stimme lauter und wir pressen die Lippen zu einem schmalen Strich zusammen. Diese körperlichen Reaktionen sind einerseits davon abhängig, wie stark die Wut zurückgehalten wird, andererseits sind sie Ausdruck des Ärgers selbst.

Im Gegensatz zu Wut und Scham gibt es bei den Schuldgefühlen keine typischen physischen Reaktionen, die bei allen Menschen gleich sind. Der Psychologe Silvan Tomkins erforschte menschliche Gefühlsausdrücke und fand keine spezifischen körperlichen Anzeichen für das Empfinden von Schuld.[7] Das, was wir als Schuldgefühl bezeichnen, setzt sich aus etlichen verschiedenen Gefühlen zusammen, die für sich allein messbar sind. Dennoch gibt es einige Denkmuster, die uns allen gemeinsam sind, wenn wir Schuldgefühle empfinden: Wir denken, wir *sollten* uns anders verhalten, als wir es tun, und dass wir es *verdienen* uns zu schämen, wenn wir unser Verhalten nicht ändern. Da das Wort *sollte* häufig zu Schuld führt, kann es uns die Augen öffnen und anzeigen, dass wir in einem bestimmten Moment Schuld fühlen.

> Die Scham erdrückt uns, sodass wir nichts sagen, wenn es uns gut täte.
> Die Schuld ängstigt uns, und so tun wir nicht das, was zu tun hilfreich wäre.
> Die Wut macht uns blind, sodass wir Dinge tun, die wir später bereuen.

---

7   Tomkins pflegte Schuld als moralische Scham zu bezeichnen und zog den Schluss, dass Schuld ihren Ursprung in Scham hat. Nathanson, Donald L. (1992), Shame and Pride: Affect, Sex and the Birth of the Self, W. W. Norton & Company.

1.5 Eine veränderungsförderliche Haltung

In diesem Buch gehe ich hauptsächlich von der als Gewaltfreie Kommunikation (GFK) bezeichneten Haltung aus, um mich Scham, Schuld und Wut zu nähern. So nehme ich unter anderem an, dass jegliches menschliche Verhalten von dem Wunsch angetrieben wird, ein Bedürfnis zu befriedigen. Sogar wenn jemand beschuldigt, droht oder Gewalt anwendet, können wir das als einen – wenn auch tragischen – Versuch sehen, ein Bedürfnis zu erfüllen.[8]

Wir können die GFK anwenden, um Scham, Schuld und Wut in Gefühle umzuwandeln, die es uns leichter machen, Kontakt mit unseren Bedürfnissen aufzunehmen. Statt zu versuchen, diesen Gefühlen auszuweichen, können wir innehalten und sie mit unseren Bedürfnissen in Verbindung bringen, um so herauszufinden, was tief in unserem Inneren vorgeht. So eröffnen wir uns andere Wege, um mit Scham, Wut und Schuld umzugehen, als uns aus Beziehungen zurückzuziehen oder andere und uns selbst zu beschuldigen. Außerdem ist es dann nicht länger nötig, gegen diese Gefühle zu rebellieren und ihnen somit auszuweichen.

Es gibt viele Möglichkeiten, sich seiner Scham, Schuld und Wut zu nähern. Die GFK ist die Methode, die mir bislang am meisten Hoffnung gegeben hat. Besonders ermutigend empfinde ich die Stärke der GFK, nach der natürlichen Antriebskraft hinter Wut, Schuld und Scham zu suchen, ohne von „gut" und „schlecht", „richtig" oder „falsch" zu sprechen. Wenn wir diesem Weg folgen möchten, sollten wir bereit sein, unserer Sicht auf die menschliche Natur auf den Grund zu gehen. Das gesamte dritte Kapitel widme ich daher der Beschreibung, wie die verschiedenen Bestandteile der GFK auf dieser spannenden Forschungsreise angewandt werden können.

---

8 Isdal, Per (2001), Meningen med våld, Gothia förlag. Gewalt wird hier ebenso definiert wie bei Isdal: „Gewalt ist jede Handlung, die sich gegen eine andere Person richtet und dieser schadet, ihr weh tut, sie verängstigt oder kränkt, diese Person dazu bringt, etwas gegen ihren Willen zu tun oder auf etwas zu verzichten, das sie gern tun würde."

2. | Dominanzmythen im Alltag

2.1 Ausbildung zum Frieden

> *„Friedlich hängen wir hier in der Sonne. Wir schreiben nicht über Frieden.*
> *Auch halten wir keine Reden, erlassen keine Gesetze oder erwirtschaften Geld.*
> *Der Mutterbaum hat das Wasser so verteilt, dass es für alle reicht.*
>
> *Manchmal tun die Menschen das ihre dazu. Schneiden Äste, lassen Luft und Sonne hinein.*
> *Wässern uns und behandeln uns gut. Und wir behandeln sie gut.*
>
> *Vielleicht könnten die Menschen von uns lernen, in Einklang mit der Natur zu leben?*
> *Damit sie weniger streiten. Und weniger kämpfen. Wir bevölkern die Erde länger als der Mensch.*
> *Wir kennen sie besser, als sie uns kennen. Wenn sie sich weiterhin so aufführen wie jetzt,*
> *werden wir sie überleben. Wenn sie nicht dazulernen.*
>
> Aus „En Flyapelsin berättar" von Johan und Andreas Galtung[9]

Viele Jahre lang argumentierte ich gegen Aussagen wie: *„Man kann die menschliche Natur nicht verändern, wir sind von Natur aus gewalttätig"* und tat alles, um zu beweisen, dass ich „recht" hatte. Ich konzentrierte mich mit aller Macht darauf, die anderen davon zu überzeugen, dass wir Menschen nicht als gewalttätige Wesen geboren werden. Die Art, wie ich das tat, hatte allerdings nicht den gewünschten Effekt, im Gegenteil: Während meine Worte etwas ganz anderes aussagten, bestätigte meine energische Argumentation eine potenzielle menschliche Gewalttätigkeit und ein Wettbewerbsdenken, sodass ich mich hinterher häufig für mich selbst schämte.

Dass wir das Potenzial zur Gewalt in uns tragen, wird deutlich, sobald wir die Nachrichten anschauen oder eine Tageszeitung lesen. Aber genauso offensichtlich besitzen wir die Fähigkeit zu Fürsorge, Wärme und Liebe. Um zu wahrhaftigem Frieden beizutragen, wäre es wichtig, unserem Vermögen zu Zusammenarbeit und gegenseitiger Fürsorge Nahrung zu geben.

Auf einer Konferenz zu diesem Thema wurde eine Referentin gefragt, ob man Menschen „zum Frieden ausbilden" könne. Die Vortragende, die lange Zeit zum Thema Ausbildungsfragen in Israel gearbeitet hatte, gab eine Antwort, über die ich später häufig nachgedacht habe. Vereinfacht gesagt lautete sie: Wir riskieren einen Zuwachs an Gewalt, wenn wir unseren Kindern und Jugendlichen eine Sehnsucht nach Frie-

---

9 Galtung, Johann & Andreas (2004), En Flygapelsin berättar, Vita Älgen. (Anm.d.Ü.: „Eine Flugapfelsine erzählt", also eine eingeflogene Apfelsine. Es geht um eine Apfelsine, die um die Welt reist und aus den verschiedenen Ländern berichtet, wie sich die Menschen dort verhalten. Im zitierten Textausschnitt scheint die Apfelsine noch an ihrem Baum zu hängen.)

den vermitteln, ohne das alte Denken in Kategorien wie *gut* und *schlecht* zu verändern. Sie berichtete, dass die meisten palästinensischen und israelischen Schulen über Wege zum Frieden diskutieren. Die Kinder schreiben zum Beispiel Aufsätze über den Frieden, malen Friedenstauben und singen Friedenslieder. Auf diese Weise wird eine Sehnsucht nach friedlicher Koexistenz geweckt und aufrechterhalten. Gleichzeitig werden den Schülern (wie in den meisten anderen Schulsystemen) weiterhin Denkmuster vermittelt, die auf den Kategorien *richtig* und *falsch* beruhen. Die Schüler lernen also, dass eine Verhaltensweise schlecht und eine andere gut ist – entsprechend den Normen, die die Herrschenden aufgestellt haben. Wenn nun derart geprägte Kinder den um sie herum vorgehenden Krieg wahrnehmen, fragen sie sich, wer dafür verantwortlich ist. Wessen Fehler ist das? Wenn wir ein starkes Feindbild haben, finden wir den Fehler schnell außerhalb von uns selbst und außerhalb der Gruppe, der wir angehören. So wird eine starke Leidenschaft für den Frieden genährt, gleichzeitig aber auch ein Boden für noch mehr Gewalt geschaffen.

Um an die Wurzel unserer Gewalt zu gelangen, sollten wir uns zunächst bewusst werden, wie uns das Menschenbild beeinflusst, in dem wir „mariniert" wurden. Es reicht nicht, die Sehnsucht nach Frieden zu wecken, darüber hinaus müssen wir alte Denksysteme verändern, die uns nicht mehr weiterbringen. In uns und um uns herum gibt es Beweise genug, dass diese Denkweisen Mythen sind – also etwas, an das zu glauben wir uns gewöhnt haben, als sei es wahr.

2.2 Unsere Mythen erschaffen unsere Welt

Vor etwa 8000 Jahren ging ein großer Teil der Menschheit dazu über, sich nicht mehr einfach als ein Element des Universums unter vielen zu sehen, sondern sich selbst ins Zentrum der Schöpfung zu rücken.[10] Für diese Entwicklung gibt es vielfältige Ursachen und ich werde hier nur ein stark vereinfachtes Bild davon wiedergeben. Wenn wir Wut, Scham und Schuld verstehen wollen, ist es jedoch nützlich, zumindest ein oberflächliches Verständnis dieser Vorgänge zu haben.

In dieser Zeit veränderten sich die meisten Sprachen von prozessorientierten Sprachen hin zu eher statischen Ausdrucksformen. Wir entwickelten einen Sprachgebrauch, mit dessen Hilfe wir kategorisieren und uns mit anderen vergleichen konnten und der es leichter machte zu entscheiden, wer belohnt und wer bestraft wird. Zweck dieser Sprache war es nicht, dem Leben zu dienen, sondern die Person an der

---

10 Hartmann, Thom (2000), Unser ausgebrannter Planet: Von der Weisheit der Erde und der Torheit der Moderne, Riemann Verlag.

Spitze der Rangordnung – sei es nun ein König, ein Kaiser oder ein Geistlicher – zu stützen.[11]

Damals hörten wir Menschen auf, uns als Teil der Schöpfung anzusehen, und es begann ein langer Zeitraum, in dem wir unseren Planeten als Zentrum des Universums und den Menschen selbst als Krone der Schöpfung postulierten. Das eigentliche Ziel der Schöpfung schien der Mensch, wir sahen uns an ihrer Spitze und nahmen uns daher das Recht heraus, andere Lebensformen zu erforschen und zu beherrschen. Männer herrschten rechtmäßig über Frauen, Erwachsene über Kinder und gewisse Gruppierungen über andere.

Wir begannen sogar, das Land und die Tiere als unser Eigentum zu beanspruchen. Mythen kamen auf, die berichteten, die Erde sei durch den Sieg „böser Kräfte" über die guten entstanden. Daraus entwickelte sich der Glaube, der Mensch, der ja dieser Erde entsprungen ist, sei von Grund auf schlecht, fehlerhaft oder böse. Doch es gab einzelne Personen, die ein bisschen besser waren als andere und die daher die Regeln festlegen und ihre Einhaltung überwachen konnten. Obwohl sich das Böse immer als ein diffuser „Anderer" zeigte, schien es doch offensichtlich, dass der – von Natur aus schlechte, böse und egoistische Mensch – kontrolliert werden müsse, sodass niemand zu Schaden kam.

Etwas später waren wir gezwungen einzusehen (unter anderem dank der Hilfe des für seine Äußerungen stark unter Beschuss geratenen Copernicus), dass wir die Behauptung, die Erde sei das *physische* Zentrum des Universums, nicht länger aufrechterhalten konnten. Nach einer langen Zeit des Widerstands gegen diese Einsicht, in der wir unter anderem diejenigen töteten, die Beweise dafür anführten, dass sich die Erde tatsächlich um die Sonne drehte und nicht umgekehrt, verlagerten wir unseren Fokus auf ein nur unwesentlich verändertes Weltbild.[12] Jetzt sahen wir die Erde und die Menschheit als den *geistigen* Mittelpunkt des Universums an.[13]

Die statische Sprache, an der wir seitdem festgehalten haben, schafft ein definitives und unverrückbares Bild der Welt. Es gaukelt uns vor, wir könnten definieren, wie die Dinge wirklich *sind*. Von dem begrenzten Horizont aus, den uns diese Sprache setzt, können wir andere Menschen schnell in *normale* und *unnormale*, *gute* oder *schlechte* einteilen und uns starre Ansichten darüber zurechtlegen, wie die Dinge sein sollten.

---

11 ↗ http://sv.wikipedia.org/wiki/Indoeuropeiska_språk

12 ↗ http://www.en.wikipedia.org/wiki/Nicolaus_Copernicus

13 Noch immer findet sich dieses Bild als zentraler Bestandteil in den vielen Filmen, in denen Außerirdische uns angreifen und unsere Lebensweise bedrohen.

Und warum wurden wir so erzogen? Das ist eine lange Geschichte. Ich möchte hier nicht weiter darauf eingehen, nur dass es vor langer Zeit mit Mythen über die menschliche Natur begann, die den Menschen als grundsätzlich böse und selbstsüchtig beschrieben – und dass ein „gutes Leben" bedeutete, dass eine Heldenmacht die bösen Mächte bezwang. Mit dieser zerstörerischen Mythologie haben wir lange Zeit gelebt, und sie wird ergänzt durch eine entmenschlichende Sprache, die Menschen zu Objekten macht.

Marshall B. Rosenberg[14]

Wenn wir eine Person, die vor gut tausend Jahren Thor und die anderen nordischen Götter angebetet hat, fragen könnten:

„Würdest du bitte die Sage erzählen, wie Thor und sein Hammer den Donner machen?", würden wir vielleicht folgende Antwort erhalten:

> *„Sage? Was meinst du damit? Das ist doch keine Sage,*
> *diese Dinge sind tatsächlich so geschehen!"*

Jedes System braucht einen Mythos oder eine Geschichte, um zu erklären, warum die Welt aussieht wie sie aussieht und warum geschieht was geschieht. Eine Geschichte, häufig genug erzählt und im Alltag bestätigt, hört auf, eine Geschichte zu sein und wird schließlich als Wirklichkeit angenommen. Ist es erst so weit gekommen, akzeptieren Menschen diese Geschichte sogar, wenn sie deren eigenes Leben zerstört.[15]

Ich habe mich viele Male gefragt, welche Mythen es in unserer Zeit gibt, vor denen wir die Augen verschließen. Was könnte uns dazu bringen, ähnlich zu antworten, wie die oben genannte Person auf die Frage nach Thor? Welche Glaubensvorstellungen existieren heute, die in einigen tausend Jahren als alte Mythen bezeichnet werden? Welche Idee, die wir heute als gegeben und „wahr" hinnehmen, wird die Menschen in tausend Jahren staunen lassen, dass wir daran glauben konnten?

Wink, Quinn, Hartmann, Clark und viele andere Autoren haben einen aktuellen Mythos beschrieben, an dem wir unser tagtägliches Handeln ausrichten: Er könnte als „Mythos, dass Gewalt heilt und Gerechtigkeit herstellt" bezeichnet werden. Oder „Mythos, dass Gewalt Probleme löst" oder dass „Gewalt Harmonie nach dem Chaos schafft".[16] Oder er könnte nach Eisler als Herrschaftsmythos bezeichnet werden.[17]

---

14 Rosenberg, Marshall B. (2009), Die Sprache des Friedens sprechen – in einer konfliktreichen Welt, Junfermann.

15 S. Walter Wink, zitiert in: ↗http://www.kirchliche-dienste.de/upload/35/thepowers.pdf.

16 In seiner Trilogie „The Powers" verwendet Wink den Begriff „the myth of redemptive violence" (der Mythos der erlösenden Gewalt im Anschluss an das Chaos).

17 Eisler, Riane (2005), Kelch & Schwert: Von der Herrschaft zur Partnerschaft: Weibliches und männliches Prinzip in der Geschichte, Arbor Verlag.

Dieser Mythos verführt zu dem Glauben, Konflikte könnten mit Gewalt gelöst werden. Das erscheint logisch, da nach ausreichend heftiger und langanhaltender Gewalt häufig eine Art Harmonie entsteht, zumindest kurzfristig. Man vergisst dabei allerdings, dass die Gewalt nach einiger Zeit meist verstärkt wieder aufflammt. Je mehr ich mich mit diesem Mythos beschäftige, desto mehr finde ich, dass Walter Wink mit folgendem Zitat seinen Kern eingefangen hat.

> *Der Mythos der erlösenden Gewalt ist die einfachste, faulste, spannendste, unkomplizierteste, irrationalste und primitivste Darstellung des Bösen, welche die Welt je gekannt hat. Darüber hinaus ist seine Orientierung am Bösen eine, zu der praktisch alle modernen Kinder (vor allem Jungen) im Prozess der Reifung sozialisiert werden.*[18]

Der Mythos ist ganz einfach und gleichzeitig spannend; vielleicht ist das der Grund für seine enorme Durchschlagskraft auf der ganzen Welt. Er durchdringt alle anderen Geschichten – wie ein Code, der in bereits existierende Datenprogramme eingespeist wird. So gelingt es ihm, sich ins Kinderprogramm, den Sport und alle anderen Teile der erwachsenen Erlebniswelt einzuschleichen. Er infiltriert Filme, Märchen, Poesie, Musik, Spiele und Wettbewerbe.

In seinem Buch „Das verlorene Symbol" lässt Dan Brown seinen Protagonisten, den Symbolforscher Robert Langdon, folgenden Schluss ziehen:

Wenn Langdon seinen Studenten die archetypischen Hybride erklärte, benutzte er gerne Märchen als Beispiel, die von Generation zu Generation weitererzählt und jedes Mal neu ausgeschmückt wurden. Dabei borgten sie so intensiv voneinander, dass sie zu homogenen Sittenstücken mit immer wiederkehrenden Elementen wurden: der jungfräulichen Maid, dem schönen Prinzen, der uneinnehmbaren Festung und dem mächtigen Zauberer. Vermittels der Märchen wird der urtümliche Konflikt zwischen „Gut" und „Böse" bereits in unserer Kindheit tief in uns verwurzelt: Merlin gegen Morgan le Fay, der heilige Georg gegen den Drachen, David gegen Goliath, Schneewittchen gegen die böse Stiefmutter und selbst Luke Skywalker gegen Darth Vader.[19]

Ich sehe diesen Mythos immer wieder und wieder aufleben, im Kleinen und im Großen, sowohl in mir selbst als auch in meiner Umgebung. Vor allem höre ich ihn in unserer Kommunikation und nehme ihn in unseren Beziehungen wahr, aber auch darin, wie wir konsumieren und wie wir uns anderen Lebewesen und unserem Planeten gegenüber verhalten.

---

18 Wink, Walter (2000), The Powers That Be: Theology for a New Millenium, Double Day Image. Deutsch von Achim Strehlke, bearbeitet von Klaus J. Burckhardt, ↗http://www.kirchliche-dienste.de/upload/35/erloesendegewalt.pdf.

19 Brown, Dan (2011), Das verlorene Symbol, Bastei Lübbe.

Der Mythos lässt uns glauben, wir könnten persönliche Konflikte zufriedenstellend lösen, indem wir Gewalt in unterschiedlichster Form anwenden. Wir drohen unseren Kindern mit Bestrafungen oder verweigern ihnen Belohnungen. Wir machen unseren Partnern, Arbeitskollegen und anderen Menschen in unserem Umfeld, die sich nicht so verhalten, wie wir es von ihnen verlangen, Schuldgefühle, indem wir sie verurteilen oder Forderungen stellen. Aber wir verwenden diesen gewaltsamen Kommunikationsstil nicht nur nach außen, gegenüber anderen, sondern richten ihn auch nach innen, gegen uns selbst.

Außerdem geben wir die Vorstellung, dass Konflikte sich mit Gewalt lösen lassen, an unsere Kinder weiter. Wir haben gelernt: „Menschen müssen bestraft werden, um zu begreifen, dass sie etwas falsch gemacht haben", „Manche lernen es nur, wenn es weh tut" und: „Manchmal geht es eben nur mit Gewalt".

Es liegt auf der Hand, dass Racheakte auf diesem Mythos aufbauen. Aber vielleicht ist es weniger offensichtlich, dass auch unser Erziehungsapparat sowie unser Rechtssystem in vielen Fällen nach diesem Prinzip handeln. Wenn wir wirklich darauf aus sind, auf unsere Umwelt mit anderen Mitteln als Zwang, Belohnung oder Bestrafung einzuwirken, sollten wir uns bewusst machen, wie selten Gewalt zu Harmonie führt. Erst wenn wir einsehen, wie begrenzt dieser Mythos ist, können wir seinen unzähligen Fallgruben ausweichen. Die meisten von uns sind außerordentlich gut darauf getrimmt, die Denkmuster des Mythos anzuwenden. Aber genauso wenig wie eine Person, die an den Donnergott Thor glaubte, sehen wir unsere Weltsicht als einen Mythos an.

Angesichts der lebensgefährlichen Kombination aus Hochtechnologie und Dominanzdenken, die momentan große Teile der Erde beherrscht, kann man leicht die Hoffnung verlieren. Besonders da es so offensichtlich ist, wie viel nützlicher es wäre, unsere Kinder und Jugendlichen sowie deren Erzieher zu unterstützen, statt so große Ressourcen für Waffen aufzuwenden.[20] Einer vergleichenden Untersuchung militärischer und sozialer Ausgaben zufolge ließen sich mit dem Geld für eine einzige Interkontinentalrakete 50 Millionen Kinder ernähren. Aus einem UNICEF-Bericht geht hervor, dass der Preis für elf Tarnkappenbomber den Kosten für vier Jahre Grundschule für 135 Millionen Kinder entspricht. Und mit den Ausgaben für *ein* Atom-

---

20 In Schweden verdient ein Installateur im Durchschnitt ungefähr 375 000 Kronen (knapp € 42.000, Anm. d. Ü.) im Jahr und ein Erzieher oder eine Erzieherin ca. 260 000 Kronen (etwa € 29.000, Anm. d. Ü.). Wir scheinen eher bereit zu sein, für diejenigen Geld auszugeben, die unsere Rohre austauschen, als für die, die sich um unsere Kinder kümmern. Die herrschende Geschlechterordnung trägt natürlich ebenfalls zu diesen Unterschieden bei. (Anm. d. Ü.: Diese Problematik trifft ebenso in Deutschland zu. 2009 etwa titelte der Focus „Erzieherinnen verdienen weniger als Müllmänner", ↗ http://www.focus.de/finanzen/news/ver-di-erzieherinnen-verdienen-weniger-als-muellmaenner_ aid_402902.html, Stand September 2011.)

U-Boot könnte die Versorgung von 48 Millionen Menschen mit fließendem Wasser und Sanitäreinrichtungen gedeckt werden.[21]

Es steht also nicht zur Debatte, ob es Ressourcen gibt oder nicht, sondern wofür sie verwendet werden und vielleicht in allererster Linie: warum sie für diese Zwecke eingesetzt werden. Daher glaube ich, dass wir erst dann im Dienste der Bedürfnisse aller handeln können, wenn wir unser zugrundeliegendes Menschenbild geändert haben.

2.3 Schäm dich!

> *„Wenn eine Pflanze nicht so wächst, wie es dir gefällt,*
> *bestrafst du sie dann in der Hoffnung, dass sie besser wächst?"*
> Marshall Rosenberg[22]

---

21 Riane Eisler (2007), The Real Wealth of Nations: Creating a Caring Economics, Berrett-Koehler Publishers.

22 Rosenberg, Marshall B. (2004), Das Herz gesellschaftlicher Veränderung, Junfermann.

In jeder Kultur und in jedem System werden Menschen auf eine Denkweise getrimmt, die eben diese Kultur oder dieses System stützt. Unsere Denkmuster wiederum prägen unsere Kommunikationsmuster. In allen Systemen gibt es eine alles umfassende Sicht auf das Leben und auf die Menschen, die Einfluss darauf hat, *was* wir tun und *wie* wir es tun.

In manchen Ländern haben Könige das Recht zu entscheiden, wer gut und wer schlecht ist; so lässt sich leicht feststellen, wer bestraft und wer belohnt wird. In anderen Ländern, Regionen und Kulturen übernehmen Zaren, Kaiser, Geistliche, Richter oder Politiker diese Funktion. Aber wesentlich ist nicht, wie man die Person an der Spitze nennt, sondern dass so ein funktionierendes System entsteht, dessen Zweck es ist, Menschen zu kontrollieren.

Bestrafung soll Menschen dazu bringen, sich zu ändern. Dem liegt die Vorstellung zugrunde, Menschen würden daraus lernen, wenn sie leiden und sich selbst hassen. Will man also einem Menschen dabei helfen, sich zu verändern und sich „richtig" zu benehmen, muss man ihn nur dazu bringen, sich zu schämen und sich für einen schlimmen Übeltäter zu halten. Bei diesem Vorhaben ist eine Sprache, die viele Worte für Beurteilungen wie zum Beispiel *gut, schlecht, richtig, falsch, unnormal* und *inkompetent* kennt, von großem Nutzen. Ordentlich „Entschuldigung" sagen ist eines der ersten Dinge, die Kinder in diesem System lernen müssen, um zu zeigen, dass sie etwas bereuen und verstehen, dass sie etwas falsch gemacht haben.

Glaubt wirklich irgendjemand, ein Kind, das zu einer Entschuldigung gezwungen wurde, hätte allein dadurch gelernt, sich in Zukunft mehr Gedanken um andere zu machen? Mir scheint es ziemlich offensichtlich, dass das reine Aussprechen dieses Wortes nichts magisch Heilendes an sich hat. Nun haben wir nicht nur das Kind gezwungen, sich zu entschuldigen, wir haben ihm auch noch beigebracht, dass es in Ordnung ist, Entschuldigung zu sagen, *obwohl* man es gar nicht so meint – dass es also in Ordnung ist zu lügen. Das ganze Konzept von Belohnung und Bestrafung ist jedoch so tief in uns verwurzelt, dass es uns schwerfällt, uns eine Alternative auch nur vorzustellen.

Dagegen sehe ich es als natürliche und angeborene Fähigkeit an, zu trauern und enttäuscht zu sein, wenn wir etwas getan haben, das weder zu unserem Wohlbefinden noch zu dem eines anderen beigetragen hat. Wir können etwas betrauern, ohne uns selbst zu kritisieren, und auf diese Weise erschließen wir uns neue Handlungsmöglichkeiten.

2.4 Auf der Bühne der Dominanzkultur

Um zu erklären, wie wir unser Wissen über das „Dominanzsystem" konkret anwenden können, möchte ich Sie bitten, sich in der folgenden Erzählung in Annas Situation hineinzuversetzen. Die Geschichte wird immer wieder in diesem Buch auftauchen und je mehr Sie sich in Annas Situation einfühlen, desto mehr können Sie über Wut, Scham und Schuld lernen. Vielleicht fühlen Sie sich sogar an eine Gegebenheit aus Ihrem eigenen Leben erinnert.

Anna und ihre Freunde haben mehrere Jahre lang davon geträumt, zusammen ihr eigenes „Kulturcafé" zu eröffnen. Stundenlang haben sie darüber geredet und sich die schönen Dinge ausgemalt, die in diesem Café passieren sollen. Einen Treffpunkt für Menschen wollen sie schaffen, die etwas Sinnvolles mit ihrer Zeit anfangen möchten. Unter anderem sollen Musik, Auftritte, Kurse, Körperbehandlungen und Vorträge angeboten werden. Außerdem soll es die Möglichkeit geben, sich einfach zu treffen und bei einer Tasse Kaffee zu plaudern.

Anna ist eine derjenigen, die sich am meisten für das Projekt eingesetzt hat. Häufig hat sie ungeduldig gefragt, ob es nicht bald Zeit wäre, Nägel mit Köpfen zu machen. Als sie von einem leer stehenden Lokal gehört hat, ist sie sofort hingefahren, um es unter die Lupe zu nehmen und hinterher hat sie alle Freunde angerufen und ihnen die Vor- und Nachteile des Raumes geschildert.

Je mehr sie über ihre Idee geredet haben, desto stärker hat Anna ein herrliches Gemeinschaftsgefühl erlebt. Der Gedanke, mit ihren Freunden zusammen etwas Sinnvolles tun zu dürfen, wurde stärker und stärker.

In ihrem derzeitigen Job hat Anna das Angebot erhalten, für ein halbes Jahr im Ausland zu arbeiten. Diese Herausforderung hat sie angenommen und ist sofort aufgebrochen.

Nach vier Monaten erhält sie Besuch von einem Bekannten aus ihrer Heimatstadt. Er erzählt, dass ihre Freunde dort gerade ein Café aufgemacht haben. Aber Anna gegenüber haben die Freunde kein Wort davon erwähnt!

Wenn wir denken, dass die anderen sich gegenüber Anna (oder gegenüber uns selbst) falsch verhalten haben und anders hätten handeln sollen, geraten wir leicht in Wut. „Sie verdienen es, bestraft zu werden. Sie müssen zumindest merken, dass sie einen Fehler gemacht haben und dass sie sich schämen sollten." Wenn wir anderen die Schuld in die Schuhe schieben, weil wir selbst uns über ihr Verhalten aufregen, beginnt die Wut in uns zu schwelen. Und weil wir gelernt haben, uns vom Begriff „Verdienen" leiten zu lassen, werden Gedanken an Rache geweckt – daran, jemandem das zu geben, „was er verdient". Daher kann Wut als ein Signal für zweierlei Dinge fungieren: Einerseits zeigt sie an, dass wir wichtige Bedürfnisse haben und dass diese nicht berücksichtigt wurden. Andererseits ist die Wut ein Indikator dafür, dass wir uns durch Verurteilungen und Gedanken an Bestrafung von unserer eigenen Verantwortung ablenken lassen. Gedanken wie: „Sie hätten daran denken müssen, wie es mir dabei geht" und: „Sie sind Egoisten, die lernen müssen, auch auf andere Rücksicht zu nehmen" hindern uns daran, Verantwortung für unsere eigenen Reaktionen zu übernehmen und erschweren es, unsere Bedürfnisse durch zielgerichtetes Handeln zu erfüllen.

2.5 Gewalt zwischen den Zeilen

Wir haben verinnerlicht, es sei irgendwie falsch, Wut, Scham oder Schuld zu fühlen. Das ist ein wirksamer Mechanismus, der das Dominanzsystem intakt hält. Denn wenn wir lernen, uns auf unsere Fehler zu konzentrieren, sind wir leicht zu unterdrücken.[23] Die Sprache, die wir uns angeeignet haben, macht uns zu gehorsamen Sklaven. Wenn wir das ändern wollen, ist es nötig, eine andere Sprache zu entwickeln – eine, die uns Kraft gibt, unser Leben so zu leben, wie wir es uns erträumen.

Die meisten von uns sind in einem Dominanzsystem aufgewachsen: einem System, das Macht als Macht *über* andere versteht und nicht als Macht, die *mit* anderen zusammen genutzt werden kann. Es ist ein System, in dem wir die Menschen, einschließlich uns selbst, als schlecht, böse oder bedeutungslos wahrnehmen. Um eine solche Dominanzkultur zu erschaffen und aufrechtzuerhalten, müssen wir einfach weiterhin Folgendes tun:

1. Moralische Urteile und eine statische Sprache verwenden.
2. Die Wahlfreiheit anderer sowie unsere eigene verneinen.
3. Vom Begriff „Verdienen" ausgehen.

Wenn wir diese Ideen in uns tragen und eine auf diesen Vorstellungen aufbauende Sprache verinnerlicht haben, kann man uns leicht kontrollieren. Ja, meist bedarf es nicht einmal äußerer Kontrolle, da wir gelernt haben, unsere Freiheit selbst einzugrenzen.

Diese drei Punkte können wir aber ebenso als Schlüssel zu einer lebensdienlicheren Handlungsweise nutzen. In einem ersten Schritt können wir lernen zu erkennen, wann wir uns einer Sprache bedienen, die aus dem Dominanzdenken herrührt. Der nächste Schritt ist die Einsicht, dass uns genau diese Gedanken helfen zu verstehen, was wir fühlen und brauchen. Wir werden nach und nach sogar feststellen, wie sie sich als Abkürzung auf dem Weg zu unseren Bedürfnissen erweisen.

Bezeichnend an wutauslösenden Gedanken ist, dass sie auf einer oder mehreren der oben genannten Vorstellungen basieren. Wenn Sie wütend geworden sind, als Sie

---

23 Eisler, Riane (2005), Kelch & Schwert: Von der Herrschaft zur Partnerschaft. Weibliches und männliches Prinzip in der Geschichte, Arbor Verlag. In der deutschen Übersetzung wird der Begriff „dominatorisches Modell" oder „Herrschafts-Modell" (engl. Domination) verwendet. Die Begriffe „dominatorisch orientiertes Bewusstsein" oder „dominatorische Gesellschaften" sind Versuche, ein System zu beschreiben, das auf dem Gedanken basiert, es gäbe die Guten und die Schlechten, die Unterlegenen und die Überlegenen. In „Kelch & Schwert" beschreibt Eisler den viele tausend Jahre währenden Kampf zwischen dem „partnerschaftlichen" und dem „dominatorischen System".

Annas Geschichte gelesen haben oder sich ein entsprechendes eigenes Erlebnis vorgestellt haben, hatten Sie vermutlich ähnliche Gedanken wie Anna:

*„Was für feige Idioten, was für Egoisten! Denken die etwa nur an sich selbst? Sie sind so feige, dass sie nicht einmal zu dem stehen können, was sie getan haben. Wenn sie mich schon nicht dabei haben wollen, hätten sie zumindest so ehrlich sein **sollen**, es mir ins Gesicht zu sagen. Ich verdiene es, besser behandelt zu werden. Aber das werde ich ihnen schon noch zeigen!"*

Diese Gedanken umfassen einige grundlegende Denkmuster: Sie beinhalten eine statische Sprache und Urteile darüber, was „richtig" und „falsch" ist. Außerdem gehen sie von einer „eingeschränkten Wahlfreiheit" und natürlich vom alles entscheidenden Konzept des „Verdienens" aus. Mit einigen Gedanken, die alle drei Punkte widerspiegeln, sind wir dem Wesen des Dominanzsystems also einen weiteren Schritt nähergekommen:

1. Anna trifft moralische Urteile und verwendet eine statische Sprache:

Die Formulierungen *„Was für **feige Idioten**, was für **Egoisten** ..."* drücken ein moralisches Urteil aus, das auf den Kategorien *richtig* und *falsch* beruht.

Wenn wir Menschen statische Etiketten aufkleben und sie bewerten, vergessen wir leicht, sie behutsam und mit Respekt zu behandeln. Es liegt nahe, unsere Wut dann gegen sie zu richten.

2. Anna spricht ihren Freunden die Wahlfreiheit ab, denn sie findet, diese *sollten* sich auf eine bestimmte Art verhalten:

*„Wenn sie mich schon nicht dabei haben wollen, hätten sie zumindest so ehrlich sein **sollen**, es mir ins Gesicht zu sagen."*

Wir glauben, Menschen *sollten* sich auf eine gewisse Art und Weise verhalten und denken, sie hätten eigentlich kein *Recht*, sich so zu verhalten, wie sie es tun. Wenn sie sich anders verhalten, verdienen sie eine Strafe – und hier kommt der dritte Punkt ins Spiel.

3. Anna geht vom Konzept des *Verdienens* aus:

*„Ich **verdiene** es, besser behandelt zu werden. Aber **das werde ich ihnen schon noch zeigen!**"*

Der Begriff „Verdienen" ist die Grundlage jeder Bestrafung oder Belohnung. Wenn Menschen auf eine Weise handeln, die wir für falsch halten, drohen wir mit Bestrafung. Wir glauben fest daran, dass durch die Bestrafung desjenigen, der sich in unseren Augen falsch verhalten hat, das Gleichgewicht wiederhergestellt wird. Die innewohnende Moral lautet: Je mehr jemand sich selbst hasst und dadurch spürt, dass er oder sie einen Fehler gemacht hat, desto größer ist die Chance, dass diese Person sich beim nächsten Mal anders verhalten wird.

Wenn wir uns bewusst machen, in welchen Bahnen unser Denken verläuft, werden wir freier für eine neue Handlungsweise, die uns zum gewünschten Ergebnis führt. Aber bevor wir uns mit dieser Handlungsalternative beschäftigen, lassen Sie uns das Gedankenexperiment fortsetzen und sehen, wie die gewohnten Denkmuster sich in unseren Handlungen fortpflanzen, wenn wir Scham oder Schuld empfinden.

1. Moralische Urteile verwenden.
2. Uns und anderen die Wahlfreiheit absprechen.
3. Der Begriff „Verdienen".

Verwenden Sie die drei Denkmuster, um zu verstehen, wie sie zu Scham und Schuld führen:

Vielleicht wird Anna gar nicht wütend, wenn sie von der Eröffnung des Cafés hört, sondern fühlt sich stattdessen beschämt oder schuldig. In diesem Fall denkt sie vermutlich etwa Folgendes:

„Ich habe es geahnt. Sie wollten mich nie dabei haben und das ist ja auch nicht verwunderlich. Ich bin immer so kompliziert und muss lernen, Absprachen einzuhalten. Ich hätte nichts anderes erwarten dürfen ... Wenn es wirklich darauf ankommt, will niemand etwas mit mir zu tun haben ... Ja, wie man sich bettet, so liegt man, ich habe es einfach nicht anders verdient!"

1. Anna verwendet moralische Urteile, indem sie Diagnosen stellt und sich selbst mit Etiketten versieht.

*„... ich bin so **kompliziert und man kann sich nicht auf mich verlassen**, weil ich keine Absprachen einhalten kann ... Ich habe es einfach nicht anders verdient!"*

Wenn wir uns selbst mit statischen Etiketten und Analysen belegen, geben wir damit meist unsere Bedürfnisse und Wünsche auf. Statische Sprache – egal, ob sie sich nach innen oder nach außen richtet – führt leicht zu Gewalt. Selbstbeurteilungen, die unser Handeln als *richtig* oder *falsch* einstufen, sorgen dafür, dass wir uns selbst verachten und werden zu selbsterfüllenden Prophezeiungen, die uns passiv machen.

2. Anna schränkt ihre eigene Wahlfreiheit ein und versucht, ihre Reaktion auf das Geschehene abzuschwächen oder zu ignorieren.

*„Ich hätte nichts anderes erwarten **sollen, so läuft das nun mal** ... Es ist klar, dass ...“*

Den gängigen gesellschaftlichen Normen zufolge gibt es gewisse Dinge, die passend, angebracht oder normal sind. Wir haben gelernt, dass man dafür büßen muss, wenn man diese Normen nicht einhält.

3. Der Begriff „Verdienen" wird auch nach innen hin verwendet.

*„Ich hätte nichts anderes **erwarten** sollen. Ich bekomme halt, was ich **verdiene!**“*

Wir verdienen uns unseren Platz in der Gesellschaft und unsere Belohnungen, indem wir perfekt und normal sind. Und wenn wir davon abweichen, verdienen wir nicht, dass andere Rücksicht auf uns nehmen. Sowohl Bestrafungen als auch Belohnungen fixieren uns auf unserem angestammten Platz.

Wir haben gelernt, uns zu schämen, wenn wir es anderen durch unser Verhalten erschwert haben, unsere Bedürfnisse zu erfüllen.

Ich sehe es als natürlich und menschlich an, eine verpasste Möglichkeit der Fürsorge für jemand anders zu betrauern. Dieser Prozess hat nichts mit der Vorstellung zu tun, wir könnten lernen, den gleichen Fehler nicht noch einmal zu machen, wenn wir nur ausreichend schlecht über uns selbst denken. Sich selbst zu hassen, trägt für gewöhnlich nicht zu der Veränderung bei, die wir uns wünschen.

Partnerschaftsmarinade

1 Liter Bedürfnisdenken
1 Bündel Ehrlichkeit
1 Prise Empathie
1 kg Wahlfreiheit
1 Paket Gegenseitigkeit

Achten Sie darauf, die Sehnsucht nach der Freiheit, seinen eigenen Weg zu gehen, mit der Fürsorge für andere im Gleichgewicht zu halten. Experimentieren Sie mit den Zutaten, um das gewünschte Resultat zu erzielen.

Dominanzmarinade

1 Liter Richtig / Falsch-Denkmuster
1 Bündel moralische Urteile
1 Prise beschränkte Wahlfreiheit
1 kg verneinter Selbstwert
1 Paket Verdienen-Mentalität

Achten Sie darauf, alles mit der Marinade zu
bedecken, um ein stark passivierendes Resultat
zu erreichen. Um intensiven und allumfassenden
Gehorsam zu erzielen, marinieren Sie über einen
langen Zeitraum und lassen Sie alle Bereiche in
Kontakt mit der Marinade kommen.

2.6 Der Unterschied zwischen Dominanz- und Partnerschaftskulturen

In den folgenden Tabellen vergleiche ich die beiden verschiedenen Systeme. Ich erkläre einige Unterschiede und erläutere, welchen Einfluss sie auf unseren Umgang mit Wut, Scham und Schuld haben. Diese Unterschiede zu kennen kann zu größerer Akzeptanz beitragen, wenn wir oder andere Wut, Schuld oder Scham empfinden. Je nachdem, worauf wir unsere Aufmerksamkeit richten, wird es leichter oder schwerer, diese Gefühle zu handhaben. Und wir können frei wählen, welche Perspektive wir einnehmen wollen.

Wut, Scham und Schuld können anzeigen, dass wir unsere Aufmerksamkeit weg von unseren lebensdienlichen Gefühlen hin zu dem System verlagert haben, in dem Wettbewerb, Rangordnungen und Dominanzdenken zählen. Lernen wir, diese Signale zu erkennen, machen sie uns darauf aufmerksam, wenn wir von Rangordnungen und den Kategorien *richtig* und *falsch* ausgehen.

Achtung! Die nun folgende Aufteilung birgt das Risiko, in uns die Idee von „richtig" und „falsch" zu verfestigen, wenn wir diesen Vergleich als eine Wertung des besseren und des schlechteren Systems begreifen. Eine solche Rangordnung würde jedoch dem eigentlichen Zweck dieser Gegenüberstellung zuwiderlaufen.

2.6.1 Scham

Scham in Partnerschaftskulturen	Scham in Dominanzkulturen
Wir haben eine angeborene Feinfühligkeit gegenüber unseren Bedürfnissen und den Bedürfnissen anderer. Scham oder Verletzlichkeit werden als Zeichen dafür interpretiert, dass wir aufmerksamer gegenüber den Bedürfnissen aller und den Möglichkeiten, diese zu erfüllen, sein sollten.	Das Gefühl wird als Zeichen dafür interpretiert, dass wir nicht taugen, schlecht, eklig, feige und unnormal sind, dass wir uns falsch verhalten haben und nicht wert sind, geliebt zu werden. Schamgefühle werden in dieser Gesellschaft unterstützt, um Verhaltensänderungen zu bewirken.

2.6.2 Wut

Wut in Partnerschaftskulturen	Wut in Dominanzkulturen
Wut wird als Anzeichen für ein unerfülltes Bedürfnis gedeutet. Man weiß, dass Wut Kraft gibt, um Grenzen zu setzen und das zu schützen, was uns lieb und teuer ist. Wut wird nicht persönlich genommen oder als Fehler aufgefasst, sondern als Hilferuf wahrgenommen.	Wut wird als Zeichen für fehlerhaftes Verhalten aufgefasst – man hätte anders handeln *sollen*. Dahinter steckt der Gedanke, dass man es eigentlich „besser wissen" sollte und nun verdient, bestraft zu werden. Kritik, die mit Wut geäußert wird, ist gegen Personen gerichtet und wird auch leicht als persönlicher Angriff verstanden.

2.6.3 Schuld

Schuld in Partnerschaftskulturen	Schuld in Dominanzkulturen
Statt einen Sündenbock zu finden oder den Schuldigen ausfindig zu machen, sind wir bereit, die Bedürfnisse aller zu berücksichtigen. Wir denken darüber nach, ob wir etwas verändern können, um andere zu unterstützen, geben dabei jedoch unsere eigenen Bedürfnisse nicht auf.	Schuldgefühle werden als Zeichen gewertet, dass wir anders hätten handeln *sollen* und daher verdienen, bestraft zu werden. Wir geben uns selbst und anderen die Schuld, in der Hoffnung, dass dies zu positiven Veränderungen führt.

2.6.4 Um Entschuldigung bitten

Partnerschaftskulturen	Dominanzkulturen
Empathisch hören wir dem Schmerz anderer über deren unerfüllte Bedürfnisse zu. Wenn wir bemerken, dass wir auf die Bedürfnisse anderer keine Rücksicht genommen haben, machen wir den Schaden wieder gut.	Wenn andere nicht zufrieden sind, nehmen wir die Schuld auf uns, schämen uns und bitten um Verzeihung. Im Zentrum der Aufmerksamkeit steht derjenige, der sich in unseren Augen nicht richtig, normal, passend oder akzeptabel verhalten hat.

3. | Wut, Schuld, Scham und unsere Art zu kommunizieren

3.1 Gewaltfreie Kommunikation (GFK)

„Kommunikation ist für eine Beziehung, was der Atem für das Leben ist."

Virginia Satir

Als ich mich mit den Gefühlen Wut, Schuld und Scham beschäftigte, hat mir die Gewaltfreie Kommunikation (GFK) sehr geholfen. Die GFK ist eine Kombination aus einer bestimmen Art zu kommunizieren, zu denken und Einfluss zu nehmen. Ihr Ziel ist es, zwischenmenschlichen Beziehungen eine Qualität zu verleihen, die unser tiefes inneres Verlangen weckt, den Bedürfnissen anderer zuzuhören und sie wenn möglich zu erfüllen. Voraussetzung dafür ist eine Haltung, die den Bedürfnissen aller Beteiligten Raum gibt. Gegenseitiger Respekt und Freiwilligkeit sind also zentrale Begriffe in der GFK, ist doch beides für eine funktionierende Zusammenarbeit und für den Umgang mit Konflikten wertvoll.

Wir Menschen sind für soziale Kontakte geschaffen und sowohl von unseren Mitmenschen als auch von der uns umgebenden Natur abhängig. Es braucht einen gewissen Grad an offen gezeigter Verletzlichkeit, um immer wieder mit uns selbst und anderen in Kontakt zu treten. In diesem Kapitel beschreibe ich vier grundlegende Komponenten (Beobachtung, Gefühl, Bedürfnis und Bitte), zwei zentrale Teile (Ehrlichkeit und Empathie) sowie einige entscheidende Begriffe und Prinzipien der GFK. All dies können wir einsetzen, um unsere Kompetenz im Umgang mit Wut, Scham und Schuld zu stärken.

3.2 Freuen Sie sich darauf, das nächste Mal Scham, Schuld oder Wut zu empfinden

> *„Hier mein Geheimnis. Es ist ganz einfach: Man sieht nur mit dem Herzen gut.*
> *Das Wesentliche ist für die Augen unsichtbar."*
>
> Antoine de Saint-Exupéry, Der kleine Prinz[24]

Marshall Rosenberg, der Begründer der GFK, öffnete mir die Augen dafür, welche Rolle Wut, Schuld und Scham in unserem Leben spielen können. Ganz wesentlich ist nämlich, wie wir uns diesen Gefühlen gegenüber verhalten. Ich verstand, dass es möglich ist, Wut, Schuld und Scham als Signale zu sehen, die uns – wenn wir sie entsprechend aufmerksam beachten – helfen können, ein reicheres Leben zu führen. Statt sie als etwas Störendes zu empfinden, das wir gern vermeiden möchten, können wir sie in etwas Positives verwandeln und mit ihrer Hilfe einen tieferen Kontakt zu unseren Bedürfnissen herstellen.

Ich erinnere mich genau, wie verwundert ich war, als ich Marshall B. Rosenberg zum ersten Mal sagen hörte, er freue sich darauf, das nächste Mal Scham oder Schuld zu empfinden. Zunächst wirkte diese Aussage vollkommen verrückt. Aber sie machte mich neugierig zu erforschen, was er damit eigentlich meinte.

Seitdem habe ich mich viele Jahre lang mit den Gefühlen Scham, Schuld und Wut auseinandergesetzt. Ich habe erkannt, dass diese Gefühle fantastische Warnsignale sein können, wenn wir nicht aufmerksam genug gegenüber unseren lebensdienlichen Bedürfnissen sind. Es sind starke Hinweise, die ganz einfach bedeuten, dass wir etwas zu lernen haben. Wenden wir sie an, um uns der in unserem Inneren ablaufenden Vorgänge stärker bewusst zu werden, statt ihnen auszuweichen, werden sie zwangsläufig unser Leben bereichern.

3.3 Eine Einstellung, die zu Verbindung führt

> *„Die GFK ist ein als Kommunikationstechnik verkleideter Achtsamkeitsprozess."*[25]
>
> Kit Miller

Unsere Erlebnisse mit Wut, Scham und Schuld können wir nutzen, um uns viele grundlegende Mechanismen menschlicher Kommunikation zu verdeutlichen. Die aus der Gewaltfreien Kommunikation abgeleiteten Prinzipien ziehen sich wie ein

---

24 Saint-Exupéry, Antoine de (2008), Der kleine Prinz, Karl Rauch Verlag.

25 Miller, Kit: „NVC is an awareness process masquerading as a communication tool."

roter Faden durch das gesamte Buch und können uns helfen, eine von Partnerschaft und Zusammenarbeit geprägte Kultur aufzubauen und zu bewahren. Einige dieser Grundprinzipien sind:

1. Unsere Gefühle und Bedürfnisse machen uns bewusst, wie wir tatsächlich leben möchten.

Wenn wir daran glauben, dass das Innenleben jedes Menschen (also seine Gefühle und Bedürfnisse) uns bereichern kann, möchten wir verstehen, was in einem Menschen vorgeht, der zum Beispiel wütend ist. Verknüpfen wir die Gefühle eines Menschen (uns selbst eingeschlossen) mit seinen Bedürfnissen, werden wir auf Dauer weiterer Gefühlsäußerungen besser zuhören können – unseren eigenen und denen anderer.

2. Wir gewinnen mehr Kraft für wichtige Entscheidungen, wenn wir unsere Gefühle mit unseren Bedürfnissen, Wünschen und Träumen verbinden.

Wenn wir Verantwortung für unsere Gefühle übernehmen, indem wir sie mit unseren Bedürfnissen in Verbindung bringen, vermindern wir das Risiko, dass andere sich von uns beschuldigt fühlen.

Umgekehrt erleichtert es uns das Zuhören, wenn wir aus den Äußerungen anderer nicht heraushören, wir seien die Ursache ihrer Gefühle. Koppeln wir das, was *andere* fühlen, an das, was *sie* benötigen, verschwenden wir nicht unnötig Energie, um auf Kritik zu reagieren.

3. Es ist leichter, Beziehungen einzugehen, wenn wir davon ausgehen, dass hinter allem Handeln der Versuch steht, Bedürfnisse zu erfüllen.

Statt zu denken, andere handelten gegen uns, können wir uns vielleicht vorstellen, dass sie handeln, um ihre Bedürfnisse zu erfüllen. Das macht es uns leichter, eine Verbindung zu unseren Mitmenschen aufzubauen.

Wenn wir darauf vertrauen, dass das Handeln anderer Menschen seinen Ursprung in deren Wunsch nach Bedürfniserfüllung hat, stärkt das unser Mitgefühl. Wir erkennen uns in den anderen wieder und stellen fest, dass diese genau wie wir ein Bedürfnis z. B. nach Gemeinschaft, Freiheit, Liebe, Sinn, Respekt oder Fürsorge haben. Wenn das Verhalten eines anderen uns wütend macht, können wir darüber nachdenken, welche Bedürfnisse diese Person zu erfüllen versucht. Das kann uns helfen, andere zu verstehen, ohne notwendigerweise deren Handeln gutzuheißen.

4. Wir möchten einander unterstützen, sofern wir es freiwillig tun.

Wenn wir unseren Beitrag zur Zufriedenheit anderer als freiwillige Tat und nicht als Forderung erleben, erhöht das unsere Motivation, für andere da zu sein. Ansprüche, Drohungen und eine Sprache, die betont, was Menschen tun *sollten* oder *müssten*, erschweren hingegen das Zusammenleben.

Wenn unsere Sprache die Wahlmöglichkeiten anderer nicht einschränkt, gibt es weniger Wut und Scham. Denn diese Gefühle entstehen aus dem Glauben, etwa tun zu *müssen* oder zumindest tun zu *sollen*.

> Statt zu: drohen, beschuldigen, fordern oder urteilen
>
> Stellen Sie klar: Was möchten Sie? Hören Sie zu und halten Sie an eigenen und fremden Bedürfnissen fest. Seien Sie offen für andere Strategien der Bedürfniserfüllung.

Lassen Sie mich nun die vier Komponenten der GFK beschreiben. Mit diesen sollten wir uns vertraut machen, wenn wir kommunizieren wollen, ohne Wut, Schuld oder Scham hervorzurufen. Sind diese Gefühle bereits entstanden, helfen uns diese Komponenten, damit umzugehen.

3.3.1 Beobachtungen

Wenn wir mit der Objektivität einer Videokamera beschreiben, was wir jemand anders haben tun sehen oder sagen hören, dann geben wir eine Beobachtung wieder. Diese fungiert als gemeinsame Basis unserer Kommunikation mit anderen. Eine Videokamera kann aufnehmen, was geschieht, aber sie kann nicht beurteilen oder darüber moralisieren, ob das Gefilmte normal oder unnormal, gut oder schlecht ist oder ob jemand eine andere Person ignoriert oder manipuliert.

Wenn wir jedoch Beobachtungen und Interpretationen mischen, sind Scham, Schuld und Wut nicht weit. Eine Interpretation enthält meist eine Vorstellung davon, welche Intention der andere mit seinem Handeln verfolgt. Diese Deutung kann uns zu dem Glauben verleiten, andere seien die Ursache dessen, was in uns vorgeht.

In jeder Kultur, die nicht auf Bedürfnisdenken basiert, sondern auf statischem Denken in den Kategorien „richtig" und „falsch", werden Feindbilder von einzelnen Menschen und Gruppen erzeugt. Wenn wir uns anderen durch statische Bilder nähern, wird es uns schwerfallen, das Menschliche in ihrem Verhalten zu sehen. Wir beanspruchen für uns das Recht, wütend auf sie zu werden oder ihnen Vorhaltungen zu machen. Haben wir einmal gelernt, die Welt durch Deutungen wahrzunehmen, ist es fast unmöglich, hiervon wieder loszukommen. Da wir gleichzeitig verinnerlicht haben, dass es unschön ist, andere zu beurteilen und sie in eine Schublade zu stecken, verurteilen wir uns zusätzlich selbst. Und wenn wir darüber hinaus gelernt haben, dass wir uns nicht selbst verurteilen sollten, schämen wir uns dafür und verurteilen uns selbst noch stärker. So geht es immer weiter in einem ewig kreisenden Karussell und wir riskieren, uns immer mehr von der reinen Beobachtung eines tatsächlichen Geschehens zu entfernen. Kommunizieren wir jedoch anhand objektiver Beobachtungen, statt uns auf Deutungen zu berufen, werden unsere Aussagen anders klingen und es wird uns leichter fallen, einen zwischenmenschlichen Kontakt herzustellen.

> An dieser Stelle kehren wir zu Anna aus Kapitel 2 zurück, die versucht, ihre Interpretationen vom tatsächlich Geschehenen zu unterscheiden.
> Wenn sie darüber urteilt, was an ihren Freunden richtig und falsch ist, nennt sie sie vielleicht „nur mit sich selbst beschäftigte Egoisten". Wenn sie jedoch stattdessen beobachtet, was wirklich passiert ist, könnte sich ihre Äußerung folgendermaßen anhören: „Wir haben fünf Jahre lang davon gesprochen, zusammen ein Café zu gründen. Nun haben sie eines gegründet, ohne zuvor mit mir darüber zu sprechen."

3.3.2 *Gefühle*

Manche Menschen denken wahrscheinlich, es sei unmöglich, sich an reine Beobachtungen zu halten, wenn man wütend ist (obwohl sie die Idee an sich vielleicht mögen), weil sie einfach zu aufgebracht sind. Denn die meisten Menschen sind sich bewusst, dass es wichtig ist, Gefühle auch dann auszudrücken, wenn man aufgewühlt ist.

Mit dem Wort „Gefühle" meine ich Sinneseindrücke, die im Körper wahrnehmbar sind. Wenn wir beschreiben können, wie sich Emotionen im Körper anfühlen, fällt es uns leichter zu erkennen, was wir benötigen, und dies auch anderen zu vermitteln. Unseren Mitmenschen wird es leichter fallen, sich in unsere Wirklichkeit hineinzuversetzen, wenn sie eine Verbindung zu unseren Gefühlen herstellen können, weil sie sich in dem wiedererkennen können, was allen Menschen gemein ist.

Manchmal fühlt es sich an, als würden uns unsere Gefühle vereinnahmen, aber Fakt ist, dass Gefühle sich schnell verändern und nur wenige Sekunden in unserem Bewusstsein verweilen, sofern sie nicht durch erneute Stimulation aufrechterhalten werden. Wenn wir offen Verantwortung für unsere Gefühle übernehmen, indem wir sie mit unseren Bedürfnissen verbinden, senken wir das Risiko, dass andere unsere Gefühlsäußerungen als Schuldvorwürfe auffassen. Umgekehrt schützt unser Vermögen, auch die Gefühle anderer an das zu koppeln, was sie benötigen, vor Scham oder Schuld, denn so führen wir ihre Gefühle nicht darauf zurück, dass wir etwas „falsch" gemacht haben.

Alle unsere Gefühle erzählen etwas darüber, was wir brauchen. Wenn Sie sich durstig fühlen, haben Sie ein Bedürfnis zu trinken. Wenn Sie Einsamkeit empfinden, haben Sie vermutlich ein Bedürfnis nach Gemeinschaft, Rückhalt oder Liebe, das auf Erfüllung pocht. Das Gefühl gelangweilt zu sein wiederum hilft Ihnen, Ihrem Bedürfnis nach Sinnsuche oder Abwechslung ernsthaft nachzugehen.

Wenn wir jedoch *nicht* darauf hören, was wir fühlen, verpassen wir lebenswichtige Signale, die uns helfen könnten, unsere eigenen Bedürfnisse und die der anderen zu erfüllen. In solchen Situationen machen Wut, Schuld und Scham häufig auf sich aufmerksam.

Wie wir uns fühlen können, wenn unsere Bedürfnisse erfüllt sind		
befriedigt	fasziniert	sicher
dankbar	glücklich	überrascht
eifrig	hoffnungsvoll	überwältigt
energiegeladen	inspiriert	vergnügt
entspannt	munter	verwundert
entzückt	neugierig	zufrieden
erfüllt	optimistisch	
erleichtert	ruhig	

Wie wir uns fühlen können, wenn unsere Bedürfnisse nicht erfüllt sind		
ängstlich	kraftlos	unschlüssig
bestürzt	nervös	verlegen
entrüstet	niedergeschlagen	verschreckt
enttäuscht	panisch	verwundert
erschöpft	sauer	wahnsinnig
gereizt	traurig	wütend
gleichgültig	unglücklich	zornig
hilflos	unruhig	

Im seinem Bestseller „Emotionale Intelligenz" verdeutlicht Daniel Goleman, wie wichtig es ist, in Verbindung mit unserem Fühlen zu stehen, wenn es gilt, konstruktive Beschlüsse zu fassen und mit anderen Menschen in Beziehung zu treten.[26]

Innerlich erleben und verstehen wir alle unsere Emotionen, aber manchmal ringen wir darum, sie so auszudrücken, dass auch andere sie nachvollziehen können.

Es ist kein großes Geheimnis, dass der Kontakt zu unseren Gefühlen große Bedeutung für unser Wohlbefinden hat. Sie bringen sich in Erinnerung, selbst wenn wir versuchen sie zu ignorieren. Häufig werden sie sogar stärker und schwerer zu handhaben, je mehr wir sie unterdrücken oder gar nicht erst wahrzunehmen versuchen. Gefühle haben den Menschen lange Zeit als Wegweiser gute Dienste geleistet. Zusammen mit den Denkmustern, in denen wir in den vergangenen 8000 Jahren „mariniert" wurden, wird es jedoch schwieriger, uns ihrer Weisheit zu bedienen. Wir haben gelernt, dass gewisse Emotionen gut, passend und normal sind, während wir andere als schlecht, unpassend oder unnormal empfinden. Das macht es schwerer, gewisse Emotionen zu akzeptieren, sodass wir diese häufig verdrängen oder uns ihre Botschaft entgehen lassen.

Selbst wenn Gefühle ab und an ein Eigenleben zu führen scheinen, sind sie eng mit unseren Gedanken und unserem Körper verbunden. Um mit Wut, Scham und Schuld effektiv umgehen zu können, ist es hilfreich, zwischen dem zu unterscheiden, was wir fühlen, und dem was wir über unser Fühlen denken. Wenn wir Gefühle und Gedanken auseinanderhalten können, werden wir uns selbst und andere seltener beschuldigen.

Die Gefühle anderer beeinflussen uns sogar dann, wenn sie nicht in Worte gefasst werden. Stellen Sie sich vor, ein Kollege oder Familienmitglied erlebt starke Emotionen. Diese werden in der Körpersprache, in Mimik und Gestik sichtbar. Wenn die Person gefragt wird, was mit ihr los ist, antwortet sie: „Nichts Besonderes." Solange unklar bleibt, was jemand fühlt, konzentrieren sich andere (meist unbewusst) auf den Versuch zu verstehen, was in dieser Person vorgeht.

Ich habe einige Menschen gebeten, an Situationen zu denken, in denen sie Scham oder Schuld gegenüber einer anderen Person empfinden. Wenn ich gefragt habe, was die andere Person ihrer Meinung nach in dieser Lage fühlt oder braucht, finden sie selten eine Antwort. Oder aber sie vermuten, die Person sei wütend auf sie oder enttäuscht von ihnen. Diese Menschen berichten, dass sie sich schämen, wenn die andere Person sie mit einem gewissen schwer zu deutenden Blick ansieht, in einem bestimmten Ton spricht oder eine Körpersprache verwendet, die sie nicht recht inter-

---

26 Goleman, Daniel (1995): Emotionale Intelligenz, Carl Hanser Verlag.

pretieren können. Sie lesen in dem, was sie sehen und hören, eine Anklage. Erst wenn die Gefühle der anderen Person deutlich werden, nehmen Scham und Schuld ab.

Wenn ich glaube, andere seien für mein Fühlen verantwortlich, drücke ich mich anders aus, als wenn ich selbst die volle Verantwortung für meine Gefühle übernehme. So lange die Gefühle „positiv" sind, sind die meisten Menschen damit einverstanden, als Ursache verantwortlich gemacht zu werden. Es kann schmeichelhaft und aufmunternd sein zu hören: *„Ich fühle mich gut, weil du ..."* Oder: *„Du machst mich glücklich."*

Wenn wir jedoch auch die vielleicht nicht so positiven Gefühle mit dem Verhalten eines anderen verknüpfen, machen viele Menschen einen Rückzieher und wollen sich nicht länger als Ursache dafür sehen. Es fallen vielleicht Sätze wie *„Ich bin enttäuscht, dass du ..."* oder sogar *„Du machst mich traurig, wenn du nicht ..."*, die es zu einer Zumutung machen, weiterhin zuzuhören.

Ich habe häufig Menschen sagen hören, dass wir mehr über Gefühle sprechen sollten. Geschieht es dann, verwundert es mich, wie aufgeladen solche Versuche oft zu sein scheinen. Vielleicht liegt es daran, dass wir gewohnt sind, anderen die Verantwortung für unsere Gefühle zu übertragen, wenn wir sie äußern. Ich habe jedoch große Zuversicht, dass andere hören können, was wir brauchen, wenn wir unsere Gefühle und Bedürfnisse miteinander verbinden.

> *„Ich fühle mich traurig, weil du nie hinter mir stehst"* wird ersetzt durch:
> *„Ich fühle mich traurig, weil ich mehr Rückhalt in meinem Leben benötige, als ich im Moment erlebe."*

> *„Ich fühle mich ängstlich, weil du nur an dich selbst denkst"* wird ersetzt durch:
> *„Ich fühle mich ängstlich, weil ich mehr Fürsorge und Rückhalt erleben möchte."*

Auch wenn wir starke Gefühle mit unseren Vermutungen über das Verhalten anderer verknüpfen, kann das zu Schuld, Scham oder Wut führen. Das passiert zum Beispiel, wenn wir Worte verwenden wie *manipuliert*, *angegriffen* oder *gekränkt*. Äußere ich, dass „ich mich manipuliert fühle", hören andere daraus leicht: „Du manipulierst mich." Dann wehren sie sich häufig gegen diesen Vorwurf oder geben sich die Schuld dafür. In beiden Fällen wird unser Verhältnis zu ihnen belastet.

3.3.3 *Bedürfnisse*

Ich bezeichne die Bedürfnisse manchmal als den kleinsten gemeinsamen Nenner zwischen Menschen. Durch sie können wir uns in andere hineinfühlen und ein natürliches Mitgefühl entwickeln. So sensibilisiert sich unser Verständnis dafür, was sich hinter dem Verhalten eines anderen verbirgt. Wir alle haben die gleichen grundlegenden Bedürfnisse, daher erkennen wir, was bei unseren Mitmenschen die treibende Kraft ist, selbst wenn wir uns in der gleichen Situation anders verhalten hätten.

Bedürfnisse können also als allen Menschen gemeinsame Triebkräfte bezeichnet werden; jeder Mensch hat sie, unabhängig von Geschlecht, Kultur, Alter sowie religiösem oder kulturellem Hintergrund. Es ist sehr nützlich, die Bedürfnisse einerseits und die spezifischen Strategien zu ihrer Erfüllung andererseits voneinander unterscheiden zu können.

Hier wird der Begriff „Bedürfnis" verwendet, um überlebenswichtige Ressourcen zu beschreiben. Unser körperliches Wohlbefinden ist davon abhängig, dass unser Bedürfnis nach Sauerstoff, Wasser, Ruhe und Nahrung erfüllt wird. Unser psychisches und geistiges Wohlergehen wiederum wird durch Erfüllung unserer Bedürfnisse nach Verständnis, Unterstützung, Gemeinschaft, Ehrlichkeit und Sinn aufrechterhalten. Unsere Gefühle mit unseren Bedürfnissen in Verbindung zu setzen, macht es anderen leichter, Mitgefühl für uns zu empfinden, statt sich für unseren Schmerz schuldig zu fühlen.

Leider gibt es nur wenige Menschen, die fähig sind, ihre Bedürfnisse auszudrücken. Stattdessen haben die meisten von uns gelernt, zu kritisieren, zu fordern, zu drohen oder auf andere Weise durch Kommunikation Distanz zu schaffen.

Eine Grundannahme der GFK ist es, dass sich hinter Wut, Scham und Schuld unerfüllte Bedürfnisse verbergen. Problematisch wird es, wenn wir nicht in Kontakt mit diesen Bedürfnissen stehen und unsere Aufmerksamkeit stattdessen auf unsere eigenen Fehler und die anderer richten.

Alle gedanklichen Bewertungen von „richtigem" und „falschem" Verhalten als Signale für unsere unerfüllten Bedürfnisse zu sehen, kann uns helfen, uns dieses Problems bewusst zu werden. Wenn wir eine Verbindung zu unseren Bedürfnissen haben, sind wir nicht länger wütend oder beschämt, da sich unsere Wut oder Scham in Gefühle verwandeln, die den grundlegenden Bedürfnissen näher stehen. Es ist dann nicht mehr möglich, in Scham oder Wut zu verharren.

Einige unserer grundlegenden Bedürfnisse

Körperliche Bedürfnisse

Luft, Nahrung, Bewegung, Schutz, Erholung, Sexualität, Wasser

Autonomie und Wahlfreiheit

Unsere Träume, Ziele und Wertvorstellungen selbst wählen und selbst entscheiden dürfen, wie wir diese verwirklichen möchten.

Feiern und Ehren

Feiern, dass wir unsere Lebenswirklichkeit geschaffen und unsere Träume in die Tat umgesetzt haben; Verluste geliebter Menschen und unerfüllte Bitten betrauern.

Integrität

Zuverlässigkeit, Bedeutung, Sinn, Kreativität

Spirituelle Verbundenheit

Schönheit, Harmonie, Inspiration, Ordnung und Stille

Spiel

Lachen, Spaß machen, Spiel, Humor

Wechselseitig abhängige Bedürfnisse (Interdependenz)

Akzeptanz, Verständnis, Nähe, Gemeinschaft, Fürsorge, Rücksichtnahme, zur Bereicherung des Lebens beitragen, emotionale Geborgenheit, Empathie, Ehrlichkeit, Liebe, Respekt, Unterstützung, Sicherheit, Vertrauen und Wärme

„Es ist deren Fehler"

Nun schauen wir uns an, wie Gefühle und Bedürfnisse in Annas Geschichte aus Kapitel 2 hineinspielen. Was glauben Sie, was würden Sie an Annas Stelle empfinden? Nehmen Sie sich einen Moment Zeit, um Kontakt mit der Situation aufzunehmen. Verschiedene Menschen fühlen unterschiedlich, je nachdem, was sie gerade denken, wertschätzen und welche Bedürfnisse sie im Moment haben.

Gehen wir davon aus, Ihr erstes Gefühl sei **Enttäuschung**. Sie sind **enttäuscht**, da Sie so gerne an diesem Projekt **teilgehabt hätten**. Vielleicht fühlen Sie außerdem Unruhe und Verwirrung und Sie **wollen verstehen**, warum Ihre Freunde sich entschieden haben, Ihnen nichts von dem Café zu erzählen. Oder Sie werden **traurig**, weil Sie **voller Hoffnung** waren, bei etwas wirklich **Bedeutungsvollem** dabei zu sein. Die Bedürfnisse hinter Ihren Gefühlen könnten also sein: Zugehörigkeit, Verständnis, Sinn oder Hoffnung. Mit diesen Bedürfnissen können Sie sich umso leichter verbinden, je besser Sie Ihre Gefühle kennen. Emotionen sind Leitfäden, um unsere Bedürfnisse zu finden.

Möglicherweise empfinden Sie aber auch **Freude**, weil Sie **zuversichtlich** sind, teilhaben zu dürfen, wenn Sie wieder nach Hause kommen – selbst wenn Sie sich nicht sicher sein können, da niemand mit Ihnen darüber gesprochen hat. Und selbst wenn Sie in der Lage sind, sich zu freuen, fühlen Sie sich vielleicht dennoch ein wenig traurig, nicht in der spannenden ersten Phase dabei gewesen zu sein.

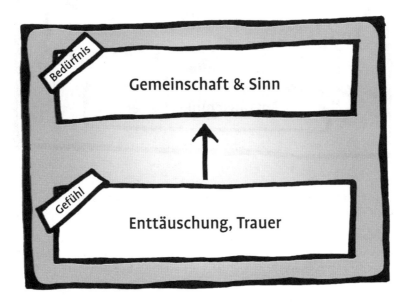

Wir fahren mit Annas Geschichte fort, denn vielleicht denken Sie gerade: *„Enttäuscht und traurig? Nein, ich wäre WÜTEND! Sie muss ihren Freunden Grenzen aufzeigen und ihnen sagen, dass sie einen Fehler gemacht haben. So verhält man sich einfach nicht!"*

Das Denkmuster, das sich hinter der Wut verbirgt, führt uns in eine Sackgasse. Lassen Sie uns zuhören, wie ein Dialog klingen kann, wenn wir uns entschieden haben, uns auf das zu konzentrieren, was andere falsch gemacht haben. Anna ruft Eva, eine der Freundinnen, die das Café eröffnet haben, an.

Anna (schnell, hart und gereizt): *„Wie konntet ihr mir das antun? Ihr seid furchtbar egoistisch. Ihr hättet mir zumindest Bescheid geben können, aber dazu seid ihr wohl zu feige!"* (Stell dir vor, ich werde euch zeigen, was ich von Leuten wie euch halte.)

Eva (fühlt sich angegriffen, antwortet irritiert und in entschiedenem Tonfall): *„Wir treffen unsere Entscheidungen immer noch selbst! Du warst nicht hier und außerdem kann man bei dir nie wissen, du bist immer so launisch."* (Meine Güte, zum Glück haben wir ihr nicht Bescheid gesagt, jetzt zeigt sich ja ihr „wahres Ich".)

Anna (mit noch mehr Schärfe in der Stimme): *„Ja, rede dich nur heraus, aber so verhält man sich einfach nicht gegenüber seinen Freunden!"* (Legt den Hörer auf.)

Dieses Gespräch ist nicht so verlaufen, wie Anna gehofft hatte. Wahrscheinlich erkennen sich viele von uns darin wieder. So kann es uns ergehen, wenn wir uns von dem Denkmuster leiten lassen, das der Wut zugrunde liegt, und der Druck schließlich so weit ansteigt, dass wir überkochen.

3.3.3.1 Wut und Bedürfnis

Ärger entsteht aus lebensentfremdenden Gedankenmustern, die von unseren Bedürfnissen abgetrennt sind. Sie zeigen uns, dass wir (...) jemanden (...) analysieren und (...) verurteilen, anstatt unsere Aufmerksamkeit auf das zu richten, was wir brauchen und nicht bekommen.

Marshall Rosenberg[27]

Viele Menschen fühlen sich am lebendigsten, wenn sie wütend sind, da dieses Gefühl durch den Ausstoß von Adrenalin und weiteren Hormonen so intensiv ist. Aber ich bin nicht der Ansicht, dass wir in solchen Momenten „vollständig am Leben" sind, weil wir ärgerlichen Gemüts nicht mit unseren lebensdienlichen Bedürfnissen verbunden sind.

In dieser Situation wird unsere Kommunikation ineffektiv. Wenn wir wütend sind, richten wir unsere Aufmerksamkeit fast ausschließlich auf das, was wir *nicht* mögen und was andere falsch machen, statt uns darauf zu konzentrieren, was wir eigentlich wollen und wie andere dazu beitragen könnten. Dann bitten wir andere häufig, *aufzuhören* etwas zu tun. Aber wenn wir nicht deutlich machen, was genau wir *wollen*, kann das neue Benehmen für uns genauso irritierend sein wie das alte.

Verbinden wir uns jedoch mit unseren menschlichen Bedürfnissen, können wir nicht länger wütend sein. Denn der Kontakt zu den Wünschen, die hinter unserer Wut stecken, verwandelt den Ärger in andere Gefühle. Die sind zwar gleich intensiv, stehen aber in engerem Kontakt zu dem, was wir in dieser Situation benötigen.

3.3.3.2 Scham und Bedürfnis

Scham wird zuweilen als der Preis beschrieben, den wir dafür zahlen müssen, Teil einer sozialen Gemeinschaft zu sein. Meiner Meinung nach gibt es jedoch andere Wege, auf unerfüllte Bedürfnisse anderer aufmerksam zu werden. Hätten wir eine beständigere Verbindung zu unseren Bedürfnissen und denen unserer Mitmenschen, bräuchten wir die Scham nicht als „Warnsignal" und könnten reagieren, bevor wir von ihr überwältigt werden. Durch den Kontakt zu dem, was wir benötigen, wird das Schamgefühl gewissermaßen entkleidet und in seinem Inneren findet sich ein verletzlicher Kern des Bewusstseins um unsere Bedürfnisse und die unserer Mitmenschen.

---

27 Rosenberg, Marshall B. (2011), Gewaltfreie Kommunikation: Eine Sprache des Lebens, Junfermann.

3.3.3.3 Schuld und Bedürfnis

Oft erhalte ich auf meine Frage, was jemand braucht, die Antwort: „Ich weiß nicht." Und selbst wenn diese Menschen eine Ahnung haben, fällt es ihnen dennoch schwer, Worte zu finden, um ihre Wünsche auszudrücken. Viele – und besonders Frauen – haben gelernt, sich schuldig zu fühlen, wenn sie Bedürfnisse äußern, die denen anderer zuwiderlaufen. Meist sind sie erleichtert, wenn sie verstehen, dass alle Menschen tatsächlich die gleichen Bedürfnisse haben.

Schuld ist ein Zeichen dafür, dass wir zwischen der Erfüllung scheinbar widerstreitender Bedürfnisse aufgerieben werden. Das kommt daher, dass wir nicht wirklich wissen, wie wir uns verhalten können, damit alle bekommen was sie benötigen. Vielleicht haben wir bereits resigniert und erleben die Bedürfnisse in einem solchen Konflikt miteinander, dass – egal wie wir uns verhalten – irgendjemand immer der Verlierer sein wird.

„Es ist mein Fehler"

Wie viele andere bekommt Anna im Nachhinein ein schlechtes Gewissen für ihren Wutausbruch. Sie macht sich Vorwürfe und denkt, dass sie Verantwortung für ihre Wut übernehmen muss und der Fehler mit Sicherheit bei ihr liegt. *„Es ist wohl genauso, wie ich es mir gedacht habe. Sie wollten mich nicht dabei haben und das ist ja auch kein Wunder – so kompliziert, wie ich immer bin, und so schlecht darin, Absprachen einzuhalten. Ich hätte nichts anderes erwarten dürfen … Niemand will mich dabei haben, wenn es wirklich darauf ankommt … Ja, wie man sich bettet, so liegt man, ich habe es einfach nicht anders verdient!"*

Ein weiterer Monat vergeht, ohne dass einer der Freunde sich wegen des Cafés bei Anna gemeldet hat, und schließlich ist der Zeitpunkt ihrer Rückkehr da. Als sie in ihrer Heimatstadt ankommt, läuft sie als einem der ersten Menschen Peter – einem der Gründer des Cafés – über den Weg.

Anna hofft, dass er etwas zu dem Geschehenen sagen wird. Sie selbst spricht nur davon, wie ihre Zeit im Ausland war, aber in ihrem Kopf kreisen die Gedanken, was sie über das Café sagen sollte, was sie von ihren Freunden hält, nach allem, was sie getan haben, und wie sie sich dabei gefühlt hat. Es endet damit, dass sie das Café kein einziges Mal erwähnt.

Peter hingegen schämt sich zunächst und antwortet ausweichend. Er windet sich innerlich und denkt, dass er sich hätte melden sollen. Nach einer Weile beruhigt er sich, da das Thema nicht zur Sprache kommt, und denkt, dass es für Anna vielleicht gar nicht so wichtig ist. Das Gespräch endet, ohne dass das Thema „Café" auch nur angeschnitten wurde, und beide eilen mit einem inneren Unbehagen weiter.

3.3.3.4 Unterscheiden Sie Bedürfnisse von Strategien zur Bedürfniserfüllung

Um mit Schuld, Scham und Wut umzugehen, ist es nützlich, zwischen den Bedürfnissen einerseits und den Strategien zu ihrer Erfüllung andererseits zu unterscheiden. Wir können dies zum Beispiel tun, indem wir uns bewusst machen, dass wir kein Bedürfnis danach haben, dass eine bestimmte Person zu einer bestimmten Zeit eine bestimmte Sache tut. Es sind die Strategien, die davon handeln, dass andere etwas auf eine vorgegebene Weise und zu einem bestimmten Zeitpunkt ausführen.

Als ich einmal an einer internationalen Universität in Österreich eine Gruppe in Gewaltfreier Kommunikation unterrichtete, wurde deutlich, dass die Bedürfnisse – in diesem Fall ging es um Respekt oder Wertschätzung – die gleichen sein können, während die Wege (oder Strategien), um diese zu erfüllen, aufs höchste variieren.

Die Teilnehmer der Gruppe kamen aus 28 verschiedenen Ländern und die Diskussionen untereinander wurden hitzig, als wir uns mit dem Thema Respekt auseinandersetzten. Schließlich sprachen wir darüber, welches *Verhalten* man sich von anderen wünschen würde, sollte man in einer Gruppe anfangen zu weinen, und kamen zu einem fruchtbareren Austausch, der nach und nach zu größerer Übereinstimmung führte. Einige europäische Frauen sagten, sie würden es als respektvoll erleben, wenn die anderen die Dinge liegen ließen, mit denen sie gerade beschäftigt waren, um der Weinenden ihre volle Aufmerksamkeit und Unterstützung zu schenken. Daraufhin warfen einige Männern aus Westafrika ein, dass sie genau dieses Verhalten ganz und gar nicht als Erfüllung ihres Bedürfnisses nach Respekt empfinden würden. Sollten sie – entgegen aller Erwartungen – vor der Gruppe weinen, wäre es ihnen lieber, wenn die anderen täten, als würden sie es nicht wahrnehmen, und ihre Arbeit einfach fortführten. Auf diese Weise fiele es ihnen am leichtesten, ihr Bedürfnis nach Respekt zu schützen. Zwischen diesen beiden entgegengesetzten Polen gab es alle möglichen Spielarten, die auch bei Personen aus dem gleichen Land, des gleichen Geschlechts oder der gleichen Religion unterschiedlich ausfielen.

Als wir sahen, dass es einen Unterschied zwischen dem Empfinden von Wertschätzung einerseits und der Art, wie wir behandelt werden möchten, um uns wertgeschätzt zu fühlen, andererseits gab, konnten wir unseren gemeinsamen Nenner leichter beschreiben: das innere Erleben von Wertschätzung. Es trug zum Zusammenhalt in der Gruppe bei, uns über das gemeinsame Bedürfnis nach Respekt zu verbinden. Viele Gruppenmitglieder sagten außerdem, es trage zu ihrem Gefühl von Freiheit bei zu sehen, dass es so viele verschiedene Wege gibt, um ein und dasselbe Bedürfnis zu erfüllen.

Wenn wir zwischen Bedürfnis und Erfüllungsstrategie unterscheiden, werden wir Schuld und Scham effektiver handhaben können. Weder geben wir jemand anders die Schuld für etwas, das in unserem Inneren vorgeht, noch fühlen wir uns schuldig für das, was eine andere Person empfindet. Stattdessen machen wir unsere Bedürfnisse deutlich und lassen andere wissen, was sie tun können, um zur Befriedigung unserer Bedürfnisse beizutragen.

Indem wir verstehen, dass es verschiedene Wege gibt, ein Bedürfnis zu erfüllen, eröffnen wir uns mehr Wahlmöglichkeiten. Wir sind nicht länger darauf angewiesen, dass eine bestimmte Person auf eine bestimmte Weise handelt, wenn wir unser Bedürfnis nach Respekt erfüllen wollen. Möchten wir Respekt erleben, können wir dies auch erreichen, indem wir den anderen auf eine Weise behandeln, die wir als respektvoll empfinden. Wenn wir wollen, dass uns Empathie entgegengebracht wird, kann dieses Bedürfnis erfüllt werden, indem wir anderen mit Empathie zuhören. Wir haben die Macht, das zu tun, was wir brauchen, um unsere Bedürfnisse zu erfüllen. Und gleichzeitig haben wir die Möglichkeit, andere dabei um Hilfe zu bitten.

3.3.4 Bitten

Wenn wir eine Strategie vorschlagen oder um etwas bitten möchten, sollten wir so präzise sein wie möglich. Das macht es den anderen leichter zu verstehen, was wir uns wünschen. Außerdem stellen wir so sicher, dass unsere Bitte erfüllbar ist und sofort mit ja oder nein beantwortet werden kann.

Um zu gewährleisten, dass unsere Bitten deutlich werden, und gleichzeitig das Risiko zu minimieren, dass andere sie als Forderungen auffassen, können uns folgende zwei Fragen helfen:

„Welches Verhalten wünsche ich mir von jemand anderem oder inwiefern soll diese Person ihr Verhalten ändern?"

Und:

„Welche Intention wünsche ich mir von dem anderen, wenn er das Verhalten umsetzt, um das ich ihn bitte?"

Wenn wir nicht um etwas bitten, sondern von anderen etwas fordern, können wir uns fragen, ob wir bereit sind, den Preis für diese Art von Kommunikation zu zahlen. Sobald jemand unsere Bitte erfüllt, um Scham, Schuld oder Bestrafung auszuweichen, und nicht, weil er uns unterstützen möchte, schadet dies unserer Beziehung. Erfolgt eine solche Kommunikation über längere Zeit hinweg, kann es viel Kraft und Energie kosten, den Kontakt wieder zu „reparieren". Dann werden andere uns weniger wohlwollend gegenüberstehen und verlieren die Lust, uns zu unterstützen.

Äußern wir vage, unerfüllbare oder überhaupt keine Bitten oder aber teilen nur mit, was wir fühlen, missverstehen andere unsere Bedürfnisse leicht oder übernehmen die Verantwortung für unsere Gefühle. Wir selbst sind vielleicht der Ansicht, uns deutlich auszudrücken, und verstehen nicht, wieso andere unsere Bitten als unklar empfinden oder Schuldgefühle bekommen, wenn sie uns zuhören.

Wir sagen zum Beispiel „Ich fühle mich einsam" und glauben, damit eine Bitte nach Gemeinschaft geäußert zu haben. Aber wir haben keine Garantie dafür, dass dem anderen unsere Bitte klar wird. Manche werden uns verstehen und unser Bedürfnis erfüllen, aber für andere wird unsere Bitte überhaupt nicht ersichtlich und es wird nichts passieren. Wenn wir ausdrücken, was wir fühlen (Einsamkeit), was wir brauchen (Gemeinschaft) *und* um was wir unser Gegenüber bitten („Magst du auf einen Kaffee vorbeikommen?"), werden wir mit größerer Wahrscheinlichkeit Unterstützung erhalten, ohne dass der andere ein Gedankenleser sein muss.

Wir können Bitten in „beziehungsorientierte Bitten" und „handlungsorientierte Bitten" einteilen. Letzteres bedeutet, jemanden um die Ausführung einer Handlung zu bitten, zum Beispiel: „Ich möchte, dass du dein Fahrrad sofort auf die andere Straßenseite stellst. Ist das in Ordnung für dich?" Beziehungsorientierte Bitten sind Bitten, die Kontakt herstellen, etwa indem man fragt, was der andere fühlt, wenn er uns etwas erzählen hört. Oder wir können jemanden bitten, wiederzugeben, was er oder sie uns hat sagen hören, sodass wir wissen, ob wir verstanden wurden oder nicht.

3.4 Schulderzeugende Kommunikation

Scham- und schulderzeugende Kommunikation ist eine mächtige Waffe, wenn sie das Selbstwertgefühl von Personen und deren Platz in einer Gruppe bedroht. Sowohl Schuld als auch Scham können uns verstummen lassen, sodass wir uns entweder zurückziehen oder uns mit etwas einverstanden erklären, das wir eigentlich gar nicht wollen.

Ein Freund erzählte mir, was sich einige Jahre lang in dem Krankenhaus, in dem er arbeitet, abgespielt hat. Jeden Morgen sollte der Nachtdienst dem Tagespersonal berichten, was in der Nacht passiert war. Daher war es wichtig, dass die Diensthabenden pünktlich kamen, damit das Nachtpersonal nach Hause gehen konnte. Ein Mitarbeiter aus der Tagschicht, Per, pflegte fünf Minuten nach Arbeitsbeginn hineinzustürmen und ausführlich zu erzählen, welche Umstände dazu geführt hatten, dass er zu spät dran war. Alle Kolleginnen und Kollegen saßen derweil ungeduldig da und warfen einander bedeutungsvolle Blicke zu oder starrten Per gereizt an. Sowohl der Chef als auch die Kollegen hatten Per mehrmals auf das Thema angesprochen, was regelmäßig dazu führte, dass sie Per Schuldgefühle machten und er versprach, nicht mehr zu spät zu kommen. Und das hatte funktioniert – für ungefähr drei Tage! Danach kam Per wieder zu spät. Und mit jedem Mal wurden seine Erklärungen länger, da er sich immer mehr schämte. Auf diese Weise wurde die Situation nicht geklärt, sondern eher verschlimmert.

Dies ist ein typisches Ergebnis, wenn man versucht, jemanden durch Erzeugen von Scham oder Schuld zu einer Verhaltensänderung zu motivieren. Wenn wir etwas sagen und andere dies als Kritik oder Schuldvorwürfe empfinden, haben sie das Bedürfnis hinter unseren Worten nicht gehört. Möchten wir von jemandem eine dauerhafte Veränderung, sind Scham- und Schuldgefühle also das letzte, was wir dieser Person wünschen sollten. Entstehen die Gefühle dennoch, wissen wir, dass sich vermutlich nichts verändern und die Situation sich vielleicht sogar verschlimmern wird.

Wenn ich etwas ausspreche, von dem ich glaube, es könne als Kritik oder Schuldvorwurf aufgefasst werden, füge ich meist hinzu: *„Wenn du etwas von dem, was ich sage, als Kritik empfindest, möchte ich das gerne erfahren, denn dann habe ich mich vermutlich nicht deutlich ausgedrückt.“*

Wenn andere hören, was wir brauchen, können sie unsere Äußerung nicht als Kritik oder Schuldvorwurf auffassen. Denn dann nehmen sie wahr, dass wir um Hilfe bitten, und vielleicht entsteht in ihnen der Wunsch, uns zu unterstützen.

Um zu vermeiden, dass Menschen aus einer Situation in dem Glauben herausgehen, sie seien für unsere Gefühle verantwortlich oder aber kritisiert worden, können wir sie bitten, wiederzugeben, was sie uns haben sagen hören. So wissen wir, welche Version unserer Äußerung bei dem anderen angekommen ist und können entscheiden, ob wir versuchen wollen, unsere Bitte zu verdeutlichen.

Denken Sie daran: Es ist fast immer die Entscheidung des Zuhörers, ob er Schuldvorwürfe oder etwas Schamerzeugendes aus unseren Worten heraushört. Dennoch haben wir die Möglichkeit, unserem Gegenüber das Verständnis zu erleichtern und so die Beziehung zu stärken.

3.4.1 Kommunikation, die häufig zu Scham und Schuld führt

Meine Gefühle ausdrücken, ohne dabei den anderen um etwas zu bitten:
„Ich fühle mich so einsam."

Meine Gefühle mit dem Verhalten eines anderen in Verbindung bringen:
„Ich bin traurig, weil du ..."

Andeuten, dass jemand etwas tun sollte, ohne konkret darum zu bitten:
„Es schert sich ja doch niemand darum."

Meinen Gefühlen, Bedürfnissen und Bitten durch Seufzen, Mimik und Gestik Ausdruck verleihen.

Meine Gedanken mit meinen Gefühlen vermengen:
„Ich fühle mich übergangen, übersehen, verlassen, manipuliert."

3.5 Tun Sie nie etwas, um Scham oder Schuld auszuweichen

Es wird unsere Beziehungen bereichern, wenn wir aus Freude und Hilfsbereitschaft handeln, statt aus dem Bestreben, Scham oder Schuld zu vermeiden. Innehalten, um Scham und Schuld zu spüren, ist gar nicht so schlimm – denn die Gefühle werden sich verwandeln, wenn wir uns die Zeit nehmen, uns mit unseren Bedürfnissen zu verbinden, bevor wir aktiv werden.

Ein Beispiel dafür habe ich auf einer Feier erlebt: Ein Paar, Mann und Frau, lag beständig im Clinch, da er Lust hatte zu tanzen, während sie sich lieber mit ihm unterhalten wollte.

Nachdem ich gelernt hatte, dass Scham und Schuld uns den Weg weisen, wenn wir uns nur trauen, nach innen zu lauschen, fragte ich den Mann, den ich besser kannte, ob er ein bisschen reden wolle. Er erzählte, wie er sich mit etlichen Vorstellungen darüber herumschlug, was er tun *sollte*. Der stärkste Gedanke war, dass er an der Seite seiner Partnerin sein *sollte*, obwohl er am liebsten tanzen und sich mit anderen unterhalten wollte.

Ihm wurde klar, dass er verzweifelt versuchte, sich nicht schuldig zu fühlen. Als er sich das bewusst gemacht hatte, wurde er neugierig, was er aus der Auseinandersetzung mit diesem Gefühl lernen könnte. Es half ihm, seine Situation besser zu verstehen: Er rieb sich zwischen seinem Bedürfnis nach Freiheit und dem Bedürfnis, für seine Partnerin da zu sein, auf. Und als er versuchte, den Schuldgefühlen auszuweichen, steigerte das seine Verwirrung zusätzlich. Nachdem er sich verdeutlicht hatte, wie wichtig es ist, sich frei zu fühlen *und* den Zusammenhalt mit dem Partner zu wahren, konnte er eine bewusstere Entscheidung treffen, um seine Bedürfnisse zu erfüllen. Er entschied sich, einen Teil des Abends mit seiner Freundin zu verbringen und einen anderen Teil damit, sie seinen Freunden vorzustellen. Der ausschlaggebende Punkt, der die ganze Situation in ein anderes Licht rückte, war seine Einsicht, dass er die Wahl traf, was er mit dem Abend anfangen wollte, statt sich von dem steuern zu lassen, was er tun *sollte*.

3.6 Humor oder Empathie

Humor ist eine der gängigsten Methoden, mit Scham umzugehen. Die Witze von Standup-Comedians bauen fast ausschließlich auf Situationen, die Scham hervorrufen. Und die Show wird umso lustiger, je mehr sich die Menschen schämen.

Wenn Sie über sich selbst und das, wofür Sie sich schämen, lachen können, wird es leichter, mit dem Gefühl von Scham umzugehen. Manchmal braucht es viel Stärke und eine gewisse Distanz zu sich selbst, um das tun zu können.

Humor kann wirklich eine große Hilfe sein, wenn wir Scham fühlen. Aber wir können nicht alle Komiker werden. Daher ist es bedeutend leichter zu üben, wie man der Scham und dem Schmerz mit Empathie begegnen und sie dadurch in den Griff bekommen kann. Jemandem mit Empathie zuzuhören ist ein kraftvolles Werkzeug, um einer Person beim Umgang mit Wut, Scham und Schuld zu helfen.

3.7 Empathie

„Das größte Defizit, das wir momentan haben, ist mangelndes Einfühlungsvermögen. Wir brauchen dringend Menschen, die in der Lage sind, in die Schuhe eines anderen zu schlüpfen und die Welt durch dessen Augen zu sehen."

Barack Obama[28]

Innerhalb der GFK beschreibt man mit den Begriffen „Empathie" oder „empathisch zuhören" eine bestimmte Art, anderen zu begegnen. Mit Empathie zuhören könnte man als Fähigkeit beschreiben, die Perspektive einer anderen Person in einer be-

---

28 Obama, Barack (2008), Hoffnung wagen: Gedanken zur Rückbesinnung auf den American Dream, Rieman Verlag.

stimmten Situation einzunehmen. Wir versuchen, genau wie Barack Obama es oben beschreibt, die Welt durch die Augen eines anderen zu sehen.

Die Wissenschaftlerin Teresa Wiseman, die zur Krankenpflege forscht, hat die Fähigkeit zur Empathie in einigen Punkten zusammengefasst:

1. Die Welt durch die Augen eines anderen sehen können.
2. Die Gefühle und Bedürfnisse einer anderen Person verstehen.
3. Unser Verständnis für die Gefühle anderer kommunizieren können.[29]

Es gibt andere Wege, Verständnis für unsere Mitmenschen zu zeigen, als ihnen in allem beizupflichten oder sie zu bemitleiden: Uns darum bemühen, anwesend zu sein und am Erleben des anderen teilzuhaben ohne darüber nachzudenken, ob dieses gut oder schlecht ist.

Empathie entsteht, wenn wir uns nicht länger damit aufhalten, andere Menschen oder deren Handeln zu beurteilen, sondern wirklich mit offenem Herzen zuhören, was der andere fühlt und braucht. Wir konzentrieren uns auf das, was in einer Person vorgeht, statt darüber nachzudenken, wie er oder sie *ist* oder sein *sollte*.

Empathie ist mehr als nur ein Lippenbekenntnis, aber unsere Worte sind eine Möglichkeit zu bekräftigen, dass wir wirklich versuchen zu verstehen, was im anderen vorgeht. Den Gefühlen und Bedürfnissen anderer zuzuhören stimuliert unser Mitgefühl. Daher richten wir unseren Blick auf das, was Menschen brauchen, wovon sie träumen, wonach sie sich sehnen, woran sie teilhaben und was sie schaffen möchten – statt uns mit ihren Mängeln und dem, was ihnen fehlt, auseinanderzusetzen.

3.7.1 Empathie versus Mitleid und Sympathie[30]

„Sie hat mich wirklich verstanden!"
„Er war mit seiner Aufmerksamkeit ganz bei mir!"

Dies sind einige typische Reaktionen, wenn jemand mit Empathie gehört wurde – aber auch wenn jemand mit Sympathie und Mitgefühl gehört wurde. Der Unterschied zwischen Empathie und Sympathie ist folgender: Höre ich mit Empathie zu, versetze ich mich hinein, wie etwas auf den anderen wirkt und folge dem Prozess, den diese Person durchläuft. Wenn ich jemandem mit Sympathie begegne, stimme ich entwe-

---

29 Brown, Brené (2007), I Thought It Was Just Me (but it isn't): Telling the Truth About Perfectionism, Inadequacy, and Power, Gotham.

30 Anm. d. Ü.: Im schwedischen Original wird der Empathie hier die „sympati" entgegengesetzt. Der Begriff bedeutet – ebenso wie das englische „sympathy" – sowohl *Sympathie* als auch *Mitleid*.

der ihren oder seinen Beurteilungen und Analysen zu, er oder sie tut mir leid oder aber ich vergleiche ihre oder seine Ausführungen mit meinen eigenen Erlebnissen.

Wenn wir uns schämen oder Schuld empfinden, kann die Sympathie eines anderen dazu führen, dass wir uns einsam und unverstanden fühlen oder dass wir beginnen, uns selbst zu bemitleiden.

Wenn wir wütend sind und andere uns mit Sympathie begegnen, sind wir vielleicht für eine Weile weniger wütend, aber meist kommt die Wut zurück – und dann mit geballter Wucht gegen die Person, der sie gilt. Manchmal kann Sympathie so aufgefasst werden, als spreche man hinter dem Rücken einer anderen Person oder (obwohl das häufig misslingt) als versuche man, jemanden zu unterstützen, der einem am Herzen liegt. Es kann schön sein, wenn einem Sympathie entgegengebracht wird, beweist sie uns doch, dass jemand „auf unserer Seite" ist. Langfristig jedoch macht Sympathie die Dinge meist schlimmer, da sich durch sie die Positionen innerhalb einer Beziehung noch verhärten können.

Wenn es um die Gefühle Wut, Scham und Schuld geht, besteht die größere Unterstützung meist darin, jemandem mit Empathie zuzuhören, und weniger, ihm Sympathie und Mitleid entgegenzubringen. Aber auch hier lauert eine Fallgrube. Wenn wir jemandem nur mit Empathie zuhören, ohne anschließend etwas über unseren Standpunkt oder unser Empfinden dazu zu sagen, wird unser Gesprächspartner annehmen, dass wir ihm beipflichten. Er oder sie könnte annehmen, auch wir seien der Meinung, dass „unser gemeinsamer Freund ein Verräter ist" oder dass „Männer nun mal so und so sind". Daher ist es wichtig, in einem mit Empathie geführten Gespräch auch ehrlich die eigenen Bedürfnisse und Gefühle zu äußern.

3.8 Mit Sympathie und Mitleid behandelt werden

Anna sinkt in das Sofa einer Freundin, direkt nachdem sie Peter in die Arme gelaufen ist (Seite 50) und nicht gesagt hat, wie schmerzhaft und frustrierend die Geschichte mit dem Café für sie gewesen ist.

ANNA (ruft mit Nachdruck aus): „Ich bin so enttäuscht von mir selbst! Als wir uns getroffen haben, habe ich mich nicht einmal getraut, auszusprechen, was ich denke. So feige wie ich bin, da ist es ja kein Wunder, dass sie mich links liegen gelassen haben ..." (Dann traurig): „Ich lasse mich behandeln, wie es den Leuten gerade passt, wie ein verdammter Fußabtreter."

FREUNDIN: „So solltest du nicht denken, es ist nicht dein Fehler! Das ist einfach keine leichte Situation."

ANNA: „Ja, vielleicht ... Aber ich bin überhaupt erst auf die Idee mit dem Café gekommen, und es ist das Einzige, was zu tun mir Spaß machen würde und sich lohnenswert anfühlt." (Mit Wehmut in der Stimme): „Dass ich auch immer so ein Pech habe."

> FREUNDIN: *„Wieso Pech? Ich glaube, du hast Glück, nicht mit diesen Egoisten zu arbeiten, die verdienen eine Freundin und Kollegin wie dich gar nicht! Und du verdienst was Besseres."*
> ANNA: *„Ja, sie denken ganz offensichtlich nur an sich selbst. Aber sie werden das ohnehin nicht schaffen. Die wissen gar nicht, wie man ein Unternehmen führt."*

In der letzten Antwort brechen sich die Urteile Bahn – sie sind die typische Reaktion einer Person, der Sympathie entgegengebracht wurde. Wenn Sie jemandem, der wütend oder enttäuscht ist, mit Sympathie und Mitleid begegnen, gießen Sie damit Öl ins Feuer. Die Reaktion fällt dann meist stärker aus, da die Sympathie wie eine Bekräftigung funktioniert, dass etwas mit der anderen Konfliktpartei nicht stimmt. Das Risiko dabei ist, dass die mit Sympathie bedachte Person fortfährt, *über* andere zu sprechen, statt *mit* ihnen.

Wenn wir nach dieser Art der Unterstützung eines Tages mit den anderen Beteiligten über unsere Enttäuschung sprechen, kann es noch schwerer sein, eine Verbindung herzustellen als zuvor. Es wird deshalb schwieriger, weil unsere statischen Bilder davon, *wie* und *was* der andere ist (feige, egoistisch und so weiter), bestärkt wurden. Nun versperren sie uns noch mehr den Blick darauf, wie die Dinge wirklich sind. Unsere Gedanken, dass andere verantwortlich für unsere Gefühle sind, wurden ebenfalls genährt. Wenn wir erleben, dass die Macht in den Händen anderer liegt, übernehmen wir nicht selbst die Verantwortung, um unsere Situation zu verändern. Die Machtlosigkeit kann dann in Wut übergehen und sich als Drohung oder Forderung Ausdruck verschaffen.

Um so kommunizieren zu können, dass in einer angespannten Situation eine Verbindung hergestellt wird, ist viel Unterstützung nötig. Wir können diesen Rückhalt von anderen bekommen, wenn sie uns zuhören, auf das fokussieren, was wir fühlen und brauchen, und dabei vermeiden, uns aufzumuntern, zu analysieren, zu trösten oder uns Ratschläge und Mitleid zuteilwerden zu lassen.

3.8.1 Empathie und Scham

Empathie räumt die Hindernisse beiseite, die uns daran hindern, einen tiefen inneren Kontakt herzustellen. Man könnte Empathie und Scham als Gegensätze bezeichnen: Wo die Empathie uns öffnet, da verschließt uns die Scham. Damit die Empathie unsere Scham verwandeln kann, ist Verletzlichkeit unabdingbar, denn Empathie entsteht, wenn wir es wagen, unsere Scham offen zu zeigen und wenn wir erleben, dass sie von unserem Gegenüber angenommen wird.

Menschen, die schnell mit ihrer Scham zurechtkommen, haben eines gemeinsam: die große Fähigkeit, sowohl für sich selbst als auch für andere Empathie zu empfinden.[31]

Erhalten wir hingegen von jemandem, dem wir uns öffnen, Ratschläge, Jubelrufe, Zurechtweisungen oder Mitleid, wird all das es schwerer machen, durch Empathie das Schamgefühl hinwegschmelzen zu lassen. Wenn wir verletzlich sind und uns öffnen, möchten wir Verständnis bekommen. Mit Empathie behandelt zu werden ist oft der entscheidende Wendepunkt, der die Scham davon abhält, weiter in unserem Inneren zu toben.

3.8.2 Empathie und Wut

Wenn wir ärgerlich sind und uns Empathie entgegengebracht wird, verwandelt sich die Wut für gewöhnlich schnell in ein anderes Gefühl. Stellen wir mithilfe unseres Gesprächspartners eine Verbindung zu den Bedürfnissen her, die hinter der Wut stehen, können wir nicht länger ärgerlich sein. Wir werden weiterhin starke Gefühle empfinden, aber wir können die schuldauslösenden Gedanken loslassen, die für die Wut verantwortlich sind. Die intensiven Emotionen können wir nutzen, um noch tieferen Kontakt zu unseren Bedürfnissen zu bekommen. Zwar werden diese dadurch nicht notwendigerweise befriedigt, aber wir können sie besser akzeptieren, wenn wir uns mit ihrem Kern verbunden fühlen.

3.8.3 Empathie und Schuld

Wenn wir uns schuldig fühlen und uns Empathie entgegengebracht wird, kann uns das helfen, uns von dem inneren Entscheidungskampf zwischen dieser oder jener Verhaltensweise zu befreien. Wir werden einen besseren Zugang zu unserer Trauer um nicht erfüllte Bedürfnisse erlangen – Wünsche, die durch etwas, was wir getan oder nicht getan haben, unerfüllt geblieben sind. Schuld kann wie eine innere Streckbank sein: Wir treiben uns selbst stets dazu an, mehr von dem zu tun, was wir „sollten". Empathie kann uns helfen, diese innere Tortur zu durchbrechen und auf konstruktivere Weise mit einer Situation umzugehen.

---

31 Brown, Brené (2007), I Thought It Was Just Me (but it isn't): Telling the Truth About Perfectionism, Inadequacy, and Power, Gotham.

3.9 Mit Empathie behandelt werden

Nachdem Anna Peter begegnet ist und kein Wort über ihre Enttäuschung über die Lippen gebracht hat (Seite 50), erzählt sie einer Freundin von ihrer Verzweiflung.

ANNA: *„Ich bin so enttäuscht von mir selbst! Ich habe mich nicht einmal getraut, auszusprechen, was ich denke, als wir uns getroffen haben. So feige wie ich bin, da ist es ja kein Wunder, dass sie mich übergangen haben ..."* Dann traurig: *„Ich lasse mich behandeln, wie es den Leuten gerade passt."*

FREUNDIN: *„Das hört sich an, als wärst du sehr enttäuscht und hättest gern Verständnis dafür, wie stressig das alles für dich war?"*

ANNA: *„Ja, aber ... ich habe ja auch meinen Teil dazu beigetragen. Man bekommt eben einfach, was man verdient."*

FREUNDIN: *„Du meinst, du bist sehr traurig und wünschtest dir, eine andere Wahl getroffen zu haben?"*

ANNA: *„Ja, es ist so schwer, damit umzugehen und weiterzumachen. Es nagt die ganze Zeit an mir und außerdem mache ich mir Vorwürfe, dass ich mich nicht getraut habe, die anderen darauf anzusprechen."*

FREUNDIN: *„Ist es so, dass du einerseits gern Klarheit in die Sache bringen möchtest und andererseits Angst davor hast, mit den anderen zu reden, weil du erst die Zuversicht brauchst, dass es euch auch gelingt, miteinander in Verbindung zu treten?"*

ANNA: *„Ja. Was kann ich ihnen denn bloß sagen?"*

Mithilfe dieser Unterstützung kann Anna hoffentlich in Kontakt mit ihren eigenen Gefühlen und Bedürfnissen kommen und so die Sache mit ihren Freunden klären. Dann kann sie auch verstehen, dass ihre Freunde gehandelt haben, um ihre eigenen Bedürfnisse zu erfüllen, selbst wenn sie dabei Annas Bedürfnisse außer Acht gelassen haben. Das Feindbild der Freunde kann sich zu einem Bild von Menschen aus Fleisch und Blut mit den gleichen Gefühlen und Bedürfnissen wandeln.

Am Ende des Kapitels können Sie lesen, wie ein Dialog klingen könnte, wenn Anna sich mehr bewusst wäre, was tief in ihrem Inneren auf der Bedürfnisebene passiert. Wenn Sie selbst gehört werden möchten, ist es nützlich, die Voraussetzungen dafür zu schaffen, indem Sie versuchen zu verstehen, welche Bedürfnisse die anderen Beteiligten mit der gewählten Strategie erfüllen wollen – egal ob sie Ihnen gefällt oder nicht.

3.9.1 Etiketten und Urteile – ungeeignete Wege, um Empathie zu bitten

„Du bist so hektisch!"
„Was meinst du mit hektisch?"
„Naja, musst du immer so eine Eile an den Tag legen, dass alles kaputt geht?"
„Du hast kein Recht, mich hektisch zu nennen, nur weil Sachen kaputt gehen!"
„Sieh dich doch an, nun wirst du schon wieder hektisch. Beruhige dich, ich sage es ja nur."

Mein Vater und ich gerieten während meiner Kindheit und Jugend viele Male in Streit. Meist begann es damit, dass einer von uns dem anderen ein Etikett verpasste und eine Forderung stellte – und schon war das verbale Tortenwerfen in vollem Gange. Das Denken in Schubladen und Etiketten führte häufig zu selbsterfüllenden Prophezeiungen und unsere Wut wuchs mit jedem Wortwechsel.

Wenn wir all die Dinge, für die wir uns schämen oder schuldig fühlen, nicht mehr aushalten können, laden wir unsere Gefühle manchmal bei einer anderen Person ab. Feindbilder zu schaffen und das „Böse" außerhalb unserer selbst zu sehen, kann ungeheuer befreien. Wir lassen dadurch Druck ab, sodass wir besser mit der Situation zurechtkommen – aber wenn wir glauben, Probleme so lösen zu können, sind wir auf dem Holzweg. Statt ihr Benehmen zu ändern, pflegen Menschen sich nämlich gegen Beurteilungen und Analysen, wie oder was sie sind, zu wehren. Darauf verschwenden sie ihre Energie, statt sie für eine tiefere Verbindung zu anderen und zu sich selbst zu nutzen oder herauszufinden, wie sie anders mit derartigen Situationen umgehen könnten.

In einigen neueren schwedischen Studien zur Empathieforschung hat sich herausgestellt, dass es – wenn wir unseren Mitmenschen empathisch begegnen wollen – ein Hindernis ist, sie als Objekt wahrzunehmen.[32] Wenn wir Etiketten vergeben, die andere zu Objekten machen, sehen wir sie nicht mehr als Menschen an und es fällt uns schwer, sie behutsam und respektvoll zu behandeln. Ein faszinierendes und angsteinflößendes Beispiel dafür ist die Art, wie sich das US-Militär dieses Prinzip zunutze gemacht hat. Man wertete die Effektivität der Soldaten während des Ersten und Zweiten Weltkrieges aus und stellte fest, dass viele Schüsse ihr Ziel verfehlt hatten. So lange die Soldaten Menschen vor sich sahen, schossen sie daneben, bewusst oder unbewusst. Daher trainierte man amerikanische Soldaten vor dem Vietnamkrieg, den Feind als Objekt und nicht als Mensch zu betrachten. Das Resultat war erschreckend: Es gab deutlich weniger Fehlschüsse. Josh Stieber, der in den 1990er-Jahren

---

32 Jakob Håkansson Eklund (2007), Så uppstår empati för andra människor, ↗ http://www.vr.se (Stand 09.09.2011).

als amerikanischer Soldat im Irak diente, erzählt, wie dieses Training Soldaten ohne Mitgefühl hervorbrachte: „Wir mussten lernen, die Iraker nicht als Menschen zu sehen. Wir wurden darauf getrimmt, erst zu schießen und später Fragen zu stellen."[33]

Um mit Schubladendenken umzugehen, können wir uns in Erinnerung rufen, dass sich hinter jedem negativen Urteil ein nicht erfülltes Bedürfnis verbirgt. Die Herausforderung, zu hören, wie andere uns in eine Schublade stecken, können wir umwandeln und in Kontakt mit den dahinterliegenden Bedürfnissen des anderen treten. Sobald wir Beurteilungen hören – sei es von uns selbst oder von anderen – können wir davon ausgehen, dass ein Bedürfnis nach Empathie nicht erfüllt wurde.

Meine Sehnsucht heißt Gegenseitigkeit, ich nenne dich einen Egoisten.
Meine Sehnsucht heißt Kontakt, ich nenne dich abweisend.
Meine Sehnsucht heißt Sicherheit, ich nenne dich unverantwortlich.
Meine Sehnsucht heißt Akzeptanz, ich nenne dich engstirnig.
Meine Sehnsucht heißt Wärme, ich nenne dich kalt.
Ich sehne mich nach einem Sinn und nenne dich oberflächlich.

Meine Sehnsucht heißt Integrität, ich nenne dich taktlos.
Meine Sehnsucht heißt Zutrauen, ich nenne dich unzuverlässig.
Meine Sehnsucht heißt Umsicht, ich nenne dich rücksichtslos.
Meine Sehnsucht heißt Nähe, ich nenne dich abwesend.
Meine Sehnsucht heißt Kreativität, ich nenne dich ungeschliffen.
Ich will, dass du mir zuhörst, und nenne dich taub.

Meine Sehnsucht heißt Ehrlichkeit, ich nenne dich einen Lügner.
Meine Sehnsucht heißt Aufmunterung, ich nenne dich Miesmacher.
Meine Sehnsucht heißt Vertrauen, ich nenne dich Liederjan.
Meine Sehnsucht heißt Verständnis, ich nenne dich begriffsstutzig.
Meine Sehnsucht heißt Unterstützung, ich nenne dich rückgratlos.
Ich möchte so gern gesehen werden und nenne dich blind.

Katharina Hoffmann

---

33 ↗ http://www.ivaw.org/josh-stieber (Stand 26.05.2010).

3.10 Empathie statt „Verzeihung"

Empathie heißt zu verstehen, wie es sich in den Schuhen eines anderen geht,
während man gleichzeitig weiß, dass es nicht die eigenen sind.

Szalita[34]

Scham und Schuld können uns lähmen und dazu beitragen, dass wir etwas tun oder sagen, das nicht zu Kontakt führt. Wir können vor Scham so geschockt sein, dass wir nicht einmal um Verzeihung bitten, wenn wir uns danebenbenommen haben. Und wenn wir uns entschuldigen, tun wir das selten auf eine Weise, die uns ans gewünschte Ziel führt.

Daher ist es sehr wertvoll, dies auf andere Art zu tun. Der erste Schritt ist es, empathisch zuzuhören, sodass sich unser Gegenüber verstanden darin fühlt, wie unser Tun ihn oder sie in Mitleidenschaft gezogen hat. Für Empathie als Alternative ist es nie zu spät – wir beginnen einfach dort, wo wir gerade sind. Was der andere auch sagt, wir können zuhören und versuchen, uns in seinen Schmerz hineinzuversetzen. Hier gilt der Wahlspruch „besser spät als nie" in höchstem Grade. Vielleicht wird der Effekt nicht sofort sichtbar und es kann lange Zeit dauern, das Vertrauen wiederherzustellen, aber die Möglichkeit bleibt bestehen.

In einem zweiten Schritt versuchen wir aufzunehmen, was der andere sagt, und auszudrücken, wie es auf uns wirkt, dies zu hören. Vielleicht sagen wir, dass wir unser Handeln bedauern, nun da wir die Konsequenzen für unser Gegenüber kennen.

Häufig möchte der andere hören, wie es dazu gekommen ist, dass wir uns so verhalten haben. Daher erzählen wir im dritten Schritt, welche Bedürfnisse wir mit unserem Tun befriedigen wollten. Das dient dazu, Klarheit zu schaffen, auch wenn wir nun schlauer sind und inzwischen vielleicht eine andere Wahl treffen würden.

Leider kann eine Entschuldigung, die nicht alle drei Schritte enthält, leicht wie ein Versuch wirken, das Geschehene glattzubügeln. Wenn sie wirken soll, muss meine Entschuldigung zeigen, dass ich willens bin zu verstehen, wie mein Verhalten eine andere Person in Mitleidenschaft gezogen hat.

Vergessen Sie nicht, dass es für ein Kind, das gerade jemandem geschadet oder etwas zerschlagen hat, schwer sein kann, überhaupt etwas zu sagen. Wenn Kinder den Blick abwenden, kann das ein Zeichen für ihre Überwältigung und Aufregung sein – sie sind dann vermutlich nicht besonders empfänglich für weitere Vorhaltungen. Je nach Alter des Kindes kann es sich lohnen, eine Weile zu warten, bevor man über das Geschehene spricht. Auf der anderen Seite brauchen nicht nur Kinder Zeit, um sich

---

34 Gjerde, Susanne (2004), Coaching, vad – varför – hur, Studentlitteratur AB.

von dem Schock zu erholen, den die Scham hervorruft – von einem Erwachsenen erhielt ich einmal eine Entschuldigung drei Jahre nach der fraglichen Begebenheit.

3.10.1 Mithilfe der GFK um Verzeihung bitten

ÜBUNG

Schritt 1: Hören Sie dem anderen mit Empathie zu. Versuchen Sie sich wirklich klarzumachen, inwiefern Ihr Handeln oder Ihre Äußerung die andere Person beeinträchtigt hat.

Schritt 2: Beschreiben Sie, was in Ihnen vorgeht, wenn Sie hören und verstehen, wie sich Ihr Handeln auf die andere Person ausgewirkt hat.

Schritt 3: Erzählen Sie, welche Bedürfnisse Sie mit ihrem Handeln erfüllen wollten. Stellen Sie dar, was Sie angetrieben hat und ob Sie jetzt, wo Sie die Konsequenzen kennen, vielleicht andere Verhaltensweisen vorziehen würden.

3.11 Selbstempathie

Manchmal ist niemand in der Nähe, der uns empathisch zuhören kann. Dann müssen wir uns selbst auf eine Weise Gehör schenken, die Kontakt zu unseren Bedürfnissen herstellt. Die meisten von uns sind mit sich selbst jedoch weitaus kritischer als mit anderen.

Scham, Schuld und Wut führen dazu, dass wir uns von uns selbst und anderen getrennt fühlen. Daher ist es wichtig, einen Weg zu finden, um den Kontakt wiederherzustellen. Besonders Scham bringt uns dazu, uns unserer selbst schmerzlich bewusst zu werden. Das Gefühl der Getrenntheit und die quälenden Gedanken, ausgeschlossen zu sein, können überwältigend sein. Dann ist es hilfreich und wertvoll, einen inneren Dialog zu haben, der uns stützt.

Wenn ich mir selbst mit Empathie zuhöre, läuft das fast genauso ab, als wenn ich einer anderen Person empathisch lausche. Zunächst gestehe ich mir ein, welche Beurteilungen und Forderungen ich in Bezug auf mich selbst oder jemand anders hege. Dann konzentriere ich mich darauf, welche Gefühle und Bedürfnisse sich dahinter verbergen. Dadurch wird mir meist klar, wie ich weiter vorgehen möchte.

3.11.1 Trauern ohne „unterzugehen"

Sobald wir Kontakt zu unserem Inneren aufgenommen haben, kommt ganz natürlich ein Bedauern unseres „Fehlers" auf. Wir Menschen verfügen über eine angeborene Fürsorge für unsere Mitmenschen und Scham ist eine ganz gewöhnliche Reaktion darauf, dass wir Grenzen übertreten haben. Wenn wir die Scham als Wegweiser nutzen, können wir mit ihrer Hilfe Klarheit darüber erlangen, worüber zu trauern wichtig und hilfreich für uns wäre.

Es heißt, man lerne aus seinen „Irrtümern", aber ich sehe viele von uns immer wieder die gleichen Fehler machen. Ob wir etwas aus ihnen lernen oder nicht, hängt davon ab, wie wir mit „Fehlern" umgehen. Um nicht an Urteilen über uns selbst festzuhalten und um aus einem „Fehler" etwas Neues zu lernen, ist es hilfreich, das Geschehene auf eine effektive Weise zu „betrauern". Erst wenn wir auf eine Weise trauern, die uns in Kontakt zu unseren Bedürfnissen bringt, können wir daraus lernen. Eine meiner Freundinnen erzählte von einem Ereignis, für das sie sich schämte und aus dem sie wirklich etwas gelernt hat:

„Ich erinnere mich, wie ich vor mehr als zwanzig Jahre einen Brief an eine Person schrieb, deren Auftreten mir damals vollkommen unverantwortlich und ziemlich gestört erschien.

Ich verwendete Ironie und sicherlich auch eine Portion Überheblichkeit, um – wie ich damals dachte – diesem Mann vollkommen klar zu machen, was ich von seinem Betragen hielt. Heute schäme ich mich schrecklich für diesen Brief. Inzwischen mache ich mir Gedanken darüber, wie es für mich wäre, wenn jemand das Schriftstück finden und lesen oder mich sogar kontaktieren und mir Fragen dazu stellen würde. Mit diesem Brief habe ich keinen Kontakt hergestellt und mich auch nicht auf eine Weise ausgedrückt, die mein Bedürfnis nach Respekt – sowohl für mich selbst als auch für ihn – befriedigt hat. Stattdessen war er meinem Bedürfnis nach Integrität geschuldet. Ich wollte mich nicht von diesem Mann schikanieren lassen, wie es ihm gerade in den Sinn kam, und ich wollte mich gegen zukünftige Übergriffe schützen. Als ich Kontakt mit meinen unerfüllten Bedürfnissen aufnahm und danach mit den Bedürfnissen, die ich zu schützen versuchte, stellte sich eine Verbindung zu einem Gefühl großer Trauer ein. Ich verstand, dass ich mein Bedürfnis nach Integrität hätte erfüllen können, ohne dabei meine Bedürfnisse nach Respekt und Fürsorge aufzugeben."

Wenn wir Scham verwandeln wollen, ist es essenziell, Kontakt aufzunehmen und herauszufinden, welche Bedürfnisse *nicht* erfüllt wurden, als wir das taten, wofür wir uns noch immer schämen. Dann nehmen wir Kontakt zu den Bedürfnissen auf, die wir mit unserem Handeln zu erfüllen *versuchten*.

Wir erlauben uns, die Emotionen zu spüren, die der Kontakt zu diesen Bedürfnissen hervorruft. Wenn die Gefühle mehr Raum erhalten als unsere Urteile, beginnt das Trauern und führt dazu, dass wir besser mit der Situation abschließen können.

Auf diese Weise zu trauern hilft uns außerdem, in Zukunft Handlungsalternativen zu sehen, die unsere und fremde Bedürfnisse besser berücksichtigen.

So lange Wut, Scham und Schuld uns in ihrem eisernen Griff halten, sind wir nicht daran interessiert, den Blick zu heben. Wir schaffen nichts Neues, es geht nur um uns und wie schrecklich es für uns ist, so zu fühlen. Wenn wir diesen Emotionen Macht über unser Inneres einräumen, sind wir jedoch leicht zu manipulieren und zu kontrollieren. Erst wenn wir die Gefühle als Schlüssel zu tieferen Räumen in unserem Inneren verwenden, öffnen wir uns für uns selbst und für andere.

3.12 Das schamerzeugende Wörtchen „Nein"

Manchmal fällt es uns schwer, um das zu bitten, was wir gerne möchten. Die Angst, ein Nein zu kassieren, bremst uns und hindert uns daran, deutliche Bitten zu äußern. Aber was macht es eigentlich so schrecklich, einem Nein zu begegnen? Häufig hören wir ein Nein als Kritik, selbst wenn wir uns rein verstandesmäßig bewusst sind, dass es das nicht ist. Es bedeutet einfach nur, dass der andere nicht tun möchte, worum wir ihn bitten. Wenn wir jedoch gelernt haben, das Nein eines anderen als Beweis dafür zu lesen, dass etwas mit uns nicht stimmt, kostet es Überwindung, unseren Bitten Ausdruck zu verleihen.

Der gleiche Gedankensalto sorgt auch umgekehrt für unerwünschte Ergebnisse. Jemand bittet uns um etwas und wir schämen uns oder fühlen uns schuldig beim Gedanken daran, Nein zu sagen. Wir möchten unsere Mitmenschen bestärken und befürchten, sie könnten sich durch uns in ihrem Wert herabgesetzt fühlen.

Die folgenden drei Leitsätze helfen mir, mit einem Nein – sei es mein Nein an andere oder ihr Nein an mich – auf eine Weise umzugehen, die Wut, Scham und Schuld mindert.

3.13 Drei wertvolle Feststellungen

1. Hinter jedem Nein steht ein Ja zu etwas anderem.
2. Ein Nein ist eine Einladung, den Dialog fortzusetzen.
3. Es gibt immer mehrere Wege, ein Bedürfnis zu erfüllen.

Lassen Sie mich erklären, wie ich diese drei Feststellungen anwende.

3.13.1 Hinter jedem Nein steht ein Ja zu etwas anderem

Wenn ich frage, ob Sie mit mir ins Kino gehen möchten und Sie sagen „Nein", dann weiß ich: Sie haben Bedürfnisse, von denen Sie annehmen, dass ein Kinobesuch sie nicht erfüllen kann. Ihr „Nein" kann jedoch ein „Ja" zu einem anderen Bedürfnis sein, etwa nach Ruhe oder vielleicht nach Bewegung.

3.13.2 Ein Nein ist eine Einladung, den Dialog fortzusetzen

Wenn ich Ihr Nein als eine Einladung dazu sehe, den Dialog fortzusetzen, kann ich folgendermaßen vorgehen: Ich mache deutlich, dass ich Ihr Bedürfnis nach Ruhe gehört habe (oder was auch immer Sie meiner Meinung nach gerade am meisten brauchen). Weil ich noch immer meine Bedürfnisse (in diesem Fall Gemeinschaft und Erholung) erfüllen möchte, kommuniziere ich sie weiterhin – nun aber auch in Hinblick auf das, was Sie benötigen.

3.13.3 Es gibt immer mehrere Wege, ein Bedürfnis zu erfüllen

Wenn ich höre, dass Ihr Bedürfnis Ruhe oder Bewegung ist, kann ich eine Strategie vorschlagen, die gleichzeitig Ihre und meine Bedürfnisse (nämlich Gemeinschaft und Erholung) erfüllen kann. Beispielsweise so:

- Ich gehe mit jemand anders ins Kino und Sie bleiben zu Hause und ruhen sich aus.
- Wir bleiben beide zu Hause und wählen eine gemeinsame Aktivität, die sowohl Ihre als auch meine Bedürfnisse erfüllt.
- Wir machen zusammen einen Spaziergang.

3.14 Bedürfnissprache führt zu Kontakt

Während eines Gesprächs können wir jederzeit unsere Haltung ändern. Zu Beginn des folgenden Dialogs ist Anna noch immer wütend, weil sich ihre Denkweise durch die Empathie, die ihr eine Freundin entgegenbrachte, nur teilweise verändert hat. Gegen Ende hat sie eine bessere Verbindung zu ihren Bedürfnissen und wird offener dafür zuzuhören.

> ANNA: *„Wie konntet ihr euch mir gegenüber nur so verhalten? Was für verdammte Idioten seid ihr, dass ihr euch so furchtbar egoistisch aufführt? Ihr hättet zumindest von euch hören lassen können, aber dazu seid ihr zu feige!"*

Anna möchte den anderen weiterhin zeigen, dass man die Konsequenzen tragen muss, wenn man sich so verhält wie die Freunde es getan haben.

> CAFÉFREUNDIN (fühlt sich angegriffen und antwortet in entschiedenem Tonfall): *„Wir sind freie Menschen und können machen, was wir wollen! Du warst nun mal nicht da und außerdem weiß man bei dir ja nie, du bist immer so wahnsinnig launisch!"*
>
> ANNA (nimmt einige tiefe Atemzüge und erinnert sich daran, dass hinter allem, was Menschen tun, der Wunsch nach Bedürfniserfüllung steht; sie entscheidet sich für den Versuch, Kontakt herzustellen und herauszufinden, welche Bedürfnisse die Freundin mit dem Etikett „launisch" ausdrücken möchte): *„Ich könnte mir vorstellen, dass du frustriert bist, wenn du mich launisch nennst. Ich frage mich, ob das daran liegt, dass du Verständnis dafür haben möchtest, wie wichtig es für dich ist, ganz und gar auf die zählen zu können, mit denen du zusammenarbeitest? Und vielleicht besonders dann, wenn es um ein Projekt geht, das so wichtig ist wie dieses hier?"*
>
> CAFÉFREUNDIN (nun zögerlich, da sie noch zweifelt, ob Anna wirklich versucht, sie zu verstehen): *„Ja, du hast so viele wilde Ideen ... Es ist nicht immer leicht zu beurteilen, was du eigentlich willst, ob du bei einer Sache wirklich dabeibleiben möchtest oder nicht."*
>
> ANNA (froh, dass sie versucht hat zu verstehen, statt zu argumentieren, da sie so mehr Kontakt hergestellt hat): *„Meinst du damit, du möchtest dich nicht darum sorgen müssen, ob Dinge erledigt werden? Du möchtest sicher sein, dass alle tun, was sie zugesagt haben?"*
>
> CAFÉFREUNDIN (jetzt ruhiger): *„Ja, wir haben beschlossen, mit dem Café unseren Lebensunterhalt zu bestreiten. Es ist also für uns nicht nur eine „spaßige Sache", mit der man spielen kann, wie es einem gerade passt, und die man liegenlässt, wenn man keine Lust mehr darauf hat."* Dann, mit Zweifel in der Stimme: *„Aber ... aber ich verstehe, dass es für dich nicht so lustig war zu hören, dass wir ohne dich angefangen haben ..."*
>
> ANNA: *„Oh, wie schön zu hören, dass du verstehst, wie anstrengend das Ganze für mich war – ziemlich anstrengend sogar. Ich wollte so gerne dabei sein und ich habe nicht verstanden, was passiert ist. Möchtest du mehr darüber erzählen, wie es dazu kam, dass ihr mir nichts gesagt habt, als ihr mit dem Café begonnen habt? Ich möchte es gerne hören."*

Nun ist der Kontakt hergestellt (auch wenn er zerbrechlich ist) und Raum für mehr Ehrlichkeit und kreative Lösungen entstanden. Wenn eine solche Verbindung besteht, kommen meist genügend Ideen auf, wie die Bedürfnisse aller Beteiligten erfüllt werden können.

3.15 Wenn Wut und Scham sich verwandelt haben

Anna leitet ein Gespräch mit ihren Freunden in die Wege und berichtet, wie traurig und enttäuscht sie war, als sie erfahren hat, dass die anderen das Café ohne sie eröffnet haben. Sie betont, dass sie mit ihrem Standpunkt gehört werden möchte, hält sich jedoch genau an Beobachtungen und vermeidet es, ihre Interpretationen zu äußern. Sie macht deutlich, was sie fühlt und braucht und schließt mit einer Bitte ab.

ANNA: *„Ein Teil meiner Frustration rührt daher, dass ich noch immer nicht ganz verstanden habe, warum niemand von euch mit mir über die geplante Eröffnung des Cafés gesprochen hat. Mit der Zeit ist mir klar geworden, woher meine Enttäuschung und meine Wut kamen: Ich hatte mich darauf gefreut, das hier mit euch zusammen zu machen und dabei Gemeinschaft und Sinn erleben zu dürfen. Ich befürchte, dass das, was ich sage, nicht deutlich geworden sein könnte oder jemand daraus Schuldvorwürfe oder Kritik heraushört. Möchte vielleicht einer von euch wiedergeben, was ihr mich habt sagen hören?"* (Sie wählt eine Ausdrucksweise, mit der sie das Risiko, dass die Freunde das Gesagte als Forderung, Kritik oder Aufforderung zu Schuld- und Schamgefühlen verstehen, zu minimieren hofft.)

EINER DER CAFÉFREUNDE: *„Ja, ich höre dich sagen, dass du enttäuscht bist, weil du gern dabei gewesen wärst?"*

EIN ANDERER: *„Ich höre, dass du dich nach Sinn und Gemeinschaft gesehnt hast."*

ANNA: *„Ja, und das tue ich noch immer. Ich bin dankbar, eure Worte zu hören. Sie bestätigen mich darin, dass ihr einen Teil dessen, wie die Situation für mich war, gehört habt. Daher frage ich mich, ob ich fortfahren soll oder ob jemand anders vorher etwas sagen möchte?"* (Die anderen nehmen ihre Worte mit Schweigen zur Kenntnis, daher fährt sie fort.) *„Auch wenn ich mich dabei ängstlich und unsicher fühle, möchte ich doch um etwas bitten, denn es ist mir wichtig: Kann ich etwas tun, damit ihr zustimmt, dass ich mich nun am Projekt beteilige?"*

Hier ist es unter Umständen nicht einfach, die Antwort zu hören. Kann Anna nach wie vor zuhören, wenn die Freunde Bedürfnisse ausdrücken, die in Bezug auf sie unerfüllt sind? Das Gespräch benötigt Zeit, denn es könnte mehrere Dinge geben, über die die Freunde nie zuvor miteinander gesprochen haben.

EINER DER CAFÉFREUNDE: *„Nachdem ich nun deinen Standpunkt gehört habe, fühle ich mich erleichtert. Trotzdem möchte ich ehrlich sein und dir sagen, dass ich nicht ganz darauf vertraue, dass du wirklich tun wirst, was du versprichst."*

ANNA (hört zu, fest entschlossen zu verstehen, was die anderen fühlen und brauchen, um das Gesagte mit der unverfälschten Bitte nach Verständnis wiederzugeben): *„Hm, ich höre,* *dass du unsicher bist und vielleicht beunruhigt, da du dich darauf verlassen möchtest, dass Beschlossenes auch wirklich durchgeführt wird?"*

Das Gespräch geht weiter und nun ist die Kommunikation zwischen den Freunden wichtiger als das Ergebnis. Es kann dauern, bis alle Parteien den entstandenen Schaden repariert haben und das Vertrauen zwischen ihnen wiederhergestellt ist. Wenn erst einmal der Kontakt zueinander aufgebaut werden konnte, können sie zu ganz neuen Lösungen kommen, die die Bedürfnisse aller berücksichtigen.

4. | Scham

4.1 Die rote und die weiße Scham

ROT ist die Farbe der Scham und der Liebe.
früher geschah es, dass das junge Mädchen
mit geröteten Wangen
scheu seine Augen senkte
vor dem Blick seines Geliebten.
Und nie ist man offener
für das Leben
als wenn man errötet.

DIE ROTE SCHAM ist kraftvoll und pocht vor Leben.
Sie hilft uns,
unser Privatestes und Intimstes zu verteidigen.

WEISS ist die Farbe der Unschuld und des Todes. Aber weiß ist auch das unbewegte Gesicht
des vor Scham paralysierten Menschen.
Er ist totenbleich,
weil er von einer Scham geplagt wird
von solch zerstörerischer Stärke,
dass sie alles Leben
vertreibt.
DIE WEISSE SCHAM verwüstet und lähmt.
Sie ist eine Verbündete des Todes.
Sie drängt sich in unser Privatestes und Intimstes.

Else-Britt Kjellqvist[35]

4.2 Wenn uns die Scham packt

Wenn wir Scham fühlen, wirkt sich dies spürbar auf unseren Körper aus. Das macht es so gut wie unmöglich, sich voll und ganz auf das zu konzentrieren, womit wir beschäftigt waren, bevor uns die Scham überwältigt hat. Ein Teil der Blutzufuhr zum Hirn wird gestoppt und die Nackenmuskulatur verliert an Spannung. Man kann sogar sagen, dass die Scham uns „dumm" macht, denn wir treffen selten konstruktive Entscheidungen, wenn wir uns schämen, da wir wie mit Scheuklappen in die Welt gucken.

---

35 Kjellqvist, Else-Britt (1993), Rött och vitt: om skam och skamlöshet, Carlsson förlag.

Das Schamgefühl wird stimuliert, wenn wir plötzlich etwas an uns bemerken, dessen wir uns vorher nicht bewusst waren. Sind wir unter Menschen, lassen wir uns für gewöhnlich nichts anmerken. Die Scham lässt jedoch schneller nach, wenn wir das Geschehene und unsere Schamreaktion darauf akzeptieren, sogar wenn etwas Peinliches über uns öffentlich bekanntgegeben wurde. Egal wie erniedrigend etwas kurz zuvor noch gewesen ist – sobald wir es jemandem erzählen können, der uns zuhört, verschwindet das Unbehagen. Wenn wir nicht vor der Scham flüchten, können wir an ihr wachsen und besser verstehen, wie wir mit uns selbst und anderen in Beziehung treten können. Außerdem haben wir dann die Möglichkeit, mehr über die verschiedenen Nuancen dieses Gefühls zu erfahren.

Ich habe mich selbst selten als schamerfüllt angesehen, sondern mir ganz im Gegenteil zugutegehalten, dass ich niemand bin, der sich schnell schämt. Als ich begann, an diesem Buch zu arbeiten (und unter anderem die Übungen machte, die sich am Ende dieses Kapitels befinden), wurde mir jedoch zu meinem Erstaunen klar, dass auch ich mich in vielen Alltagssituationen geniert habe. Es waren Situationen, in denen ich unbewusst Scham gefühlt, sie aber verdrängt hatte. Nun weiß ich, welches Geschenk ich all die Jahre zurückgewiesen habe, indem ich mich nicht auf die Scham einließ.

Einmal entdeckte ich, wie ich mich schämte, als ich mit dem Auto auf einem großen Parkplatz im Kreis fuhr und keinen freien Stellplatz fand. Ich ertappte mich bei dem Gedanken: „Hoffentlich hat niemand bemerkt, dass das schon die dritte Runde war." Früher habe ich so gut wie immer gegen solche Gedanken rebelliert und geglaubt, es kümmere mich nun wirklich nicht, was andere über mich denken. Nun wurde ich jedoch neugierig, wie es kam, dass ich mich für eine solch banale Sache wie einen vollen Parkplatz ohne einen einzigen freien Fleck für mich und mein Auto schämte. Ich verstand, wie etwas vollkommen Absurdes in meinen Gedanken vorging: Dass es auf dem Parkplatz keinen Platz für mich gab, bedeutete, dass ich abgewiesen wurde. Der Parkplatz wollte mich nicht haben. Das zeigte mir, dass ich nicht wichtig war. Und wenn jemand anders dies gesehen hätte, hätte diese Person nichts mit mir zu tun haben wollen.

Als ich diese Gedanken bemerkte, wurde mir klar, dass es unter dem Schamgefühl ein Bedürfnis nach Akzeptanz, Respekt und Gemeinschaft gab. Sobald ich die Verknüpfung zwischen dem Gefühl und dem Bedürfnis verstanden hatte, verwandelte sich die Scham blitzschnell in Lachen und ich sah das Komische an dieser Situation. Aber hätte jemand anders, einige Minuten zuvor, darüber gelacht, hätte ich es ihm oder ihr sehr übelgenommen. Die Situation selbst wurde zu einer wertvollen Lektion darüber, wie wichtig Akzeptanz und Teilhabe an einer Gemeinschaft sind.

Eine kurze Zeit nach diesem Ereignis sah ich ein Bild in einem Comic-Heft, das sich über eine fast identische Situation lustig machte. Auf dem Bild stehen zwei Personen auf einem vollen Parkplatz, während ein hinter dem Steuer zusammengesunkener Mann vorbeifährt. Die eine Person wedelt mit einer Zielflagge, die andere hält ein Schild mit der Aufschrift „Runde 342" hoch. Daher nehme ich an, dass ich nicht die einzige bin, der es unangenehm ist, ihre Runden auf einem vollen Parkplatz zu drehen.

Scham ist mehr als nur ein unangenehmes Empfinden im Körper und in unserem Gefühlsleben, da sie oft abwertende Gedanken über uns selbst mit sich bringt. Viele von uns kämpfen täglich darum, sich zu akzeptieren und zu lieben. Wir sind in einer Welt aufgewachsen, in der wir gelernt haben, beweisen zu müssen, dass wir etwas taugen, und in der Anerkennung und Akzeptanz von außen kommen. Wenn wir uns selbst keine Liebe und keinen Respekt entgegenbringen, ist es unglaublich schwer, etwas Konstruktives aus der Scham zu lernen. Sie ist dann ein Unbehagen, das unseren inneren Frieden und unseren Platz in der Gemeinschaft bedroht. Viele Menschen tun daher alles, um diesem Gefühl zu entwischen, was wiederum ihren Handlungsspielraum einschränkt. Es ist aber auch möglich, sich der Scham von Angesicht zu Angesicht zuzuwenden, um sich mit ihr anzufreunden.

Nach der Parkplatz-Episode entdeckte ich immer wieder, wie ich mich (wenn auch schwach) in Situationen schämte, in denen in mir der Gedanke aufkam, ich sei nicht okay, erwünscht, wertvoll, normal und so weiter. Jedes Mal, wenn ich mir zugestanden habe innezuhalten, die Scham zu fühlen und Kontakt mit den zugrundeliegenden Bedürfnissen aufzunehmen, wurde ich mit Lebensfreude und Selbstakzeptanz belohnt. Inzwischen ist Scham für mich eher eine Erinnerung daran, dass ich den Kontakt zu meinen Bedürfnissen verloren habe, als ein Feind, den es zu bekämpfen oder zu fliehen gilt.

Die Scham zu erforschen hat mir geholfen, die Menschlichkeit anderer besser wahrzunehmen. Das wurde mir klar, während ich im Kino saß und mir Stieg Larssons Thriller „Verblendung" ansah. Der Film zeigt einige sehr brutale Vergewaltigungsszenen. Die Frau, die missbraucht wurde, rächt sich brutal an ihrem Vergewaltiger, unter anderem indem sie einen Dildo mit Gewalt in seinen Anus einführt. Neben mir im Kino saß eine Gruppe von vier Männern. Während dieser Szenen lachten sie mehrmals auf, sahen sich an und tauschten einige schnelle Kommentare aus. Zunächst war ich gereizt und regte mich über ihr Verhalten auf. Dann bemerkte ich, dass sie sich vermutlich schämten und es fiel mir viel leichter, das Menschliche in ihnen zu sehen. Es war eine Erleichterung, dass meine Kenntnisse über die Scham zu mehr Empathie gegenüber diesen Männern führten.

4.3 Was die Scham weckt

Laut einer Untersuchung über Scham, die von United Minds[36] durchgeführt wurde, schämen sich viele Schweden dafür, nicht aufgeräumt zu haben, wenn Besuch kommt. Ganz oben auf der Liste peinlicher Erlebnisse steht außerdem, sich als unsportlich und übergewichtig wahrzunehmen oder dabei erwischt zu werden, wie man Sex hat, onaniert oder klaut.[37] Was die Scham stimuliert, variiert abhängig von der Kultur und der Umgebung, in der wir leben.

Inspiriert von Donald Nathanson habe ich die Erfahrungen, die zu Scham führen, in acht Kategorien zusammengefasst.[38] Scham auslösende Situationen gehören häufig mehreren Kategorien gleichzeitig an. Ich glaube, dass Sie sich in mehreren von ihnen wiedererkennen können.

1. Vergleiche
2. Abhängigkeit und Unabhängigkeit
3. Wettbewerb und Konkurrenz
4. Selbstkritik
5. Aussehen
6. Sex
7. Sehen und gesehen werden
8. Nähe

4.3.1 Vergleiche

Wir haben gelernt, uns selbst an anderen zu messen. Wir vergleichen Aussehen, Kompetenz und die Größe und den Wert von allem – angefangen bei Mobiltelefonen bis hin zu Autos. Die Äußerungen des inneren Kritikers klingen dann zum Beispiel so:

> *„Ich bin schwächer als ...“*
> *„Ich bin nicht so lustig und attraktiv wie ...“*
> *„Stell dir vor, ich wäre so klug wie ...“*
> *„Wenn ich nur genauso hübsch wäre wie ...“*

---

36 Anm. d. Ü.: Ein schwedisches Unternehmen, das Meinungsforschung, Trendanalysen und Strategieberatung durchführt.

37 Eine Untersuchung von *United Minds* zu Schuld- und Schamgefühlen aus dem Jahre 2007, die im Auftrag des *Centrum för samtidsanalys* und des Magazins *Existera* durchgeführt wurde, bestellbar unter ↗http://www.samtidsanalys.nu.

38 Nathanson, Donald L. (1992), Shame and Pride: Affect, Sex and the Birth of the Self, W. W. Norton & Company.

Vergleiche können in beide Richtungen gehen:
„Ich bin intelligenter als er, aber nicht so intelligent wie sie."

Und:
„Wenn nur bloß niemand denkt, ich hielte mich für etwas Besseres."

Bereits im Vorschulalter beginnen Kinder, sich zu vergleichen: Wer erreicht das Ziel zuerst, wer ist am stärksten, wer am besten? Situationen, in denen wir uns klein, dumm und unwissend fühlen, hassen wir wie die Pest. Von seinem Partner für eine andere Person verlassen zu werden gehört zu den Erfahrungen, die Vergleiche am stärksten anheizen.

Scham kann ein schweres und sich wiederholendes Erlebnis für jemanden sein, dessen Benehmen sich außerhalb des Rahmens bewegt, den wir als „normal" ansehen. Wir gleichen alles mit unseren Normen ab und was davon abweicht – zum Beispiel Minoritäten, Personen mit Behinderungen oder ungewöhnlichem Aussehen – löst Scham aus. Man schämt sich dafür, anders zu sein, statt stolz darauf sein zu können. Eine Methode, damit umzugehen, ist der Versuch, alle Zeichen der Zugehörigkeit zur fraglichen Gruppe zu entfernen. Das kostet und ist tragisch, da es schließlich unseren gesamten Lebensraum einengt.

Im seinem Buch „Tätt intill dagarna" erzählt Mustafa Can, wie er sich als jugendlicher Einwanderer in Schweden für seine Mutter schämte.[39] Als Erwachsener sitzt er an ihrem Sterbebett und empfindet diese Scham als die am schwersten anzusprechende Erinnerung. Er geniert sich im Nachhinein für seine Scham und das macht es noch schwieriger für ihn, eine Verbindung zu seiner sterbenden Mutter herzustellen.

Dass jemand meint, wir hielten uns für etwas Besseres, kann ebenfalls als peinlich erlebt werden. Ich bekam einmal eine E-Mail einer Freundin, in der sie ihre Sorge beschrieb, missverstanden oder verglichen zu werden:

> *Gestern schickte der Chef eine Mail an uns alle, in der er schrieb, wir hätten diese Woche verdammt gute Arbeit geleistet (und die gesamte Truppe hat wirklich gearbeitet wie verrückt). Ich antwortete bescheiden: „Toll! Dann hoffen wir, dass du heute früher Feierabend machst und schnell nach Hause eilst, um für uns zu backen und uns morgen einzuladen!" Und heute hatte er Torte dabei. WIE PEINLICH!*

> *Und weißt du – als dann die Kollegen lachen und sagen „Danke, dass du für die Torte gesorgt hast" halte ich die Scham nicht länger aus und es bricht aus mir heraus: „Er hätte uns mit Sicherheit so oder so zu Kuchen eingeladen ..."*

---

39 Can, Mustafa (2006), Tätt intill dagarna: Berättelsen om min mor, Norstedts.

Ich glaube nicht, dass ich auf die gleiche Weise reagiert hätte, wenn es nicht um den Chef gegangen wäre! **Stell dir vor, wie schrecklich, wenn die Leute denken, ich würde von ihm auf irgendeine Art bevorzugt werden und hielte mich für etwas Besseres!**

4.3.2 Abhängigkeit und Unabhängigkeit

Wenn wir uns als machtlos, verletzlich und abhängig erleben, fühlen viele von uns Scham. Das geschieht etwa, wenn wir glauben, nicht ohne einen bestimmten Menschen zurechtzukommen.

Wir schämen uns dafür, mit bestimmten Personen aufgrund beispielsweise ihres Verhaltens, ihrer Nationalität oder Religion assoziiert zu werden. Wir können Scham fühlen, wenn wir erzählen, dass wir hereingelegt wurden oder wenn wir beichten, dass wir Geld auf etwas gesetzt haben, das sich als Reinfall herausgestellt hat. Es ist als ob wir befürchteten, vom Tun und Sein anderer angesteckt und dann nicht mehr respektiert zu werden.

> *„Ohne sie bin ich niemand."*
> *„Wenn die Leute wüssten, wie sehr ich mich beeinflussen lasse, würde ich mich zu Tode schämen."*
> *„Es gibt niemanden, der sich etwas aus mir macht."*
> *„Niemand möchte mit mir zu tun haben."*

Scham kann auch durch den Gedanken ausgelöst werden, wir gehörten zu *niemandem*. Hoch oben auf der Liste beschämender Dinge steht, nicht in einer Paarbeziehung zu leben, keine nahen Freunde zu haben oder nicht Teil eines Sinnzusammenhangs zu sein. Allein zu sein deuten wir häufig als Zeichen, dass etwas mit uns nicht in Ordnung ist und wir nicht *verdienen*, einer Gemeinschaft anzugehören.

In meiner Jugend war ich mit jemandem befreundet, für den ich mich immer wieder schämte. Er hatte keine anderen Freunde. Wer war ich, wenn er keine anderen Spielgefährten hatte? Ich konnte nicht besonders wichtig sein, wenn ich ihn, mit dem niemand anderes befreundet sein wollte, zum Kameraden wählte. War vielleicht etwas mit ihm nicht in Ordnung, das andere auch mit mir verbinden könnten, wenn sie uns zusammen sahen? Man stelle sich vor, andere könnten mich deshalb abweisen oder verurteilen. Ich schämte mich für ihn, ich schämte mich für mich selbst und am meisten schämte ich mich dafür, so zu reagieren. Ganz plötzlich schien es, als sei Einsamkeit ansteckend und das Beste wäre es, sich weit davon fernzuhalten.

Die folgende Geschichte, die eine Bekannte via Mail berichtete, jagte mir kalte Schauer über den Rücken. Ich war froh, dass nicht ich diejenige gewesen war, die Blumen geschickt hatte.

Ich hatte eine neue Arbeit gesucht, bekam prompt ein Vorstellungsgespräch und schließlich stand die Wahl zwischen mir und einer Frau namens Maria G. Die Chefin in der neuen Firma hieß ebenfalls Maria. Donnerstagnachmittag ruft mich Maria L. (die Chefin) an und bietet mir die Stelle an. Ich bin natürlich wahnsinnig glücklich. Am Freitag kommt eine Blumensendung zu mir in die Arbeit, anbei eine Karte, auf der steht „Herzlichen Glückwunsch zur neuen Stelle. Maria."

Ich gehe wie selbstverständlich davon aus, dass Maria G. (die ich von früher her kenne und als warm und umsichtig erlebe) die Blumen geschickt hat. Gerührt rufe ich sie an und hinterlasse, da sie nicht abnimmt, eine Nachricht auf ihrem Anrufbeantworter: „Vielen Dank für die schönen Blumen ... (ich muss schluchzen), ich rufe dich später an."

Dann erzähle ich allen, die ich treffe, was für ein fantastischer Mensch sie ist. Auf dem Weg nach Hause im Auto ruft Maria L. an (die Chefin). Mit fröhlicher Stimme fragt sie: „Hast Du die Blumen bekommen?"
„Waren die schönen Blumen etwa von dir?"
„Ja, ich wollte nur hören, ob sie angekommen sind."
„Oh je, und ich habe mich bei der anderen Maria dafür bedankt."
„Oh, ich habe ihr noch gar nicht gesagt, dass sie die Stelle nicht bekommen hat!"

Mikael steckte in einer ökonomischen Falle fest. Da er sich nicht mit seiner Scham auseinandersetzen konnte, geriet er in einen schwer zu kontrollierenden ökonomischen Strudel, der sich mit jedem Tag schneller und schneller drehte. Er schaffte es nicht, seinen Freunden zu sagen, dass er kein Geld hatte und deren Einladungen zu Reisen und Festen ablehnen musste, da er sich zu sehr schämte. Obwohl er von geliehenem Geld lebte, lud er andere häufig zu Bier, Kino oder Kaffee ein, um zu demonstrieren, dass er keine finanziellen Sorgen hatte.

Er hatte Kredite aufgenommen und statt zur Bank zu gehen und mit jemandem zu sprechen, der ihm helfen konnte, lieh er noch mehr Geld über sogenannte SMS-Kredite[40]. Wenn er die dann nicht zurückzahlen konnte, machte er weitere Anleihen. Der Gedanke, jemand könne Einblick in seine Lage erhalten, sowie die Angst vor der Scham brachten ihn dazu, Informationen über seine Finanzen so gut wie möglich zu verheimlichen.

---

40 Anm. d. Ü.: Eine in Nordeuropa gebräuchliche Form der Kreditvergabe per Mobiltelefon. Die Darlehen haben eine Laufzeit von wenigen Wochen, dabei aber enorm hohe Zinsen. Siehe etwa ↗http://www.spiegel.de/netzwelt/mobil/0,1518,604598,00.html.

Schließlich ging fast sein gesamtes Gehalt für die Ratenzahlungen aller Kredite drauf, und erst da bat er um Hilfe. Hätte er verstanden, wie sein Bemühen, der Scham auszuweichen, die Situation verschlimmerte, hätte er viel früher andere Weichen stellen können. Wäre er sich bewusst gewesen, wie wertvoll es ist, „nichts zu tun, um Scham zu vermeiden", hätte er vielleicht den Stier bei den Hörnern gepackt, wäre zur Bank gegangen oder hätte Freunden und Familie gebeichtet, wie es um ihn steht.

4.3.3 Wettbewerb und Konkurrenz

Bei einigen von uns verstummt der innere Kritiker erst, wenn wir uns als kompetent erweisen. Der Gewinner (egal, ob wir es einen Wettbewerb nennen oder nicht) hat den Respekt der anderen verdient. Über den Verlierer kann man sich lustig machen oder ihn ins Lächerliche ziehen, da er sich unseren Respekt nicht verdient hat.

„Nur Gewinnen zählt."
„Ich schäme mich zu verlieren."
„Ich verdiene es, mit Respekt behandelt zu werden, denn ich habe gezeigt, dass ich der / die Beste bin."
„Du bist ein würdiger Sieger."
„Wir werden nie die gleichen Erfolge erzielen wie sie."

In meiner Stadt wurden einmal Karten für das Konzert einer Band verlost, die ich gerne sehen wollte. Die Verlosung sollte in mehreren Runden verlaufen und ich bemühte mich, auf die Liste für die erste Runde zu kommen. Einige Tage später erfuhr ich, wer gewonnen hatte. Diejenigen, deren Namen nicht gezogen worden waren, wurden aufgefordert, es in der nächsten Auslosung zwei Tage später erneut zu versuchen. Hier geschah etwas in mir, das ich erst viel später verstand: Ich begann mich zu schämen. Keine starke und erschreckende Scham, sondern ein vages Unlustgefühl, das ausreichte, um mich von der Teilnahme an der nächsten Verlosung abzuhalten.

„Ich habe verloren! Ich habe mich als unwürdig erwiesen. Stell dir vor, jemand bemerkt, dass ich schon mal dabei war, aber nicht gewonnen habe!"

Ich hatte mich bereits vorher entschieden, auf das Konzert zu gehen, auch wenn ich keine Karte gewinnen sollte. Aber als ich auf der Liste der Gewinner den Namen eines Freundes sah, begann ich zu zweifeln. Der Gedanke, ihn auf dem Konzert zu treffen, löste so viel Scham in mir aus, dass ich sogar erwog, zu Hause zu bleiben, um dem Unbehagen auszuweichen.

Am Ende entschied ich mich, das Konzert dennoch zu besuchen. Die Herausforderung wartete gleich auf mich, als ich den großen Saal mit den nummerierten Sitzplätzen betrat. Natürlich hatte ich den Platz neben – na, was glauben Sie? Der Freund grüßte fröhlich und fand es toll, dass wir nebeneinander saßen. Und ich sagte nichts, aber ich fühlte das bekannte Unbehagen in meinem Bauch rumoren. Ich tat so, als wäre alles in bester Ordnung, aber während des Konzerts drehte sich meine Gedanken immer wieder darum, dass er gewonnen und ich verloren hatte. Doch ich sagte keinen Mucks, feierte nicht, schmollte nicht, fragte nicht. Ich ließ einfach nichts an mich herankommen.

Erst am Ende des Konzerts gelang es mir, die vage, aber sich aufdrängende Scham voll und ganz zu akzeptieren. Ich wollte sie zunächst um keinen Preis spüren, meine Gefühle waren lächerlich und regelrecht bescheuert. Erst als ich eine echte Akzeptanz für meine Reaktion aufbringen konnte, gelang es mir, das Gefühl vollkommen zuzulassen. Bis dahin fühlte es sich bedrohlich an, sich darüber zu freuen, dass er gewonnen und ich „verloren" hatte. Aber als ich mein Empfinden schließlich annahm, konnte ich ihm sogar gratulieren.

Zu gewinnen ist ein Zeichen dafür, dass wir wertvoll sind. Es signalisiert uns, dass wir etwas taugen, etwas schaffen, erwünscht sind, es verdienen, geliebt und respektiert zu werden, am besten und besser als jemand anderes sind. Und alle diese Gedanken fand ich in meinem Inneren, obwohl es sich nur um eine einfache Auslosung handelte, in der mein einziger Einsatz gewesen war, mit meinem Namen teilzunehmen.

Ich war verwundert, wie stark meine Prägung war, in Wettbewerb mit anderen zu treten und zu welchem zermürbenden inneren Effekt das führte. Und ich wunderte mich darüber, wie stark meine in genau diesem Moment nicht erfüllten Bedürfnisse (nach Liebe, gesehen, akzeptiert und respektiert zu werden und an einer Gemeinschaft teilhaben zu dürfen) mich beeinflussten und meinem Bedürfnis, mit der anderen Person zu feiern, im Weg standen.

In meinen Augen ist Konkurrenz eine der schlechtesten Strategien, derer wir uns bedienen können, um unsere Bedürfnisse zu erfüllen. In einem Wettbewerb gewinnt einer und eventuell wird auch der zweite und dritte gefeiert oder in manchen Fällen die ersten zehn, aber der Rest bleibt mit seiner Scham zurück. Dass wir außerdem meinen, der Gewinner sei auch der Beste, besser als alle anderen, nimmt die meiste Freude am Kräftemessen. Obwohl es ein wenig schmerzhaft ist, die Erinnerung an die Verlosung niederzuschreiben, bin ich im Nachhinein froh, diese Erfahrung gemacht zu haben, denn mein Verständnis für das, was wir Missgunst und Eifersucht nennen, hat sich dadurch immens vertieft.

4.3.4 Selbstkritik

Wir haben gelernt, mit Fehlern umzugehen, indem wir uns selbst kritisieren. Die Art, wie wir in solchen Situationen zu uns selbst sprechen, ist deutlich von der Scham über das Geschehene beeinflusst.

„Warum blamiere ich mich ständig?"
„Das einzige, wozu ich nütze bin, sind Misserfolge und das Zerstören toller Sachen."
„Etwas stimmt nicht mit mir."
„Warum bin ich nicht mal zu so etwas einfachem in der Lage, wie in meinem eigenen Zuhause Ordnung zu halten?"
„Was für ein Idiot ich bin, ich sollte mich schämen."

Eine Mutter erzählte beschämt, dass sie das Tagebuch ihres Teenagersohnes gelesen hatte. Währenddessen schämte sie sich so sehr, dass sie sich übergeben musste. *„Ich konnte kaum atmen. Wenn jemand mich gesehen hätte, hätte derjenige verstanden, wie falsch ich mich verhielt. Ich hatte nicht so viel Angst, dass mein Sohn mich entdecken könnte, sondern eher, dass ein anderer Erwachsener mich ertappen und für mein Tun verurteilen könnte. Diese unsichtbaren Augen waren so unangenehm, dass ich nach einer Weile aufhörte zu lesen und mich erst nach einem langen Spaziergang wieder beruhigen konnte."*

4.3.5 Aussehen

Das Aussehen steht bei vielen ganz oben auf der Liste dessen, was Scham erzeugt. Unser Körper soll einem bestimmten Ideal genügen und dementsprechend aussehen. Wir schämen uns nicht nur für unser eigenes Äußeres, sondern manchmal sogar dafür, wie uns Nahestehende aussehen (unsere Großeltern, Kinder, Eltern, Freunde und Partner).

„Ich schäme mich dafür, wie hässlich und unattraktiv ich geworden bin."
„Wenn bloß niemand sieht, wie dick und untrainiert ich bin, ich sehe 20 Jahre älter aus als ich bin."
„Nun werde ich auch noch rot – als ob das hier nicht schon schwer genug wäre."
„Ich dachte immer, in Schweden könne man lieben, wen man möchte, ohne infrage gestellt oder ausgestoßen zu werden. Bis ich mich selbst in einen jüngeren Mann verliebt habe und über meine eigene Reaktion und die anderer geschockt war – all meine Gedanken darüber, von meiner Liebe Abstand zu nehmen oder sie zu

verleugnen. Bis dahin hatte ich mein Aussehen selten als zentral wahrgenommen, aber plötzlich fiel mir jedes Zeichen für den Altersunterschied enorm auf. Jede Spur einer Falte und jedes graue Haar wurden zu einer Katastrophe und weckten Scham und Unwillen in mir. Ich verwandte so viel Energie darauf, nachzudenken, ob andere sahen, dass ich älter war als er, dass für die Liebe kaum noch Raum blieb."

4.3.6 Sex

Für viele ist es peinlich, über Sex zu sprechen. Bei diesem Thema wird gekichert, man macht ein Geheimnis daraus oder versteckt es – es fühlt sich schwierig an, offen darüber zu sprechen. Wir sollen gleichzeitig sexy und attraktiv sein. Eine schwedische Untersuchung über Scham zeigte zur Verwunderung vieler, dass diejenigen, die sich am meisten schämen, beim Sex oder bei der Masturbation erwischt worden zu sein, die heutigen Jugendlichen zwischen 16 und 23 Jahren sind.[41]

Viele von uns haben gelernt, sich für ihren Körper, ihr Aussehen und jede Form gelebter Sexualität zu schämen. In Schweden werden Sex und Petting zuweilen sogar als Schmutz bezeichnet. Die Scham darüber kann sich so eklig und verabscheuenswürdig anfühlen, dass wir viele Wege entwickeln, sie zu vermeiden.

> *„Er / sie wird mich nicht in Stimmung bringen."*
> *„Ich bin viel zu aufreizend angezogen."*
> *„Ich werde keine Erektion bekommen."*
> *„Ich bin nicht sexy genug."*
> *„Das hier fühlt sich nicht schön an, aber ich traue mich nicht, ihn / sie um etwas anderes zu bitten."*
> *„Ich möchte ihn / sie bitten, mich genau dort zu verwöhnen, aber was wenn er / sie das nicht möchte?"*

Männer schämen sich dafür, keine Erektion zu bekommen, weil es für sie ein Zeichen dafür ist, dass sie kein richtiger Mann sind. Es gibt alte Vorstellungen, ein richtiger Mann sollte immer bereit und willig sein. Frauen können sich ebenfalls dafür schämen, dass der Mann keine Erektion bekommt, weil sie es als Hinweis darauf nehmen, dass sie nicht attraktiv genug für diesen für gewöhnlich so potenten Mann sind. Katarina Wennstam beschreibt in ihrem Buch „En riktig våldtäktsman", wie mehrere Jungen, die an einer Gruppenvergewaltigung beteiligt waren, einen

---

41 Eine Untersuchung von *United Minds* zu Schuld- und Schamgefühlen aus dem Jahre 2007, die im Auftrag des *Centrum för samtidsanalys* und des Magazins *Existera* durchgeführt wurde, bestellbar unter ↗http://www.samtidsanalys.nu.

Orgasmus vortäuschten.[42] Mehrere von ihnen haben außerdem vorgegeben, die vergewaltigte Frau zu penetrieren, um zu verbergen, dass sie keine Erektion hatten. Es wird als unmännlich interpretiert, nicht immer erregt zu sein, sogar in Zusammenhängen, die für viele Männer überhaupt nicht lustvoll sind.

4.3.7 Sehen und gesehen werden

> *„Mit den Fingern im Marmeladenglas ertappt zu werden ist schlimmer, als dass die Finger überhaupt drin waren."[43]*

Man kann Scham auch mit der Formulierung „mit den Fingern im Marmeladenglas erwischt werden"[44] umschreiben. Wenn jemand uns auf die Schliche kommt oder uns in einer Situation erwischt, für die wir uns schämen, wünschten wir, im Boden zu versinken.

Ich weiß, wie ich als Kind mit dem Kaiser in „Des Kaisers neue Kleider" litt. Die ganze Geschichte wurde immer unerträglicher und erreichte ihren Höhepunkt, als bekannt wurde, dass alle nur behauptet hatten, die schönen Kleider gesehen zu haben. So wollten die Untertanen der Scham darüber entgehen, nicht würdig zu sein. Diese Geschichte ist ein Sinnbild der Kategorie „Sehen und gesehen werden".

> *„Bring mich von hier weg."*
> *„Ich wollte einfach nur sterben, das wäre leichter gewesen, als dort zu stehen und sich zu schämen."*
> *„Oh, wie ich mich schäme. Und er versteht nicht mal, wie peinlich er ist."*
> *„Ich hoffe, es kommt niemand – gerade jetzt, wo es zu Hause aussieht, als hätte eine Bombe eingeschlagen."*

Während eines Fluges von Asien nach Schweden kroch ich auf den Boden zwischen die Sitze und schlief. Als ich mich einige Stunden später aufsetzte, stand ein Mann am Rand der Reihe, in der ich gelegen hatte. Er sah mich und ich spürte eine heiße Welle der Scham durch meinen ganzen Körper fließen. In diesem Moment half mir das Wissen, dass alle meine Gefühle mir helfen zu verstehen, was ich benötige. Und in diesem Fall brauchte ich natürlich Akzeptanz.

---

42 Wennstam, Katarina (2005), En riktig våldtäktsman: En bok om samhällets syn på våldtäkt, Albert Bonniers Förlag.

43 Gullvi Sandin im Artikel „Oj, vad vi skäms" von Agneta Lagercrantz, Svenska Dagbladet 8.10.2007, ↗http://www.svd.se/nyheter/idagsidan/oj-vad-vi-skams_496129.svd.

44 Anm. d. Ü.: Eine schwedische Redewendung dafür, bei etwas Verbotenem oder Unangenehmem erwischt zu werden; entspricht etwa der deutschen Wendung „auf frischer Tat ertappt werden".

Als ich meine Perspektive von der Angst, was der Mann über mich dachte, hin zu meinem Bedürfnis nach Akzeptanz verschob, veränderte sich das Gefühl. Die Sehnsucht nach Akzeptanz war noch immer da, aber ich sah klar, dass ich kein Bedürfnis danach hatte, gerade er möge die Wahl meines Schlafplatzes akzeptieren. Diese Episode verdeutlichte den Unterschied zwischen dem *Empfinden* der Akzeptanz selbst und den unterschiedlichen *Arten*, sie zu bekommen.

Mein Bedürfnis nach Akzeptanz wurde nicht dadurch erfüllt, dass der Mann sich anders verhielt – nein, mein Umgang mit ihm und meinen Bedürfnissen machte den Unterschied. Indem ich meine eigene Reaktion anerkannte, erfuhr ich Akzeptanz.

Es war komisch zu beobachten, wie schnell die Scham mich überfiel, ohne dass ich eine Ahnung hatte, was der Mann wirklich über mich dachte. Wer weiß, vielleicht beneidete er mich und sehnte sich selbst danach, sich ausruhen zu können? Und auch wenn er mein Verhalten nicht akzeptabel, normal oder passend fand, so hatte ich doch die Wahl, Akzeptanz zu erleben.

Weil es ein langer Flug war und ich mich noch nicht genug ausgeruht hatte, schlief ich noch eine Weile. Als wir gelandet waren und am Gepäckband standen, um unsere Taschen entgegenzunehmen, kam der Mann aus dem Flugzeug zu mir. „Haben Sie gut geschlafen?", fragte er lächelnd. Dieses Mal fühlte es sich warm und gut an, von ihm gesehen zu werden.

4.3.8 Nähe

„Manchmal schäme ich mich zu sehr, um Menschen in meiner Nähe zu ertragen, aber Tiere gehen immer. Sie verurteilen mich nicht und versuchen nicht, meine Gefühle zu beeinflussen. Wie wirr oder schlecht riechend ich auch bin, mein Hund scheint mich immer wertzuschätzen."

Cecilia

Anderen nah sein zu wollen kann gleichzeitig bedeuten, uns vor jemandem verletzlich zu zeigen. Vielleicht sorgen wir uns auch, wie wir das Nein eines anderen auf unsere Bitte nach Nähe deuten sollen. Die Abweisung einer Person wird leicht als Beweis aufgefasst, dass ich nicht geliebt werde oder unerwünscht bin. Das kann den Gedanken wecken, dass ich es ganz einfach nicht wert bin, geliebt zu werden oder dass es gar nicht möglich ist, mich zu lieben. Wenn wir jemandem nahe kommen und Scham fühlen, kann es schwer sein, sich hinzugeben und zu genießen.

In extremen Fällen kann die Scham so stark werden, dass der Gedanke, vollkommen auf Nähe zu verzichten, verlockend ist. Unter Umständen fühlt es sich sehr erleichternd an, sich auf diese Weise nie mehr schämen zu müssen.

Ich saß auf der Rückbank eines Taxis und war auf dem Weg zum Flughafen. Der Wagen war sehr klein und wir hatten uns zu dritt auf den Rücksitz gezwängt. Ich saß in der Mitte und bemerkte, dass der Mann auf meiner einen Seite sich drehte und wendete und näher an die Tür rückte. Schließlich fuhr er den Taxifahrer an: „Ist das jetzt so üblich, dass man zu dritt hinten sitzen muss?" Seine Worte gaben meinen Gedanken Nahrung, er fände mich vermutlich eklig oder aufdringlich. Ich deutete seine Worte als einen versteckten Hinweis auf seinen Unwillen, so nah neben mir zu sitzen.

Ich brauchte ein Weilchen um herauszubekommen, dass ich mich schämte und ein Bedürfnis nach Akzeptanz verspürte. Erst da wurde mir bewusst, dass ich tatsächlich gar keine Ahnung hatte, was in ihm vorging. Als ich kurz darauf diese Gedanken losließ, kamen wir ins Gespräch und ich sah keine äußeren Zeichen dafür, dass meine Vermutungen wirklich zutrafen.

4.4 Schambingo

Um zu verstehen, wie Scham sich bei Ihnen auswirkt, können Sie für einen bestimmten Zeitraum – etwa eine Woche oder einen Monat – das Schambingospielfeld auf der folgenden Seite anwenden, um Ihre Scham zu verorten. Notieren Sie auf dem Feld, in welchen Situationen Sie mit Scham reagieren. Ein Bild davon zu bekommen, unter welchen Umständen Sie sich schämen, kann Ihnen helfen, verlorene Lebensfreude in diesen Situationen zurückzuerobern.

Beantworten Sie vielleicht auch folgende Fragen in Hinblick auf eine oder mehrere der Situationen:

1. Beschreiben Sie eine Gegebenheit oder eine Person, die gerade jetzt mit hoher Wahrscheinlichkeit eine Schamreaktion in Ihnen auslösen würde.
2. Was ist Ihr typisches Verhalten in oder nach solchen Situationen?

SCHAMBINGO

Vergleiche	Abhängigkeit & Unabhängigkeit
Wettbewerb & Konkurrenz	Selbstkritik
Aussehen	Sexualität
Sehen & gesehen werden	Nähe

4.5 Was ist Scham?

*„Schamgefühle werden bei Menschen zum Beispiel dann ausgelöst, wenn sie wahr-
nehmen, dass ihnen von anderen Personen Missbilligung entgegengebracht wird
wegen etwas, das sie gesagt oder getan haben. (...) Scham kommt auf, wenn man
sich von anderen (...) lächerlich gemacht oder abgelehnt fühlt, während Schuldgefühle ihre Wurzeln im Gewissen haben, das heißt, dass man gegen selbst festgelegte
Normen verstößt."*[45]

Scham sendet Schockwellen durch unser ganzes System. Wenn alles in einem in
Habachtstellung geht, passiert es schnell, dass man sich verteidigt. Gefahr ist im
Anmarsch, Gewalt und Ausschluss drohen?!! Die steigende Durchblutung sorgt für
Hitze im Gesicht und wir erröten vielleicht, wir schlagen die Augen nieder, der Kopf
senkt sich. Wir wünschen uns, dass sich ein großes Loch unter uns auftut und wir
im Boden versinken.

Bereits bei einem drei Monate alten Säugling lässt sich eine plötzlich verminderte
Spannung in den Nackenmuskeln und ein gleichzeitig verspannter Oberkörper feststellen, wenn der Augenkontakt zu einer wichtigen Bezugsperson abbricht. Dadurch
sinkt das Kind ein wenig in sich zusammen.[46]

Das Wort Scham hat seinen Ursprung im indoeuropäischen „(s)kem", was so viel
wie „bedecken, verschleiern" bedeutet. Marta Cullberg Weston erklärt die körperlichen Reaktionen so, dass wir uns vor dem verstecken möchten, der unsere Scham
und Schwäche sieht.[47] Wenn wir uns beschämt fühlen, wollen wir unser errötendes
Gesicht verstecken.

Viele von uns möchten im Augenblick der Scham versuchen, unser Handeln zu
beschönigen oder aber vollkommen vermeiden, darüber zu sprechen. Etwas sehr
Privates ist entblößt worden und wir tun alles, um dem zu entgehen. Wir werden
stocksteif oder lächeln und lachen nervös. Dass wir versuchen auszuweichen oder
das Geschehene zu vertuschen, macht es uns noch schwerer, mit der Scham umzugehen. Sie verschwindet meist nicht, sondern bleibt bestehen und lauert in Schatten
tief in unserem Inneren.

---

45 Henry Egidius (2008), Psykologielexikon, Natur & Kultur. Abrufbar unter ↗http://www.psykologi-
guiden.se.

46 Donald L. Nathanson (1992), Shame and Pride: Affect, Sex and the Birth of the Self, W. W. Norton & Company. Nach Ansicht des amerikanischen Psychologen Silvan Tomkins (1911-1991) ist die
Scham / die Demütigung ein Affekt, der an das Sehen geknüpft ist, ähnlich wie Ekel / Abneigung an
den Geschmackssinn und Abscheu an den Geruchssinn gekoppelt sind. Da der Blickkontakt zwischen Kind und Eltern wesentlich für die Bindung ist, wird dieser Theorie zufolge der ablehnende
Blick der Eltern beim Kind Schamgefühle hervorrufen.

47 Cullberg Weston, Marta (2008), Från skam till självrespekt, Natur och Kultur.

In Synonymwörterbüchern[35] finden sich folgende Synonyme des Wortes Scham:

Schamgefühl, Beschämung, Schüchternheit, Befangenheit, Reue, Gewissen, Schamhaftigkeit, Schändlichkeit, Niedrigkeit, Infamie; Schandfleck, Entehrung, Schmach, Schande, Schimpf, Schikane, Beleidigung, Blamage, Ausrutscher, Erniedrigung, Skandal; Scham, Ehrgefühl; Geschlechtsorgane, Geschlechtsteile, Schamgegend. (Die Worte nach den Semikola stellen jeweils eine neue Bedeutung des Wortes Scham dar.)

Um Scham auszudrücken, verwenden wir unterschiedliche Worte. Etwas ist peinlich, beschämend, erniedrigend, es geniert uns oder bedroht unsere Ehre. Wir sagen, dass wir uns blamiert haben und dass wir uns der Scham ausgesetzt, zunichtegemacht, lächerlich oder minderwertig fühlen. Oft haben wir keine Worte, die unser Empfinden genau beschreiben, und wir würden es vielleicht nicht mal als Scham bezeichnen.

Viele, mit denen ich in der Vorbereitung zu diesem Buch gesprochen habe, waren sich – wie auch ich selbst – nicht bewusst, wie oft sie sich tatsächlich schämten, bevor wir darüber sprachen, was Scham eigentlich ist. Oft verbirgt sich die Scham hinter automatischen Verhaltensmustern, sodass viele von uns sie nicht einmal wahrnehmen, bevor wir nicht bereits eine Strategie gegen die Scham gewählt haben.

Das Gefühl von Scham kommt oft plötzlich, bleibt dann aber für eine Weile an uns haften. Es ist schwer vollständig abzuschütteln und es bedarf offensichtlich anderer Wege, mit der Scham umzugehen, als vor ihr wegzulaufen. Ihre Kraft sehe ich als ein wichtiges Zeichen dafür, dass wir uns mit der Bedrohung konfrontiert sehen, ausgestoßen oder von einem anderen Menschen oder einer Gruppe nicht akzeptiert zu werden. Tragisch – und gleichzeitig Hoffnung spendend – ist, dass die Bedrohung in den meisten Fällen nicht real ist, sondern aus unseren Denkmustern resultiert. Göran Larsson beschreibt Scham als „einen unsichtbaren Elektrozaun, der mir einen notwendigen Stoß gibt, einen Klapps auf die Hände, wenn ich eine Grenze überschritten oder jemandes Integrität verletzt habe".[49]

Aus einer Gruppe ausgestoßen zu werden war früher eine reale Bedrohung, die sogar zum Tod führen konnte. Die Scham des Individuums war eine Reaktion darauf, dass man eine Grenze überschritten hatte und war daher ein Schutz für das Überleben

---

48 Anm. d. Ü.: Es handelt sich hier teils um Übersetzungen der schwedischen Synonyme, die Liv Larsson Bonniers Synonymordbok entnommen hat, teils um Vorschläge des Duden Synonymwörterbuchs. Der Bedeutungsumfang des Wortes Scham variiert dabei in beiden Sprachen leicht.

49 Larsson, Göran (2007), Skamfilad: Om skammens många ansikten och längtan efter liv, Cordia / Verbum förlag AB.

der Gruppe und des Einzelnen. Vor diesem Hintergrund ist es nicht verwunderlich, dass viele von uns es als einen großen Schrecken empfinden, die Normen einer Gruppe infrage zu stellen – dies kann schlicht und einfach als lebensgefährlich empfunden werden. Scham ist vielleicht die wirksamste Erinnerung daran, welchen Wert der Respekt vor den Grenzen anderer hat. Wenn wir sie konstruktiv nutzen, statt uns dafür zu schämen, können wir zu einer Hellhörigkeit sowohl für unsere eigenen Gefühle und Bedürfnisse als auch für die anderer zurückfinden.

Wir können die Scham sogar mit einem Sicherungssystem vergleichen. Eine Sicherung springt heraus, wenn wir die ersten Signale für das, was wir oder andere brauchen, übersehen haben. Ist es uns nicht geglückt, die Bedürfnisse anderer und unsere eigenen in der Balance zu halten, schlägt die Scham zu. Ein Kursteilnehmer beschrieb seine Erfahrungen mit Scham folgendermaßen:

> *„Die Scham scheint mir immer zu erzählen, dass ich eigentlich einen besseren Kontakt zu meinen Mitmenschen haben möchte, ihnen vielleicht mehr Platz einräumen oder sie mehr lieben möchte.“*

Peter

Wir alle haben uns schon einmal gefragt, wie Vögel zusammen in großen Schwärmen fliegen können, ohne zusammenzustoßen. Aber auch wir haben diese Fähigkeit, uns in einander „einzufühlen". Wenn wir kein intuitives Gefühl dafür hätten, dass wir wechselseitig voneinander abhängig sind, würden wir zum Beispiel im Gedränge oder auf einer Skipiste viel häufiger zusammenstoßen, als wir es tatsächlich tun. Ich möchte die Behauptung aufstellen, dass diese Fähigkeit stark beeinträchtigt wird, wenn wir nicht in Kontakt mit dem stehen, was wir fühlen und benötigen. Wir funktionieren nicht mehr in der „Herde", wenn wir nicht mit unseren inneren Signalen verbunden sind. Sobald ein oder mehrere Mitglieder diese Verbindung nicht mehr haben, wirkt sich das auf die gesamte Herde aus. Den Kontakt zu unserem Inneren wiederherzustellen, nachdem wir der Scham in die Hände gefallen sind, ist also wesentlich dafür, dass wir einer Gruppe nützen.

Scham hat eine ungeheuer raffinierte Funktion, wenn es darum geht, die Verantwortung für etwas, das auch auf den Machtverhältnissen innerhalb einer Gesellschaft beruht, auf ein einzelnes Individuum zu übertragen. Dann ist die Scham ein inneres Navigationssystem, das dem Individuum nicht Kraft schenkt, sondern ihm die Verantwortung „richtig" zu handeln aufbürdet. Auf diese Weise ist sie jedoch auch die Achillesferse des Dominanzsystems. Da jedes Individuum Zugang dazu hat, können wir hier die Macht zurückerobern, die wir bis dahin denen überlassen haben, die in der Hierarchie über uns stehen.

Mit diesem Wissen können wir uns darauf freuen, das nächste Mal Scham zu empfinden, denn jede derartige Situation bietet auch eine Möglichkeit, aufs Neue zu entscheiden, wie wir leben möchten.

4.6 Wenn die Scham „ranzig" wird

Es gibt viele Aspekte dessen, was wir Scham nennen. Verletzlichkeit angesichts eines
Zusammentreffens mit anderen stammt aus dem Kern der Scham. Scham kann sich
zeigen, indem wir schüchtern sind und uns unsicher an eine Kontaktaufnahme he-
rantasten. Wir fragen uns, wie nah wir anderen sein wollen und können und ob wir
angenommen werden. Dieses Gefühl hilft uns, aufmerksam dafür zu sein, wie unser
Handeln sich auf andere auswirkt.

Kleine Kinder sind verletzlich und scheu, lange bevor sie gesellschaftliche Regeln
verinnerlicht haben. Sie besitzen eine Art vorsichtige Feinfühligkeit dafür, wie sie
sich zu ihrer Umgebung in Beziehung setzen. Tastend gehen sie voran und lernen
sukzessive, wie sie sich mit dem verbinden können, was außerhalb von ihnen passiert. Je mehr das Kind lernt, in dieser Welt zu leben, desto mehr nehmen Scham und
Geniertheit ab oder zumindest andere Formen an.

Bis zu diesem Punkt sind die Schamgefühle lebensdienlich. Aber sobald wir (und
so ist es den meisten von uns ergangen) gelernt haben, Beschämung als ein Signal
für unsere Unfähigkeit zu lesen oder dafür, dass etwas mit uns nicht stimmt, verursacht die Scham Schmerzen und es wird schwierig, mit diesem Gefühl umzugehen.
Wiederholt Dinge zu hören wie: „Nun sei nicht schüchtern" oder: „Greif zu", aber
auch: „Sieh wie süß sie ist, wenn sie schüchtern ist" kann unsere Empfindsamkeit
abstumpfen lassen oder dazu beitragen, dass wir unsere Verletzlichkeit nicht akzeptieren.

Scham und Verlegenheit bei einem Kind, das nicht mit Behutsamkeit und Respekt
behandelt, sondern ausgelacht, lächerlich gemacht oder für komisch gehalten wird,
kann zu Denkmustern führen, die es erschweren, Scham zu ertragen. Das Bedürfnis
nach Respekt wird nicht befriedigt und das Kind macht sich oft selbst dafür verantwortlich.

Scham gepaart mit Richtig-Falsch-Denken führt zu dem Versuch, diesen Gefühlen
mithilfe zahlreicher nicht zielführender Verhaltensweisen zu begegnen. Viele von
uns nehmen ihre Beschämung einfach gar nicht wahr, weil sie blitzschnell zur Verteidigung übergehen, sobald sie nur eine Spur von Scham wittern. Damit entgehen
uns jedoch unbezahlbare Lebens-Lektionen, aus denen wir lernen könnten – wenn

wir es denn wagen würden, uns mit solchen Situationen auseinanderzusetzen. Etwas das ursprünglich dazu gedacht war, uns dienlich zu sein, ist ranzig und schlecht geworden und hat einen üblen Nachgeschmack angenommen.

Scham kann sich anfühlen wie eine Wunde in unserem Inneren, zugefügt von unsichtbarer Hand. Weston beschreibt Scham als etwas, das „in uns brennt und schwelt". Es lässt uns leicht unser Ausdrucksvermögen verlieren und wir greifen uns selbst mit Urteilen an, die wir nicht im Traum laut zu einer anderen Person sagen würden.

Scham zeigt uns die Rückseite dessen, was wir in der Kultur, in der wir leben, als normal ansehen. Sie zeigt uns den Preis, den wir bezahlen müssen, wenn uns die „Schubladen", die unsere Normen schaffen, zu eng sind; zum Beispiel wenn wir uns in eine Person „falschen Geschlechts" oder „falschen Alters" verlieben, wenn wir ein ungewöhnliches Hobby oder einen außergewöhnlichen Kleidungsstil haben oder Ansichten, die von anderen als unkonventionell angesehen werden.

4.7 Mit Scham kann man umgehen

4.7.1 Annahmen, die helfen, mit Scham umzugehen

- Mein Blickwinkel auf eine Situation hat Einfluss darauf, ob ich Scham fühle oder nicht. Meine Einstellung wirkt sich außerdem auf meine Fähigkeit aus, die Situation in die gewünschte Richtung zu verändern.
- Statt zu versuchen vor der Scham zu fliehen, sehe ich sie als eine „Warnlampe": Sie hilft mir zu erkennen, dass ich mit meinen Beurteilungen und nicht mit meinen Bedürfnissen verbunden bin.

Es ist möglich, ineffektive und gewohnheitsmäßige Verhaltensmuster im Umgang mit der Scham zu verändern. Der erste Schritt ist, sich bewusst zu werden, dass unsere Handlungsweisen uns auf Dauer nicht dienlich sind. Dabei kann der Bedürfniskompass, der in Kapitel 5 beschrieben wird, von großem Nutzen sein.

Ein weiterer wichtiger Schritt, um mit Scham umzugehen, ist – wie ich bereits beschrieben habe –, die Scham im Körper wieder spüren zu lernen. Sie können fühlen, wie Sie rot werden, wie es Ihnen kalt oder warm durch den Körper läuft, dass es sich unbehaglich anfühlt, jemandem in die Augen zu sehen. Außerdem kann sich Ihr Mund trocken anfühlen, der Magen zieht sich zusammen und Sie werden rastlos und wollen nur noch weg. Die Zeichen sind verschieden, aber wenn Sie ihnen Aufmerksamkeit gewidmet und gelernt haben, die Reaktionen Ihres Körpers wiederzuerkennen, werden Sie Scham leicht bemerken.

Der Scham zu folgen – vom Gedanken, der sie entstehen lässt, bis zu den Gefühlen und Bedürfnissen, die sich in ihrem Kern finden – ist eine wahnsinnig spannende, komplizierte und lohnende Reise. Unterwegs entdecken wir, dass Scham viele Gesichter hat, aber in ihrem Kern können wir Bedürfnisse von Respekt, Akzeptanz und Gemeinschaft aufspüren.

Um in den Kern der Scham vorzudringen, ist es hilfreich, zwischen den Bedürfnissen nach Respekt, Akzeptanz und Gemeinschaft und den von uns gewählten Erfüllungsstrategien unterscheiden zu können. Indem wir beides deutlich voneinander trennen, räumen wir anderen nicht länger die Macht ein, uns zu beschämen. Wir haben nun selbst die Macht *und* die Verantwortung, mit unserer Scham zurechtzukommen.

Umgekehrt können wir auch anderen helfen, indem wir nicht die Verantwortung für ihre Gefühle übernehmen, wenn sie uns Schamgefühle vermitteln wollen. Jedes Mal, wenn wir die Verantwortung für das Fühlen anderer von uns weisen, geben wir ihnen die Möglichkeit, neue Handlungsmöglichkeiten zu entwickeln, die ihre Bedürfnisse effektiver erfüllen können.

4.8 Nutzen aus der Scham ziehen

Die Scham hilft uns zu verstehen, dass wir etwas getan haben, das unseren Werten widerstrebt. Wir können uns zum Beispiel bewusst werden, wie wichtig uns Integrität und Fürsorge für andere sind, wenn wir uns dafür schämen, etwas im Vertrauen Gesagtes ausgeplaudert zu haben. Wir können erkennen, wie sehr wir uns danach sehnen, andere zu unterstützen, wenn wir uns dafür schämen, harte Worte gegenüber unseren Kindern geäußert zu haben. Wenn wir untreu waren, kann uns durch die Scham bewusst werden, wie sehr wir gegenseitigen Respekt, Vertrauen und Fürsorge wertschätzen.

Durch die Scham können wir lernen, wie wir die Grenzen anderer Menschen respektieren und gleichzeitig mit unseren eigenen Bedürfnissen nach Respekt, Fürsorge, Integrität und danach, zum Leben anderer beizutragen, umgehen können.

Um die Schönheit im Erleben der Scham zu erkennen, müssen wir mit unseren Gedanken, wir seien wertlos, hätten uns lächerlich gemacht oder seien ein großer Bluff, umgehen lernen. Sobald wir das Unbehagen verstehen, das die Scham mit sich bringt, und die Scham stimulierenden Gedanken *wahrnehmen* können, statt uns von ihnen einwickeln zu lassen, empfinden wir Scham nicht länger als unbehaglich. Darüber hinaus schenken wir uns selbst die Freiheit, neue Verhaltensalternativen zu entdecken, wenn wir nicht länger glauben, Scham bedeute, wir seien es nicht wert geliebt zu werden.

Zwischen den Gedankenmustern, die Scham fördern, und den zugrundeliegenden Bedürfnissen unterscheiden zu können, hilft uns, mit dem umzugehen, was uns bis dahin gelähmt hat oder uns zu Handlungsweisen hingerissen hat, die sich nicht echt angefühlt haben. Daher ist es so bedeutsam, zwischen dem ursprünglichen Gefühl von Scham und dem Dominanzdenken, in dem wir mariniert wurden, zu trennen.

Gleichzeitig verändert es nicht das Gefühl, rein mental zu verstehen, dass wir Scham empfinden. Die Scham voll und ganz aufnehmen und wahrnehmen, wie sie auf den Körper, auf unser Denken und auf unser Gefühlsleben wirkt, kann uns hingegen helfen, die Beschämung zu „schmelzen" und zu ihrem lebensdienlicheren Kern vorzudringen.

Dass Menschen Scham fühlen, hilft ihnen nicht, das Verhalten zu verändern, für das sie sich schämen. Wenn sie jedoch Verständnis und Empathie für das Unbehagen empfinden, das die Scham in ihnen weckt, und sich stattdessen darauf konzentrieren, wie sie ihre Bedürfnisse auf eine andere Art erfüllen können, verändern sich ihre Verhaltensmuster.

Der Gedanke daran, uns unvollkommen zu zeigen, ist so unangenehm, weil wir sicher sind, dass uns niemand mögen kann, der gesehen hat, dass wir ganz und gar nicht makellos sind. Der Glaube daran, geliebt und akzeptiert zu werden, wenn wir perfekt sind, ist zerstörerisch. Er leitet uns häufig auf Irrwege. Erst wenn wir bereit sind, unser Schamgefühl und unsere Schwächen zu zeigen, kann die Scham ihren Griff um uns lockern. Es scheint dabei keine Abkürzungen zu geben, aber doch einen „Königsweg": sich mit Verletzlichkeit zu öffnen und anderen von unserer Scham zu erzählen.

Gleichzeitig sollten wir uns daran erinnern, dass es für andere in manchen Situationen schwer sein kann, unserer Scham zuzuhören. Zu erfahren, dass andere sich schämen, kann im Zuhörer ebenfalls Scham hervorrufen. Statt auf Verständnis kann der Beschämte dann auf Ausreden und Anschuldigungen treffen oder es kann passieren, dass der andere versucht, das Problem zu verkleinern, indem er Ratschläge gibt, aufmuntert oder tröstet. Das Empathievermögen des Zuhörers wird durch die sogenannte „Sekundärscham" auf die Probe gestellt.

4.8.1 Von Scham zu Kontakt

Folgende Schritte helfen Ihnen, nach einer Schamattacke Kontakt und innere Balance wiederherzustellen.

> **ÜBUNG**
>
> 1A. Nehmen Sie die Auswirkungen der Scham auf den Körper wahr. Es kann sich anfühlen wie warme Wellen, die Sie erröten lassen, oder wie ein Unbehagen im Bauch.
>
> 1B. Sie verstehen, dass es wichtig ist, sich mit der Situation auseinanderzusetzen und Kontakt mit Ihren Gefühlen und Bedürfnissen aufzunehmen. Tun Sie nichts, um der Scham auszuweichen oder sie zu mildern. Wenn Sie agieren, bevor Sie in Kontakt zu Ihrem Inneren stehen, könnten Sie etwas tun, das Sie später bereuen.
>
> 2. Akzeptieren Sie, dass Sie auf irgendeine Art und Weise Unterstützung benötigen und dass es Ihnen nützen würde, das Erlebnis mit anderen zu teilen.
>
> 3. Nehmen Sie Kontakt auf mit jemandem, von dem Sie wissen, dass er/sie zuhören kann und erzählen Sie, wofür Sie sich schämen. Wenn sich niemand findet, nehmen Sie sich Zeit, um sich selbst mit Empathie zuzuhören. Wenn wir im empathischen Kontakt mit unseren Bedürfnissen sind, kann die Scham uns nicht im Griff halten.
>
> 4. Wenn Sie das Wüten der Scham nicht körperlich spüren, können Sie sie auch daran erkennen, dass Sie sich in eine der Richtungen des Bedürfniskompasses bewegen. (Sie ziehen sich zurück, kritisieren sich selbst oder jemand anders oder rebellieren, siehe Kapitel 5.)

4.9 Scham und Verletzlichkeit

Lebe so, dass du dich niemals schämst,
wenn etwas, was du tust oder sagst
in der ganzen Welt verbreitet wird –
auch dann nicht, wenn es nicht wahr ist.

Aus „Illusionen" von Richard Bach[50]

Wenn wir uns schämen, fördert unser Verhalten oft mehr Schuld, Angst, Abstand und Selbstkritik zutage. Wir vergessen leicht, dass alle hin und wieder Scham empfinden und daher möchten wir am liebsten so tun, als täten wir es nicht. Aber je

---

50 Bach, Richard (1987), Illusionen: Die Abenteuer eines Messias wider Willen, Ullstein.

mehr wir versuchen, unsere Scham zu verstecken, desto mehr Macht bekommt sie über uns.

Um zu verstehen, wann es sich für Sie als nützlich erweisen könnte, sich verletzlicher zu zeigen, können Sie sich fragen, in welchen Situationen Sie sich verwundbar fühlen, dies aber nicht zeigen. Werden Sie härter und kälter? Ziehen Sie sich zurück? Versuchen Sie Dinge zu tun, um die Liebe anderer zu „kaufen"? Die Fehler und Schwächen anderer zu beweisen? Sind Sie mit diesen Entscheidungen zufrieden oder hätten Sie gern mehr Kontakt? Wenn Sie sich mehr Kontakt wünschen, kann es nützlich sein, Ihre Verletzlichkeit zu zeigen, statt sie zu verbergen.

Menschlicher Kontakt ist essenziell für uns. Enge Verbindungen zu anderen tragen zum Gefühl von Bedeutsamkeit in unserem Leben bei. Wenn wir es wagen, unsere Verletzlichkeit zu zeigen, führt dies zu Kontakt. Andere können sich wiedererkennen und sich ebenfalls als bedeutsam erleben, indem sie uns eine Stütze sein dürfen. Wenn wir versuchen, unsere Scham zu verbergen, weil wir einen Fehler gemacht haben, entgeht uns die Möglichkeit zu tieferem Kontakt, die offen gezeigte Verletzlichkeit uns eröffnen kann. Wir sind nicht dafür geschaffen, unsere Fehler für uns zu behalten – wir sind für Kontakt geschaffen und daher ist Empathie so wichtig für uns.

Wir können Scham und Empathie als Gegensätze ansehen – oder aber wir begreifen Scham als eine Öffnung für Empathie. Die Tiefe der Verletzlichkeit, die wir auszudrücken bereit sind, bestimmt, ob wir in unserem Leben in Richtung Empathie oder eher in Richtung Scham streben. Daher kann Scham als Hindernis für Empathie beschrieben werden, aber auch als Einladung zu mehr Empathie.

Vor einiger Zeit kam ich in ein Restaurant und da ich es eilig hatte, hob ich die Hand und sagte eifrig „Entschuldigung", sobald der Kellner in mein Blickfeld kam. Er warf mir einen stechenden Blick zu und sagte, als er an den Tisch kam, mit kühler Stimme: „Sehen Sie nicht, dass ich schon auf dem Weg bin!"

Es war deutlich, dass er meine ausgestreckte Hand und meinen Eifer überhaupt nicht schätzte. Sein Blick ließ mich innerlich erstarren und ich schämte mich. Ich schämte mich dafür, mich bemerkbar gemacht zu haben, denn es war offensichtlich, dass er es als seine Berufsehre ansah, aufmerksam gegenüber seinen Gästen zu sein.

Als ich fühlte, wie Hitzewellen blitzschnell durch meinen Körper jagten, wurde mir bewusst, dass ich mich schämte. Weil ich auch merkte, wie meine Gesichtszüge sich mit nach oben gezogenen Mundwinkeln zu einem steifen Lächeln verfestigt hatten, verstand ich, dass es höchste Zeit war, die Scham zu umarmen. Sobald ich das getan hatte, empfand ich auch Empathie für ihn. Ich musste mich nicht anstrengen, um sein Bedürfnis zu verstehen, Wertschätzung in seiner Arbeit zu erleben. Seine Art, mit der Situation umzugehen, machte es mir schwer, mich in meiner Eile gesehen und akzeptiert zu fühlen, aber die Scham half mir, innezuhalten und eine Verbindung zu meinen eigenen Bedürfnissen herzustellen, sodass ich die Situation wieder genießen konnte.

4.10 Sich für die Scham schämen

Nathanson zufolge resultiert Scham immer aus etwas Nützlichem oder aus etwas, an dem wir uns erfreuen. Die Scham unterbricht unseren Genuss, um uns daran zu erinnern, dass es Bedürfnisse gibt, deren Erfüllung in Gefahr ist. Das können Bedürfnisse nach Integrität, Respekt, Akzeptanz oder Gemeinschaft sein.

Die Scham beinhaltet im besten Fall ein vages Unlustgefühl, das uns dazu bringt, innezuhalten und über das gerade Geschehene zu reflektieren. Wenn wir etwas Privates erzählt haben, halten wir vielleicht inne um zu analysieren, wie wahrscheinlich es ist, in einer gewissen Gemeinschaft akzeptiert zu werden, obwohl die anderen Mitglieder unsere Äußerung gehört haben. Wir fragen uns, ob wir über etwas „Verbotenes" gescherzt oder „zu laut" gelacht haben, weil wir bemüht sind, hineinzupassen und wichtigen Beziehungen nicht zu schaden.

> *„Vor einem Mädchen rot zu werden ist schlimmer, als mit heruntergelassenen Hosen erwischt zu werden."*
>
> Gabriel, 18 Jahre

Wenn ich jemanden über Scham sprechen höre, geht es meist darum, die Scham loszuwerden – die Scham selbst wirkt beschämend. Wir genieren uns, weil wir erröten oder uns unsicher fühlen. Dann versuchen wir diese Reaktionen, die uns einflüstern, wir seien Hochstapler oder mit uns stimme etwas nicht, zu verbergen aus Angst, andere könnten sie bemerken und feststellen, dass tatsächlich etwas mit uns nicht in Ordnung ist.

Wenn Menschen merken, dass sie rot werden, schämen sie sich häufig noch stärker. 33 Prozent aller Jugendlichen in Schweden geben an, es sei ihnen peinlich, so leicht zu erröten.[51]

Sich darauf zu konzentrieren, das Erröten loszuwerden, ist ungefähr so, als würden wir den Sicherungskasten aus dem Haus werfen, weil es so mühsam ist, ständig die

---

51 Laut einer Untersuchung von *United Minds* zu Schuld- und Schamgefühlen aus dem Jahre 2007, die im Auftrag des *Centrum för samtidsanalys* und des Magazins *Existera* durchgeführt wurde, bestellbar unter ↗ http://www.samtidsanalys.nu.

Sicherungen wechseln zu müssen. Wir kommen auf diese Weise nicht dahinter, warum die Sicherungen überhaupt herausspringen.

Wenn wir uns für die Scham schämen, wird sie uns garantiert nicht loslassen. Sie hält uns in einem festen Griff und je mehr imposante Kunststücke wir aufführen, um ihr zu entkommen, desto fester packt sie uns. Sie gewinnt sogar an Kraft, denn in diesem Kampf tun wir weitere Dinge, für die wir uns später schämen.

Wir finden es unschön, uns zu schämen, da es als Beweis für unsere Schwäche und als Zeichen dafür aufgefasst werden kann, dass wir etwas Falsches oder Unnormales getan haben. Daher wird es zu einer Herausforderung, unsere Scham zu akzeptieren und auch anderen Menschen von ihr zu erzählen.

Mehrere Personen, mit denen ich über Scham gesprochen habe, sagten, es falle ihnen leichter, sich den Schamgefühlen zu nähern, wenn sie das Wort Scham zum Beispiel gegen Verlegenheit austauschten oder das Gefühl damit umschrieben haben, dass sie geniert waren oder dass etwas peinlich oder schmerzhaft war. Der Begriff Scham selbst war zu aufgeladen. Andere Worte zu finden, hat diesen Personen geholfen, einen Schritt weiter zu gehen und die Scham zu erkennen und zu akzeptieren.

Es ist nichts falsch daran, sich zu schämen oder sich sogar selbst zu verurteilen. Ich würde nicht einmal empfehlen, damit aufzuhören oder diesen Empfindungen auszuweichen. Stattdessen schlage ich vor, Selbstanklagen als Zeichen dafür zu lesen, dass wir einen Moment innehalten sollten. Erst dann kann die Scham ein Schlüssel zu einem tieferen Verständnis für uns selbst werden.

Wenn wir damit beschäftigt sind, Scham zu vermeiden, sind wir leicht zu kontrollieren, denn viele von uns schämen sich sehr schnell. Sind wir hingegen bereit, Scham zu fühlen, ohne dabei in den Gedanken, die mit ihr einhergehen, zu versinken, ist es schwerer, uns zu hörigen Marionetten zu machen.

4.11 Die angeborene Scham

Eine Frage, die mir spannend erscheint, ist die, ob das Gefühl der Scham angeboren ist oder nicht.[52] Ich möchte meine Sicht zu diesem Thema beschreiben und Sie einladen, selbst zu erforschen, wie Sie sich zu dieser Frage stellen wollen. Für mich war es fruchtbar, zwischen angeborener Scham und kulturell bedingter Scham zu unterscheiden.

---

52 Scham tritt, nach Nathanson und anderen Forschern, beim Menschen am Ende des ersten Lebensjahres auf, wenn er bereits einer gewissen kulturellen Prägung ausgesetzt war, und wird in der Affekttheorie als unser einziges soziales Gefühl bezeichnet.

Auf der einen Seite ist es nicht wichtig zu wissen, ob das Schamgefühl angeboren ist oder nicht. Wichtig ist nur, dass wir damit auf eine Weise umgehen können, die uns und anderen Menschen dient. Auf der anderen Seite sehe ich es als bedeutsam an, sich darüber im Klaren zu sein, ob wir Scham für ein angeborenes, natürliches Gefühl halten, das alle Menschen in allen Kulturen und zu allen Zeiten geteilt haben. Erst wenn wir uns mit starken, als zerstörerisch empfundenen Schamgefühlen auseinandersetzen müssen, können wir beurteilen, worauf wir uns konzentrieren möchten.

Ich glaube, dass das Gefühl und die Bedürfnisse im Kern dessen, was wir als Scham bezeichnen, angeboren sind. Sie geben uns eine Verletzlichkeit, die es uns ermöglicht, mit anderen zusammenzuarbeiten, weil sie uns hellhörig für Bedürfnisse (inklusive unserer eigenen) macht.

Weiterhin haben wir ein starkes angeborenes Bedürfnis, zu unserem eigenen Leben und unserem Umfeld beizutragen. Wenn dieses Bedürfnis nicht erfüllt ist und wir etwas getan haben, das wir am liebsten ungeschehen machen möchten, entsteht eine natürliche Trauer. Auch diese ist angeboren.

Wenn wir Scham fühlen, erleben wir uns von anderen Menschen getrennt, und sei es nur für einen Augenblick. Das passiert, wenn wir die Fähigkeit verloren haben, mithilfe unserer Bedürfnisse zu verstehen, dass die Bedürfnisse anderer nicht erfüllt sind.

Solange wir keine anderen Wege finden, um sicherzustellen, dass wir uns ausgehend von Liebe und Fürsorge umeinander kümmern, wird es die Scham weiterhin geben. Wir können sie nutzen, um uns an den Wert von Akzeptanz und Respekt zu erinnern und um eine Balance zwischen individueller Verantwortung und gegenseitiger Fürsorge zu finden. Mit zunehmender Selbstkenntnis werden wir hoffentlich hellhöriger für die Bedürfnisse anderer, ohne den Umweg über die Scham gehen zu müssen.

4.12 Die kulturelle Scham

Abhängig davon, welche Normen in der Gesellschaft, der Familie oder der Organisation, der wir angehören, gelten, fühlen wir Scham in unterschiedlichen Situationen. In jeder Kultur gibt es bestimmte Dinge, für die „man sich schämen sollte" oder die ganz einfach inakzeptabel sind. Und dass die Wörter für Gefühle nicht das Gleiche sind wie die Gefühle selbst, genauso wenig wie die Karte eines Waldes der Wald selbst ist, macht die Sache nicht leichter. Die Karte ist nicht das Gelände.

Manchmal verwenden wir das gleiche Wort, meinen aber unterschiedliche Zustände oder Gefühle. Wofür wir uns schämen, variiert nicht nur zwischen den unterschiedlichen Kulturen, sondern auch über die Zeit hinweg. Jede Kultur hat ihre eigene spezielle Schamskala – Anstand und Etikette sehen in Schweden, in Japan oder in Marokko ganz unterschiedlich aus.

In Bernhard Schlinks Roman „Der Vorleser", der auf einer wahren Geschichte basiert, nimmt Hanna Schmitz lieber eine lebenslange Strafe auf sich, als sich der Scham darüber aussetzen zu müssen, nicht lesen zu können. Sie hält die Beschämung nicht aus, die es mit sich bringen würde, ihr Analphabetentum offen zuzugeben; daher legt sie die Beweise nicht vor, die sie entlasten könnten.[53]

Viele von uns sind der Scham bereits auf vergleichbare Art ausgewichen, aber selten mit ähnlich dramatischen Folgen. Wir verbergen Seiten an uns, um Respekt zu empfinden. Manchmal kann sich das stark auf unser Empfinden von Echtheit und auf unsere Lebenslust auswirken, besonders wenn wir gelernt haben, dass unser Wert sich an unserer Leistung misst.

In der psychologischen Fachliteratur habe ich Thesen darüber gefunden, dass unter anderem Nacktheit und offene Toilettentüren nicht nur Scham hervorrufen, sondern auch schädlich für Kinder sein können. Da frage ich mich: Wie viele Menschen auf der Welt haben eigentlich abgeschirmte Toiletten mit abschließbaren Türen und seit wie vielen Generationen leben wir so wie heute? Ist mit dieser Aussage gemeint, dass die Urvölker, die in warmen Ländern nackt leben oder nur gewisse Körperteile bedecken, zur Scham ihrer Kinder beitragen und sogar deren Entwicklungspotenzial im Wege stehen? Oder ist Nacktheit nur dann beschämend, wenn sie außerhalb der Normen liegt? Und wer bestimmt darüber, was als „normal" angesehen werden kann? Ich finde, dass Nacktheit an sich keine Scham hervorruft. Das machen die Gedanken, etwas sei normal oder eben nicht. Es ist hilfreich, sich diesen Unterschied vor Augen zu führen, wenn wir uns darüber klar werden wollen, wovon Scham handelt.

Meine Mutter ist in Norrland hoch oben im Norden Schwedens geboren und aufgewachsen. Sie wurde 1936 geboren und wuchs (wie ein großer Teil der Weltbevölkerung) ohne fließendes Wasser oder Elektrizität heran. Die Familie hatte draußen ein Plumpsklo mit drei Löchern. In den dunklen Wintern gingen meine Mutter und ihre Schwestern oft zusammen dorthin. Sie halfen einander, indem sie eine Petroleumlampe hielten, um Licht zu machen, und sich in der Kälte gegenseitig Gesellschaft leisteten. Meine Mutter hat das oft mit Wärme in der Stimme geschildert und

---

53 Schlink, Bernhard (1997), Der Vorleser, Diogenes. Das Buch wurde 2008 mit Kate Winslet, Ralph Fiennes und David Kross in den Hauptrollen verfilmt.

deutlich gemacht, wie sehr sie die Gemeinschaft mit ihren Schwestern schätzte. Zusammen zur Toilette zu gehen war weder mehr noch weniger beschämend als alles andere, was die drei gemeinsam taten. Es war einfach ein ganz natürlicher Teil ihrer Lebensweise.

Und wie viele Mädels sind nicht schon in der Kneipe gemeinsam mit einer oder mehreren Freundinnen zur Toilette gegangen? Vielleicht gibt es deshalb so viel Gekicher, weil uns das eigentlich peinlich ist? Oder ist es einfach Ausdruck einer natürlichen Freude über die schöne Gemeinschaft, die bei diesen Gelegenheiten entstehen kann?

Zur vereinbarten Zeit zu einem Treffen zu kommen ist in verschiedenen Kulturen unterschiedlich wichtig. In Schweden schämen wir uns mitunter dafür, zwei Minuten zu spät zu sein. In anderen Ländern können Menschen ohne eine Spur von Scham 30 Minuten nach dem verabredeten Zeitpunkt auftauchen. Meinen ersten Kontakt mit diesem Phänomen hatte ich, als ich 18 war und Freiwilligenarbeit in einem Kibbuz in Israel leistete. Spät eines Nachmittags kam ich zusammen mit einem finnischen Mädchen, mit dem ich auch das Zimmer teilte, dort an. Wir wurden gebeten, uns am nächsten Tag zu der Arbeit, der wir zugeteilt waren, einzufinden. Um sechs Uhr morgens sollten wir beginnen. Ich wachte mit einem Ruck auf und sah auf der Uhr, dass wir spät dran waren. Eine Welle der Scham schwappte über mich hinweg, ich saß kerzengerade im Bett und sagte zu meiner finnischen Freundin, dass wir uns beeilen müssten. Wir würden zu spät kommen! (Zu spät für was, kann man sich fragen, aber ich meinte natürlich, dass wir später als zur vereinbarten Zeit kommen würden.)

Sie war vermutlich ebenso besorgt wie ich, denn ohne ein Wort warf sie sich die Kleider über und war bereit zu gehen. Wir tapsten durch die Dämmerung und zu unserer Erleichterung kamen wir einige Minuten vor sechs Uhr an. Es war vollkommen dunkel und weit und breit war keine Menschenseele zu sehen. Wir gingen zur Tür und drückten die Klinke, aber sie war abgeschlossen. Verwirrt standen wir da und sahen uns an. Um zehn nach sechs kam der Vorgesetzte auf dem Fahrrad angefahren, sagte kurz „Guten Morgen" und schloss auf. Gegen halb sieben war das Team versammelt, saß, trank Kaffee und plauderte. Niemand schien sich auch nur ein bisschen dafür zu schämen, nicht um Punkt sechs dort gewesen zu sein. Ich kochte innerlich, war voller Vorwürfe, aber auch voller Verwunderung, und als die Gereiztheit sich gelegt hatte, verstand ich, dass es für mich noch einiges über das Leben zu lernen gab.

4.13 Ekel, Abscheu und Abneigung

Der Affekttheorie zufolge verfügen wir Menschen über neun unterschiedliche Affekte: Freude, Überraschung, Wut, Angst, Trauer, Scham, Ekel, Abneigung und Neugier. Affekte sind physisch messbare Reaktionen unseres Körpers.[54] Der Blutdruck steigt oder sinkt und der Atemrhythmus verändert sich. Die Affekte motivieren uns, unsere Bedürfnisse zu erfüllen. Ihr Zweck ist es, Stimuli zu verstärken, sodass ein Individuum Verhaltensweisen, die sich gut anfühlen, wiederholt, und solche, die sich schlecht anfühlen, vermeidet. Wir müssen uns dieser Affekte nicht bewusst sein, damit sie sich körperlich bemerkbar machen oder uns motivieren.

Den Affekten Ekel und Abneigung wird ein langer und wichtiger Anteil an der Entwicklung des Menschen zugeschrieben. Beide haben uns geholfen, nicht vergiftet zu werden. Diese Affekte sind so stark, dass sogar die Erinnerung an etwas, das eklig geschmeckt hat, unseren Appetit im Nu dämpft. Bei kleinen Kindern sind Ekel und Abneigung ein biologischer Schutz; sie spucken alles aus, was für sie schlecht schmeckt oder riecht.

Als Erwachsene können wir auch gegenüber einer Person in unserer Nähe, zu der wir eine gewisse Distanz halten möchten, Abneigung oder sogar Ekel verspüren. Diese Abscheu mischt sich mit unseren Vorurteilen, sodass wir kein Interesse daran haben, mit dem in Kontakt zu kommen, was diese Person möchte oder braucht. Das wiederum führt zu der Entscheidung, ihm oder ihr wenn möglich lieber aus dem Weg zu gehen. In Gedanken sagen wir oft Dinge wie: „Du bist verabscheuenswürdig", „Ich fühle Abneigung für das was du getan hast", „Du ekelst mich an".

Abneigung und Ekel sind oft mit dem Gefühl der Scham vermischt, was eine Erfahrung bedeutsamer machen kann und bereits das kleinste schamvolle Erlebnis schmerzhaft werden lässt. Wir lachen nervös, ziehen die Mundwinkel hoch in ein festgezurrtes Lächeln, wir versuchen, unsere Verlegenheit hinter einem „Hohnlachen" zu verstecken – alles um der Scham und der dazugehörigen Abneigung zu entgehen.

Vielleicht ist die Scham an sich gar nicht so unangenehm. Erst wenn sie sich mit Ekel oder Abneigung vermischt, wird sie derart unbehaglich, dass wir sie um jeden Preis loswerden wollen. Ohne diese Vermischung wäre die Scham vielleicht nicht unangenehmer als andere Gefühle, wie leichte Angst oder Unruhe.

---

54 ↗ http://en.wikipedia.org/wiki/Affect_theory, Stand 02.02.2010.

4.14 Die Zeit vergeht, die Scham besteht

Wenn wir nicht wissen, wie wir mit der Scham umgehen sollen, kann sie uns über Jahrzehnte verfolgen. Ich erinnere mich noch immer an Episoden aus meiner Kindheit, in denen ich starke Scham empfunden habe und die mich heute noch beschämen, wenn ich daran denke. Über 35 Jahre später kann ich die Scham fühlen, die ich spürte, als ich Süßigkeiten stibitzte und die Verkäuferin mich erwischte. Noch heute fühle ich, wie sich mein Magen zusammenzieht, wie ich fast erröte und wie ich dem Blick anderer ausweichen möchte, wenn ich davon erzähle.

Als ich etwa acht Jahre alt war, bekam ich ein Paar Sandalen mit Schnüren, die entlang der Beine geknotet wurden. Ich war stolz, weil ich fand, dass sie mich erwachsen aussehen ließen. Sie rutschten jedoch oft an meinen Beinen herunter und verwickelten sich an meinen Knöcheln – im Nachhinein betrachtet nehme ich an, dass das ganz schön komisch ausgesehen haben mag. Aber es war alles andere als lustig für mich, als das genau vor dem Kiosk in der Nähe unseres Hauses passierte. Einige ältere Kinder sahen es, zeigten mit dem Finger auf mich und lachten mich aus. Ich schämte mich so sehr, dass ich noch heute das Unbehagen im Körper fühle, wenn ich daran denke.

4.15 Die unaufgeräumte Scham

Unerwarteten Besuch zu bekommen, wenn es zu Hause nicht aufgeräumt ist, steht laut einer Studie bei uns Schweden ganz oben auf der Liste der Dinge, für die wir uns schämen. 56 Prozent der schwedischen Frauen und 42 Prozent der Männer, die an der Untersuchung teilgenommen haben, zusammen also 49 Prozent der Studienteilnehmer, sagen aus, dass sie sich in einer solchen Situation schämen würden.[55]

Ich selbst fühlte mich stark angesprochen, als ich von der Scham über ein unaufgeräumtes Heim las, habe ich doch oft zu hören bekommen, ich sei unordentlich. Sauber machen gehört nicht gerade zu meinen Lieblingsbeschäftigungen. Ich schäme mich oft, wenn mich jemand zu Hause besucht und es nicht aufgeräumt ist.

Häufig hört sich der peinliche Dialog, der in solchen Situationen entsteht, ungefähr so an: *„Ja, hier ist es unaufgeräumt wie immer"*, sage ich entschuldigend. *„Tja, ich bin nicht gekommen, um Ordnung zu schaffen"*, antwortet der oder die andere forsch.

---

55 Laut einer Untersuchung von *United Minds* zu Schuld- und Schamgefühlen aus dem Jahre 2007, die im Auftrag des *Centrum för samtidsanalys* und des Magazins *Existera* durchgeführt wurde, bestellbar unter ↗ http://www.samtidsanalys.nu.

Wenn ich andere besuche und sie das gleiche zu mir sagen, rutscht mir häufig der Satz heraus: *„Ich fühle mich ganz wie zu Hause."*

Die Situation ist oft angespannt und der Kontakt unangenehm, wenn ein Dialog so verläuft. In beiden Fällen versucht man, die Scham des anderen aus der Welt zu schaffen, um sich selbst entspannen zu können. Die Verlegenheit wird in solchen Situationen, wenn auch nur vage, durch unser steifes Lächeln sichtbar, sie ist hörbar in unserem kurzen Auflachen und unseren kecken Kommentaren.

Je mehr wir uns für die Unordnung schämen, umso unwahrscheinlicher ist es, dass wir in Zukunft mit einer gewissen Regelmäßigkeit aufräumen. Wenn wir uns nicht frei fühlen, rebellieren wir vielleicht mit einem aufmüpfigen: „Ich kann es bei mir zu Hause so unordentlich haben wie ich will."

Es ist offensichtlich, wie kontraproduktiv es ist, jemand anderen mit Scham zu belegen – sogar uns selbst und sogar wenn es ums Aufräumen geht.

4.16 Scham ist eine Lernbarriere

> *Scham ist eine Form von Selbsthass, und Handlungen als Reaktion auf Scham sind weder frei gewählt noch machen sie Freude. (...) Sobald Menschen Scham oder Schuld hinter unserem Verhalten wahrnehmen, sinkt die Chance, dass sie es wertschätzen. Die Chancen für eine wertschätzende Reaktion steigen hingegen, wenn wir mit dem, was wir tun, sozusagen reinen Herzens zum Leben beitragen möchten.*
>
> Marshall B. Rosenberg[56]

Es ist schwer, klar zu denken, wenn wir uns schämen. Scham bringt eine Art kognitiven Schock mit sich, der uns innehalten lässt, weil wir nicht wissen, ob unser Tun unsere eigenen und die Bedürfnisse anderer erfüllt. Daher ist dies einer der ungeeignetsten Zustände, um etwas zu lernen oder wichtige Entscheidungen zu fällen. Wenn wir uns für etwas schämen, richten wir unser Augenmerk selten darauf, etwas zu reparieren oder aus dem Geschehenen zu lernen. Unsere Aufmerksamkeit richtet sich stattdessen darauf, um jeden Preis dem unbehaglichen Gefühl zu entfliehen.

Menschen dazu zu bringen sich zu schämen, ist daher ein ineffektiver Weg, um ihnen dabei zu helfen, ein neues Verhalten zu erlernen oder ihnen vor Augen zu führen, wie ihr eigenes Benehmen andere in Mitleidenschaft zieht. Die Angst davor, sich erneut schämen zu müssen, bremst außerdem die Lust der Menschen auf tiefergehendes Engagement.

---

56 Rosenberg, Marshall B. (2011), Gewaltfreie Kommunikation: Eine Sprache des Lebens, Junfermann.

Scham macht eher passiv als aktiv und wer sich schämt, hat häufig Schwierigkeiten, sich zu konzentrieren. Organisationen und Schulen, die Schamgefühle stimulieren und verstärken, haben es daher schwer, Lernprozesse und damit Veränderungen durchzuziehen. Langfristig können solch schambesetzte Situationen für die Betroffenen vollkommen unerträglich werden.

Hin und wieder konsultieren mich Organisationen, in denen viel Frustration über „nicht veränderungswillige" Menschen herrscht. Schauen wir uns das „Problem" dann genauer an, entdecken wir immer, dass unter dem, was man so schön „geringe Veränderungsneigung" nennt, Angst vor scham- und schulderzeugender Kommunikation steckt. Menschen sind immer dann gewillt sich zu verändern, wenn die Veränderung auf Freiwilligkeit baut und sie die Möglichkeit sehen, damit mehrere Bedürfnisse zu erfüllen.

Wenn Menschen bereits Schuld oder Scham fühlen, nehmen diese Gefühle für gewöhnlich nicht ab, nur weil jemand sie dazu auffordert, sich nicht zu schämen. Ein effektiverer Umgang mit diesen Gefühlen besteht darin, innezuhalten, sich seine Reaktionen erneut anzuschauen und dann bewusste und auf Bedürfnissen gründende Entscheidungen zu treffen.

Statt Menschen zu ermahnen, sich nicht zu schämen, können wir uns darüber freuen, dass sie Scham oder Schuld fühlen, als Zeichen, dass sie nicht vollkommen vom Kontakt mit eigenen und den Bedürfnissen anderer abgeschlossen sind. Sie könnten fragen:

„Aha, meinst du, dass du dich danach sehnst, andere auf eine Weise zu unterstützen, die du selbst als respektvoll erlebst?"

Oder:

„Fühlst du dich traurig, weil du auf eine Weise handeln möchtest, die die Bedürfnisse aller schützt?"

Das Potenzial, aus unseren Fehlern zu lernen, ist größer als wir glauben:

„Alle haben manchmal Misserfolg. Ich schäme mich dafür, einen Fehler gemacht zu haben, und ich betraure ihn in der Hoffnung, etwas daraus zu lernen. Scham ist ein Zeichen dafür, dass es Zeit ist, innezuhalten und Kontakt mit meinen Bedürfnissen und denen der anderen aufzunehmen."

4.17 Scham in der Kindheit

Als ich Prügel bekam – wie man Kindesmisshandlung zu der Zeit noch nannte –, war nicht der Schlag selbst das schmerzhafteste. Am bedrohlichsten und kränkendsten war, dass mir gesagt wurde, ich solle im Bett liegen bleiben, bis ich „mich beruhigt" hatte. Die Bestrafung kam oft plötzlich und immer wenn ich aufgedreht war, Spaß hatte und tobte. Meine Mutter war vermutlich gestresst und bekam nicht so viel Unterstützung, sodass die Situation ihr schließlich zu viel wurde.

Scham, Züchtigung und andere Bestrafungen waren bis weit hinein ins 20. Jahrhundert gewöhnliche Methoden, um Kinder zu erziehen. In der Schule wurden Kinder in die Ecke gestellt, um sich zu schämen, trugen dabei vielleicht sogar noch einen Hut mit Eselsohren, bekamen mit Linealen auf die Finger oder es setzte Ohrfeigen. Schweden war 1979 eines der ersten Länder, das die Züchtigung von Kindern gesetzlich verbot, und viele weitere Staaten folgten diesem Beispiel. Es gibt keinerlei Hinweise darauf, dass sich Kinder, die Schlägen oder Hohn ausgesetzt werden, gut fühlen oder dass sie rücksichtsvoller und aufmerksamer gegenüber anderen sind. Für den gegenteiligen Effekt hingegen spricht eine Reihe von Forschungsergebnissen.

Als Erwachsene schämen wir uns bisweilen für unsere natürlichen Gefühle und Bedürfnisse. Wenn wir als Kind nicht unterstützt wurden, sondern zu hören bekamen, dass wir selbst zurechtkommen sollten, kann es sich enorm bedrohlich anfühlen, um Hilfe zu bitten. Viele von uns schämen sich dafür, um Dinge zu bitten, die jeder Einzelne von uns braucht.

Eines Tages hörte ich einen Satz aus meinem eigenen Mund, bei dem mir sofort klar wurde, dass ich ihn später bereuen würde. Wir wollten in ein „feineres" Restaurant gehen, aber mein dreijähriger Sohn weigerte sich absolut, sich etwas anzuziehen. Es war Sommer und warm und er verstand nicht, warum Kleidung nun so wichtig sein sollte, da er doch den ganzen Tag nackt herumgelaufen war.

Nachdem ich Verschiedenes versucht hatte, um ihn dazu zu bewegen, sich etwas anzuziehen, sagte ich: *„Alle anderen haben auch Kleider an ..."*

Noch bevor ich den Satz beendet hatte, erschrak ich. Er erinnerte mich an etwas, das ich von Freunden gehört hatte, die frustrierte Eltern von Teenagern waren. In meinem Kopf hallten die gereizten Stimmen dieser Eltern wieder, als sie darüber sprachen, wie ihre Kinder damit argumentiert hatten, dass „alle anderen" durften.

> *„Er übernimmt keine Eigenverantwortung, behauptet, dass alle anderen bis elf Uhr abends ausbleiben dürfen."*
> *„Es ist doch bescheuert, so teure Schuhe zu kaufen, nur weil alle anderen sie haben. Außerdem stimmt es nicht, dass alle anderen sie haben."*

Oder:

„Sie glaubt, dass sie ohne Bestrafung aus der Sache herauskommt, indem sie be-
hauptet, sie hätte nur das gleiche getan wie alle anderen.“

Eltern und Kinder versuchen, unterschiedliche Dinge durchzusetzen – das aber mit
den gleichen Argumenten. Ich frage mich, wie viele meiner Freunde ihre Kinder auf
die gleiche Weise motiviert haben, als sie noch klein waren, und dann ihre eigene
Medizin schlucken mussten!

Ich merkte, dass mich der Wunsch antrieb, keine Scham fühlen zu müssen. Was
sollten die Leute von mir denken, wenn mein Sohn ganz nackt umherlief! Als ich
verstand, dass es meine eigene Scham war, der ich entgehen wollte, ließ der absolute
Kleiderzwang mich aus seinen Klauen.

Nun war es leicht, meinem Sohn zuzuhören und ihm auch zu erzählen, wie seine
Entscheidung auf mich wirkte. Ich konnte ihm erklären, dass ich mich bei dem Gedanken, er könne unbekleidet im Restaurant sitzen, beschämt fühlte. Ich war außerdem besorgt, wie andere sich dabei entspannen sollten, und plötzlich war er bereit,
ein paar leichte Kleidungsstücke anzuziehen.

4.18 Teenagerscham

„Denkst du eigentlich nur an dich selbst?!“
„Dass du immer so egoistisch sein musst.“
„Du solltest dich schämen.“
„Hast du denn gar kein Gewissen!?!“
„Das hier bringt gar nichts.“

Alle diese Aussagen fielen während meiner Kindheit und Jugend häufig und waren
aufgeladen mit Scham und Schuld. Wir hatten keine Ecke, in der man stehen und
sich schämen sollte, wie sie heutzutage im „Nanny-Programm“[57] eine Rolle spielt,
aber diese Äußerungen ließen mich meine Kindheit bisweilen wie eine einzige große
„Schamecke“ erleben.

Über acht Jahre lang kämpfte ich gegen Essstörungen. Tatsächlich verstand ich erst
während der Arbeit an diesem Buch voll und ganz, wie sehr ich mich schämte, wenn
ich mich entweder übergab oder aber in Heißhungerattacken Essen in mich hinein-

---

57 Ein sogenanntes „Erziehungsprogramm“ im schwedischen Fernsehen, wo häufig Schamecken, Time-
    outs, Stille Stühle und andere Methoden eingesetzt werden, um den Kindern zu zeigen, dass sie einen
    Fehler gemacht haben (Anm.d.Ü.: vergleichbar mit der deutschen „Super-Nanny“).

schlang. Ich schämte mich für meinen Körper und aß, um der Scham zu entgehen; dann übergab ich mich und schämte mich dafür und übergab mich nochmal, wie in einem sich weiter und weiter drehenden Karussell. Es gab natürlich viele Ursachen dafür, dass ich mich nicht besonders gut fühlte. Aber wie die Erwachsenen mich behandelten, machte es mir ganz klar schwerer, mit der Situation zurechtzukommen. Ich hätte es am meisten gebraucht, gehört zu werden, mit Aussagen wie den oben aufgelisteten konnte ich nur schwer umgehen. Der norwegische Psychotherapeut und Psychiater Finn Skårderud hat die Bezeichnung „schambasiertes Syndrom" vorgeschlagen, um zum Beispiel Essstörungen, anderen Missbrauch und selbstzerstörerisches Verhalten zu beschreiben.[58] Er meint, dass Schamgefühle sowohl Auslöser als auch Folge von Essstörungen sind, was auch ich so erlebt habe.

Einer meiner Verwandten kommentierte jedes Mal, wenn ich ihn traf, ob ich zu- oder abgenommen hatte. Als ich im Teenageralter war, wurde der Druck so groß, dass ich alles tat, um ihn und seine Familie nicht besuchen zu müssen. Allein der Gedanke an die Scham, wenn er mich ansehen und mit einem: „Du bist aber etwas mollig geworden" herausplatzen würde, machte das Ganze unerträglich.

Ich wusste nie, was ich antworten sollte, selbst wenn die Wirklichkeit ganz anders aussah als er behauptete. Der Stress, den ich empfand, allein wenn ich dort ankam, reichte aus, um mich verstummen zu lassen. Ich fuhr nur hin, wenn meine Eltern mich zwangen mitzukommen, und nachdem die ganze Situation so voller Scham war, erzählte ich nie jemanden, wie diese Besuche für mich waren. Gleichzeitig wünschte ich, dass meine Eltern oder andere Erwachsene seine Art, auf Gewicht und Aussehen von uns Kindern zu achten, infrage gestellt hätten. Das hätte mir geholfen, nicht an diesen Gedanken über meinen Körper festzuhalten, die den ganzen Besuch unerträglich machten.

Als Jugendliche, wenn der Körper sich merklich verändert und einem mehr und mehr Verantwortung aufgebürdet wird, ist die Scham häufig ein treuer Begleiter. In vielen Jugendkulturen ist es ziemlich schwierig sich zurechtzufinden. Oft ist es von großer Bedeutung, wie man aussieht. Ich erinnere mich, wie wir drei Schwestern im Teenageralter uns verzweifelt um den Platz vor dem Badezimmerspiegel schlugen. Zur Schule zu gehen, ohne volle Kontrolle über sein Aussehen zu haben, war vollkommen ausgeschlossen, da es sich anfühlte, als würde die Umgebung einen ständig begutachten. Einmal mussten mich meine Eltern zwingen, zur Schule zu gehen, nachdem meine Schwester mir den Pony so kurz geschnitten hatte, dass ich wild entschlossen war, zu Hause zu bleiben, bis er nachgewachsen war.

---

58 Skårderud, Finn (202), Oro, Natur och kultur.

Ein zentraler Zug in Familien, die von Scham gesteuert werden, ist, dass man mit keinem Außenstehenden über die Geschehnisse innerhalb der Familie spricht. Es kostete mich acht Jahre des Hungerns und der Fressattacken, bevor ich mit jemandem außerhalb meiner Familie darüber sprach. Bis dahin behielt ich es für mich und redete auch innerhalb der Familie mit niemandem darüber.

Meine Heilung von Anorexie und Bulimie begann, indem ich von der Scham zur Wut wechselte. Ich war lange nicht wütend gewesen und nun wurde ich plötzlich ärgerlich über eine Kleinigkeit und bekam einen Wutanfall, der mich ohnmächtig werden ließ. Erst da verstand ich, dass ich Unterstützung von jemandem brauchte, der mir wirklich zuhörte.

Das war der schlimmste Traum, den ich je hätte.
Ich war sechzehn und zur Schule gegangen
in einem Strumpf mit Saum und einem ohne.
Die Zeit der Strumpfhosen war noch nicht gekommen.
Im Traum ging ich (zunächst) gerade und stolz durch den Flur.
Ich hörte das Flüstern: „Hast du gesehen?",
zunehmendes Kichern und Zurufe,
widerhallend in meinem Kopf,
während mein Herz wie wild schlug
und die Haut rot und heiß in Flammen stand.
Ich sehe mich durch den immer länger werdenden Korridor laufen,
umrahmt von großen, lärmenden Jungs und Mädchen mit giftigen Zungen,
und ich will nur hinaus und fort,
in der Erde versinken, mich in Nichts auflösen
und niemanden mehr sehen müssen,
NIEMALS.

Das kann wie der einzige Ausweg aus der Scham erscheinen
für jemanden, der sechzehn ist und zur Schule gegangen
in einem Strumpf mit Saum und einem ohne.

Katharina Hoffmann

4.19 Scham in der Kindererziehung

Gedemütigt zu werden ist für Kinder bedrohlich und verunsichernd. In ihrer abhängigen Position ist es besonders schwer zu erleben, nicht Teil einer Gemeinschaft zu sein oder nicht akzeptiert zu werden wie man ist.

Als mein Sohn vier Jahre alt war, fiel es ihm (wie vielen anderen) schwer, damit umzugehen, wenn andere über ihn lachten. Er wurde schnell finster und übellaunig wie eine Gewitterwolke, wenn er auch nur leicht witterte, dass sich jemand auf seine Kosten amüsierte. Seine Fühler waren perfekt eingestellt und reagierten direkt, wenn sein Bedürfnis nach Respekt und Gemeinschaft nicht erfüllt wurde.

Statt zu sagen, dass „es gar nicht ernst gemeint war" oder man „bloß gescherzt habe", können wir Erwachsenen Kindern helfen, in diesen Situationen Verbindung zu ihren Bedürfnissen aufzunehmen. Ich sagte häufig so etwas wie: „Möchtest du Respekt erleben und ist das gerade schwer für dich?" Selbst wenn das sehr erwachsene Worte sind, schien mein Sohn zu verstehen, dass ich dafür sorgen wollte, dass er mit Respekt behandelt wurde. Er sah mich dann an, nickte und fuhr fort zu spielen, als sei nichts geschehen. Da er nicht versuchte, seine Reaktion zu verbergen, war es leicht, ihn bei der Rückeroberung seines Selbstrespekts zu unterstützen. Später im Leben, wenn viele Kinder gelernt haben, ihre Scham oder Unzufriedenheit zu verstecken, ist es schwieriger festzustellen, wann sie unsere Unterstützung benötigen.

Dass es keine positiven Langzeiteffekte hat, Scham in Kindern zu erzeugen, ist gut dokumentiert. Umgekehrt kann wiederholte Schamerzeugung Spuren für den Rest des Lebens hinterlassen und zu einem inneren Alptraumklima beitragen. Es hat sich gezeigt, dass eine Schamneigung bei etwa zehnjährigen Kindern in den USA in Zusammenhang steht mit Drogenkonsum, vorzeitigem Schulabbruch im Jugendalter und Kriminalität.[59] Daher ist es schön zu lesen, dass schamerzeugende Methoden in der Kindererziehung – zumindest in Schweden – in den vergangenen 50 Jahren abgenommen haben.

---

59 Donald L. Nathanson (1992), Shame and Pride: Affect, Sex and the Birth of the Self, W. W. Norton & Company.

4.20 Warum sollte es falsch sein zu stehlen?

„Ist es falsch zu stehlen?"
„Ja!"
„Warum denn?"

Wir können behaupten, dass etwas richtig oder falsch ist und unsere Antwort auf unterschiedliche Annahmen gründen oder auf das, was man moralische Entwicklung nennt[60]. Mich interessiert nicht, ob etwas richtig oder falsch ist, sondern warum es das sein soll. Lassen Sie uns einige Gründe herausschälen, warum es falsch ist zu stehlen. In den ersten drei Beispielen sind Scham oder Schuld ein Teil der Motivation.

„Es ist gesetzlich verboten."
Die Motivation ist, sich an die geltenden Gesetze zu halten. Wenn jemand anders das Gesetz übertritt, werde ich vermutlich wütend und finde, dass derjenige bestraft werden sollte. Wenn ich selbst etwas Verbotenes täte, würde ich Scham oder Schuld fühlen.

„Ich könnte bestraft werden, wenn mich jemand erwischt."
Die Motivation ist, einer Strafe zu entgehen. Wenn ich dennoch etwas anstelle, für das ich dann bestraft werde, bin ich vermutlich wütend auf denjenigen, der die Bestrafung ausführt und werde mich rächen, sobald ich die Möglichkeit dazu bekomme.

„Andere werden mich dann nicht mögen."
Die Motivation ist, gemocht zu werden: „Zuneigung zu erkaufen".
Wenn ich bei etwas Verbotenem ertappt würde, würde ich vermutlich Scham oder Schuld fühlen. Wenn jemand anders das Gesetz übertritt, bin ich vermutlich besorgt, dass dessen Bestrafung auch mich betrifft.

„Es kann anderen schaden."
Da gegenseitiger Respekt und Fürsorge wichtig für mich sind, vermeide ich es, etwas zu tun, das anderen schaden kann. Wenn ich dennoch etwas tue, das sich als schädlich für jemand anderen erweist, bereue ich die Tat und dass ich keinen Weg gefunden habe, sowohl für mich als auch für die anderen gleichzeitig einzustehen. Ich tue was ich kann, um den Schaden zu reparieren.

---

60 Siehe Lawrence Kohlbergs Stufentheorie des moralischen Verhaltens, ↗ http://de.wikipedia.org/wiki/Stufentheorie_des_moralischen_Verhaltens.

4.21 Die Scham und die Ehre

> *Zurück mit euch auf eure Plätze, wo ihr hingehört! Macht euch keine Mühe, ihr mit der*
> *falschen Augen-, Haar- oder Hautfarbe, ihr mit unbekannten sexuellen oder religiösen*
> *Vorlieben. Passt euch an oder bleibt für ewig außen vor. Zurück mit euch auf eure Plätze!*
>
> Ellen Larsson

Schamgefühle sind nicht weit, wenn wir uns über Normen, wie man sein „soll", hinwegsetzen. Egal ob die Normen besagen, wie Männer oder Frauen sein sollen oder wie Alte und Junge sich verhalten sollen – sobald jemand sie übertritt, lauert bereits die Scham.

Auf einem Ehrbegriff basierte Gewalt verknüpfen wir häufig mit bestimmen Kulturen, in denen die Handlungen einer einzigen Person die ganze Familie oder eine Gruppe beschämen. Bestimmte Verhaltensweisen oder Entscheidungen sind tabu und können mit Gewalt, Tod oder Ausschluss aus einer Gruppe enden.

Eine schwedische Ausstellung mit dem Titel „Hedersrelaterat våld – en fråga för de andra?" (etwa: „Gewalt im Namen der Ehre – ein Problem der anderen?") zeigte eindrücklich, dass dies in allen Zivilisationen geschieht, die auf Dominanz bauen – also in so gut wie allen heutigen Kulturen.[61] Dort wurden wahre Begebenheiten dargestellt, aus denen zunächst nicht hervorging, in welcher Kultur, Religion oder welchem geografischen Raum sie angesiedelt waren. Eine dieser Geschichten beschrieb eine Frau, die – nachdem sie jahrelang von ihm misshandelt worden war – schließlich ihren Mann und Vater ihres Kindes verließ und anzeigte. Danach begannen Mitglieder ihrer eigenen Familie, ihr Drohbriefe zu schreiben. Sie sollte versprechen, zu ihrem Mann zurückzukehren, sonst wäre sie bei ihren Verwandten nicht mehr willkommen. Die Familienmitglieder begründeten ihre Forderung damit, dass sie die Familie beschäme. Sie solle zu ihrem Mann zurückgehen, wenn sie je wieder mit ihrer Familie zu tun haben wolle. Wer die Ausstellung mit westlichen Augen sah, ging davon aus, dass dies keine „normale" schwedische Familie war, aber am Ende der Geschichte wurde deutlich gemacht, dass alle Familienmitglieder in Schweden geboren und aufgewachsen waren.

Sobald jemand mit den Normen einer Gruppe oder Gesellschaft bricht oder diese überschreitet, unabhängig davon, welche es sind, wird dies wahrgenommen. Oft wird dieses Verhalten abgelehnt und mit Skepsis, Misstrauen oder sogar Abscheu beäugt. In gewissen Fällen wird der Bruch jedoch gewürdigt, er gibt Inspiration und

---

61 Ausstellung „Hedersrelaterat våld – en fråga för de andra?", Piteå Museum, 4. Oktober – 22. November 2008.

Mut zu Veränderungen, selbst wenn derjenige, der „den heimatlichen Stall verlässt", vermutlich deutlich merkt, wo die Grenzen verlaufen.

Manchmal haben wir diese Normen so sehr in unsere eigene Identität integriert, dass wir – im Guten wie im Schlechten – uns selbst in dem begrenzen, was wir tun und was wir nicht tun können. Ein Bekannter erzählte niedergeschlagen, dass seine Frau sich scheiden lassen wollte. Als wir eine Weile gesprochen hatten, rief er verzweifelt aus: „Und ich kann nichts dagegen tun, ich kann nicht einmal ihren Neuen verprügeln, weil es eine Frau ist." Seine Ehefrau hatte sich entschieden, ihn zu verlassen – nicht für einen anderen Mann, sondern für eine Frau. Es wurde deutlich, dass er den Gedanken, sich zu rächen, indem er seinen Rivalen verprügelte, mit der Wiederherstellung seines eigenen Ehrgefühls verknüpfte. Er befand sich in einer Situation, die absolut nicht in seine Vorstellungswelt passte und die gegen sein eigenes Normsystem verstieß, was bei ihm zu einem starken Gefühl der Ausweglosigkeit führte.

4.22 Die Scham auf sich nehmen

Manchmal kann sich die Scham für etwas, das jemand anders uns angetan hat, nach innen richten. Frauen, die vergewaltigt wurden oder anderen Misshandlungen ausgesetzt waren, nehmen die Scham für das Erlebte oft auf sich. Manchmal versuchen sie, das Geschehene geheim zu halten, um den Schamgefühlen auszuweichen.

Vor der Arbeit an diesem Buch hörte ich eine Vorlesung mit dem Titel: „Warum geht sie nicht?" Diese handelte von dem für viele von uns unverständlichen Phänomen, dass Frauen in Beziehungen bleiben, obwohl sie misshandelt werden. Natürlich gibt es darauf keine einfache Antwort, aber ich bin – ebenso wie die Dozentin – vollkommen davon überzeugt, dass die Norm der Zweisamkeit hier eine große Rolle spielt. Die Scham, diese Norm zu übertreten, macht den Schritt extrem groß. Die Frau muss nicht nur die Kraft aufbringen, denjenigen zu verlassen, der sie schlägt. Sie muss auch jemanden verlassen, den sie vielleicht noch liebt, den Vater ihrer Kinder und außerdem den in unserer Kultur so verbreiteten Traum von der romantischen Liebe und der Kernfamilie (die vielen als die normale Lebensform erscheint) aufgeben. Wenn sie ihn dennoch verlässt, ist häufig die Scham ihr ständiger Begleiter. Sie hat nun die Norm gebrochen, hat gezeigt, dass sie nicht in der Lage ist, in einer Beziehung zu leben, hat den Mann allein gelassen und ist diejenige, die sich dafür schämen soll, dass es so weit gekommen ist.

Agneta Sjödin schreibt in ihrem teilweise autobiografischen Buch „En kvinnas resa" offen darüber, wie die Protagonistin mit den Erinnerungen an eine Vergewaltigung konfrontiert wird.[62] Sie beschreibt, wie sie sich mitten während des grauenvollen Geschehens darüber sorgt, dass einer ihrer Freunde hereinkommen und sie in dieser Situation sehen könnte. Als ich ihr Buch las, wurde ich daran erinnert, wie ich selbst während einer Reise nach Indien überfallen und fast vergewaltigt wurde. Es gelang mir, mich aus dem Griff der zwei Männer zu befreien, aber als ich in Sicherheit war und mich gesetzt hatte, zweifelte ich, ob ich meinen Freunden davon erzählen sollte. Die Scham kam mit Gedanken wie: *„Wie konnte ich nur so dumm sein?"* und: *„Es war mein eigener Fehler."* Zum Glück erkannte ich die Parallelen zwischen meinen Gedanken und denen aus Berichten von misshandelten Frauen, sodass ich einige Freunde aufsuchte und Unterstützung in diesem Schockzustand erhielt.

Erst als ich begann, die unterschiedlichen Tiefen der Scham auszuloten, wurde mir bewusst, dass ich mit 18 Jahren tatsächlich Opfer einer ausgeführten Vergewaltigung geworden war. Über 25 Jahre lang hatte ich diese Einsicht verdrängt. Ich fühlte mich von dem Mann angezogen, aber als wir uns näher kamen, wurde mir klar, dass ich keinen Sex haben wollte und das äußerte ich. Er war nicht bereit, es dabei zu belassen, sondern vergewaltigte mich. Als ich zwei Jahrzehnte später verstand, dass ich lieber vorgegeben hatte, einverstanden gewesen zu sein, als die Scham erleben zu müssen, jemandem zu erzählen, dass ich vergewaltigt worden war, weinte ich bitterlich. Leider ist mir klar geworden, dass ich bei weitem nicht die Einzige bin, die diese Art Geheimnis für sich behalten hat.

Wenn jemand von einem beschämenden Ereignis berichtet, kann es leicht geschehen, dass sich der Zuhörer selbst schämt und vermeiden will, weiter darüber zu sprechen. Das Schamgefühl ist ansteckend, daher schämen wir uns, wenn sich unser Gegenüber schämt. Als mir zum ersten Mal eine Bekannte erzählte, dass sie ihren Mann, den ich ebenfalls kannte, wegen Misshandlung angezeigt hatte, wand ich mich in meinem Stuhl. Was sagt man dazu? Ich wollte am liebsten verschwinden und mir war klar, dass ich die Gedanken, die in meinem Kopf laut wurden, nicht aussprechen sollte. Sie lauteten ungefähr: „Aber ist das wirklich notwendig? Musst du das Ganze so öffentlich machen?" Ich schämte mich sowohl für sie als auch für mich und meine eigenen Gedanken – nur für das, was der Mann getan hatte, schämte ich mich nicht. Meine Wut auf das, was er getan hatte, wurde erst viel später geweckt.

---

62 Agneta Sjödin (2007), En kvinnas resa, Bazar förlag.

4.23 Sex und Scham

Die Spannung rund um den Sex baut oft auf Verletzbarkeit sowie einem gewissen Grad an Scham. Denken Sie nach, ob Sie nicht zumindest ein wenig Scham gefühlt haben, als Sie das letzte Mal mit jemandem darüber gesprochen haben, was Sie beim Sex erregend finden. Neben dem Bedrohlichen daran, jemandem näher zu kommen, fühlen viele Menschen auch Scham für ihren Körper, sodass es eine weitere Herausforderung in einer bereits angespannten Situation ist, sich nackt zu zeigen.

Wenn wir einen sexuellen Kontakt eingehen, zeigen wir uns häufig verletzlich und sind gleichzeitig bereit, das Risiko einzugehen, dass wir bloßgestellt werden. Im gleichen Takt, wie wir uns sicherer und sicherer fühlen, weil wir vom anderen angenommen werden, können wir unsere Begegnung mehr und mehr vertiefen.

Ich habe viele Menschen sagen hören, dass sie den Sex in einer Beziehung, in der sie keine Spannung und Anziehung mehr erfahren, als zahm und langweilig wahrnehmen. Manchmal unterstütze ich Paare, die einander näher kommen wollen. Eines der häufig angesprochenen Probleme ist die Schwierigkeit, deutliche und durchführbare Bitten auszusprechen. Besonders beim Thema Sex stellt dies für viele Menschen eine Herausforderung dar, sodass man sich daran gewöhnt hat, auf eine bestimmte Weise Sex zu haben, obwohl man sich vielleicht etwas anderes wünscht. Jemandem zu erzählen, wie man liebkost oder berührt werden möchte, kann so viel Scham wecken, dass viele diesen Schritt nie wagen.

Männer möchten häufig fragen, wo und wie Frauen berührt werden möchten, aber sind manchmal zu schüchtern dazu. Ideen wie: *„Wenn ich ein ‚richtiger Mann‘ wäre, dann wüsste ich, wie ich meine Frau befriedigen kann"*, können vernichtend sein. Sich verletzlich zu zeigen, wenn es um Sex geht, ist unter Umständen wahnsinnig peinlich und macht es sehr schwer, darüber zu sprechen.

„Darf ich so erregt sein? Wirst du mich dann noch respektieren?", ist eine typische Frage, die Frauen ihren Männern stellen möchten. Sie erzählen, dass sie einen Druck spüren, sexuell offen zu sein, aber gleichzeitig nicht zu sexuell. Sie möchten respektvoll behandelt werden, wissen aber häufig nicht, wie sie ihre Bitten ausdrücken können, sodass sie bekommen, was sie möchten. In diesen Fällen geht es meist eher um die Beziehung der Frauen zu sich selbst und welche Gefühle sie sich zugestehen möchten, als um die Beziehung zu Männern. Informationen darüber, wie der Mann die Erregung der Frau erlebt, können hilfreich sein, damit die Frau es wagen kann zu genießen.

Ein Paar, das 30 Jahre lang verheiratet war, erzählte, dass sie sich – nachdem sie an einem meiner Beziehungskurse teilgenommen hatten – endlich trauten, um das zu bitten, was sie beim Sex haben wollten. Nicht verwunderlich, dass dies zu einer viel höheren Lebensqualität und mehr Nähe in ihrer Beziehung geführt hat.

Unser Bild davon, was Sex ist, baut in unserer dominanzgeprägten Denkweise zu einem großen Teil auf Macht und Unterwerfung. Die Erotisierung weiblicher Unterwerfung hat Unterdrückung und Gewalt in die Basis unserer Sexualität eingewoben. Beispielsweise werden Autos mithilfe von Anzeigen mit halbnackten Frauen verkauft. Auf eine subtile Weise wird so versprochen, derjenige, der das Auto kauft, bekomme eine größere Chance zu dominieren.

Paare, die einander gut kennen, beschreiben ihre sexuellen Begegnungen oft als weniger spannend, aber auf eine ruhige Weise genussvoller als zu Beginn der Beziehung. Vielleicht kommt die Ruhe daher, dass sie einen Weg gefunden haben, die Scham zu verwandeln und dass es beim Sex nun mehr um Intimität als um Spannung geht. Wenn wir glauben, daran sei etwas falsch und dass in solchen Beziehungen etwas fehlt, gehen wir das Risiko ein, uns selbst bei einer tiefen Begegnung im Weg zu stehen. Vielleicht erkennen wir unsere Sexualität nicht wieder, wenn wir weder Leidenschaft noch Hitze empfinden und entziehen uns der Scham darüber, etwa durch anregende Fantasien. Dies bedeutet aber auch, dass wir in der Begegnung mit dem anderen nicht wirklich anwesend sind.

4.24 Üben Sie, mit der Scham umzugehen

Wenn wir unser Schamempfinden besser wahrnehmen und größeren Nutzen daraus ziehen möchten, hilft es, unseren eigenen Gefühlen für eine Zeit nachzuspüren. Es folgen jetzt einige Übungen, deren Früchte Sie noch viele Jahre werden ernten können. Die meisten Übungen können in kurzer Zeit durchgeführt werden. Die längste erstreckt sich insgesamt über eine Woche, in der Sie aber nur einige Minuten pro Tag üben müssen. Ich habe mich häufig gefragt, wie Scham in einer Gesellschaft aussehen würde, die nicht auf Rangordnung und Wettbewerb aufbaut. Würden wir uns auch ohne die massive Vermarktung unserer Körper, die bei den meisten von uns heutzutage Spuren hinterlässt, für unser Aussehen schämen? Wenn wir in einer Welt lebten, in der wir gelernt hätten, auf andere Art und Weise Fehler wieder gutzumachen als durch Selbstkritik und Bestrafung, wie würde da unser innerer Dialog klingen und würde er zu Scham führen? Würden wir Scham fühlen, wenn unser innerer Dialog sich anders anhörte? Aber da die meisten von uns ganz oder teilweise in traditionellen Dominanzsystemen leben, mit allem was dazugehört, profitieren wir vielleicht am meisten davon, unsere Schamgefühle kennenzulernen und so mit ihnen umzugehen, dass sie uns dienen.

4.24.1 Eine Liste schamvoller Ereignisse

ÜBUNG

Machen Sie eine Liste mit fünf bis zehn kleineren Ereignissen aus Ihrem Leben, in denen Sie sich geschämt haben. Augenblicke, in denen kurzfristige Dämpfer für Lebendigkeit und Freude auftauchten. Das können Situationen sein wie die, keinen Parkplatz zu finden und viele Runden zu drehen oder nach dem Weg zu fragen, wenn das Ziel direkt vor einem liegt oder jemanden begeistert mit einer fantastischen Idee anzurufen und nur den Anrufbeantworter zu hören. Ebenso kann es eine Situation sein, in der Sie einen kleinen Fehler im Verkehr gemacht haben und jemand Sie anhupte. Notieren Sie bei jeder Situation, wie Sie für gewöhnlich oder vollkommen automatisch reagieren – das ist Ihr „Schamreflex" in dieser Situation. Nehmen Sie gern den Bedürfniskompass aus Kapitel 5 zur Hilfe, um Ihr Verhalten kennenzulernen.

Eine Alternative zu dieser Liste ist das „Schambingospielfeld" auf Seite 87.

4.24.2 Schamlachen

ÜBUNG

Gedanken, die zu Scham führen, kommen häufig dann, wenn wir uns offen und froh fühlen. Das lässt uns innehalten und aufmerksam gegenüber uns selbst und unserer Umgebung werden, aber leider lässt es uns auch den Kontakt zu unserer Freude verlieren. Ich pflege zu sagen, dass wir einen inneren Thermostat besitzen, der reguliert, wie fröhlich wir werden dürfen. Wenn der voll ausschlägt, kommt die Scham ins Spiel. Indem wir unsere Scham kennenlernen, können wir bewusst unseren „Thermostat" hochdrehen und der Freude mehr Platz in unserem Leben einräumen.

Sehen Sie sich dafür z. B. eine Komödie an, die Sie mögen, und notieren Sie, an welchen Stellen Sie lachen. Die Übung funktioniert am besten, wenn Sie amerikanische Produktionen, in denen Publikum im Hintergrund lacht, meiden. Notieren Sie auch, wie häufig Sie lachen, wenn sich jemand schämt, sich blamiert oder lächerlich gemacht wird. Dies ist eine lustige und gleichzeitig aussagekräftige Methode, um Ihre Beziehung zu Scham und Freude kennenzulernen

Mein Sohn liebt es, „Mr. Bean" zu gucken. Ich leide dabei meist und winde mich vor Scham für das, was dieser Mann anstellt. Das hat mir einiges darüber beigebracht, was meine Scham „triggert"; gleichzeitig wurde ein Teil davon in Freude verwandelt.

4.24.3 Verwenden Sie Worte, um die Scham zu erforschen

Diese Übung können Sie sowohl allein als auch in der Gruppe ausführen.

ÜBUNG

1. Wählen Sie zwei Begriffe aus der folgenden Liste und schreiben Sie beide jeweils oben auf ein leeres Blatt Papier. Es gibt weitaus mehr Worte, die Sie nehmen könnten, aber um einen Eindruck zu gewinnen, was diese Übung bewirken kann, beginnen Sie gerne mit den Worten auf der Liste.

Worte haben unterschiedliche Bedeutungen für verschiedene Personen. Manche Worte, die bei der einen Person Scham hervorrufen, wecken angenehme Gefühle bei einer anderen.

Abgewiesen, albern, arm, benutzt, beschämt, besiegt, betrogen, blamiert, blöd, Betrüger, dumm, Egoist, eifersüchtig, Eindringling, empfindlich, entblößt, entlarvt, enttäuscht, erniedrigt, falsch, fehlerhaft, feige, festgefahren, gedemütigt, gekränkt, geniert, geschlagen, gierig, hässlich, hilflos, ignoriert, impotent, kaputt, kritisiert, lächerlich gemacht, lachhaft, machtgeil, machtlos, manipuliert, maßvoll, nachgiebig, nackt, neidisch, nicht intelligent, nicht sexy, paralysiert, perfekt, plump, privat, prüde, respektlos, schlecht, schlechter Charakter, schlechtes Gewissen, schlechtes Selbstvertrauen, schmutzig, schüchtern, schuldig, sein Gesicht verlieren, selbstsüchtig, sexy, unangenehm, unmoralisch, unterlegen, unzurechnungsfähig, unzureichend, unzuverlässig, verachtenswert, verachtungsvoll, verboten, verletzt, verletzter Stolz, Verlierer, vulgär.

2. Erinnern Sie sich an eine Situation, in der Sie diesen Begriff verwendet haben oder ihn jemand anders haben sagen hören. Was fühlten Sie? Was haben Sie getan?

3. Beschreiben Sie dann, wie Sie mit dem Augenblick der Scham auf unterschiedliche Weise hätten umgehen können, indem Sie jede einzelne der vier Richtungen des Bedürfniskompasses wählen.

4. Stellen Sie sich vor, Sie hätten in dieser Situation einen Menschen getroffen, der empfänglich und hellhörig für Ihre Gefühle ist. Was hätte er oder sie sagen können, um Ihnen zu helfen, mit diesen Gefühlen auf eine für Sie zufriedenstellende Weise umzugehen? Was würde Ihnen helfen, sich verstanden zu fühlen? Was könnte Ihnen helfen, ehrlich zu sein? Was würde Sie dabei unterstützen, eine Verbindung zu Ihren Bedürfnissen und Wünschen herzustellen?

Verwenden Sie gern die Liste mit den Gefühlen (S. 42) und die Liste mit den Bedürfnissen (S. 46) als Ergänzung und nehmen Sie sich Zeit, Kontakt mit Ihrem Inneren aufzunehmen.

4.24.4 Scham in wichtigen Beziehungen

ÜBUNG

Erstellen Sie eine Liste der Beziehungen zu anderen Menschen, die für Ihr Wohlbefinden momentan am wichtigsten sind. Machen Sie diese so spezifisch wie möglich und gerne kurz, sodass sie nicht ausschweift. 20 bis 40 Worte reichen meist aus.

1. Zählen Sie mindestens vier konkrete Situationen auf, in denen Ihr Kontakt zu einer dieser Personen auf irgendeine Art gestört wurde oder abgebrochen ist. Fassen Sie die Situation kurz in einem oder mehreren Sätzen zusammen.

2. Gehen Sie mit Ihrer Aufmerksamkeit zu einer oder zwei der deutlichsten Auswirkungen, die die Scham in den jeweiligen Situationen auf Ihren Körper hatte. Beschreiben Sie jede Schamreaktion mit einigen wenigen Worten. Beschreiben Sie außerdem kurz, was Sie dachten.

3. Verbinden Sie nun Ihre Schamreaktion mit Ihren Gefühlen und Bedürfnissen. Was fühlten und brauchten Sie zu diesem Zeitpunkt? Verwenden Sie gerne die Liste mit den Gefühlen (S. 42) und die Liste mit den Bedürfnissen (S. 46) als Stütze und nehmen Sie sich Zeit, Kontakt zu Ihrem Inneren aufzunehmen.

4. Was hätten Sie sich gewünscht, was hätte die andere Person sagen oder tun sollen, um Ihnen zu helfen, Ihre Bedürfnisse zu erfüllen?

5. Worum hätten Sie die Person bitten können?

6. Welches Verhalten einer anderen Person hätten Sie sich in dieser Situation gewünscht, das Ihnen geholfen hätte, Ihre Bedürfnisse zu erfüllen? Was hätte die andere Person sagen können?

7. Welche Bitten hätten Sie gegenüber dieser Person ausdrücken können?

8. Welche Äußerungen und welches Verhalten hätten Sie sich in dieser Situation von sich selbst gewünscht, was hätte Ihnen helfen können, Ihre Bedürfnisse zu befriedigen?

9. Welche Bitten hätten Sie sich selbst gegenüber aussprechen können?

4.24.5 *Ihre tägliche Scham*

ÜBUNG

Führen Sie für mindestens eine Woche, gerne auch für einen Monat, Tagebuch. Beschreiben Sie auf einer Seite pro Tag die Situationen, in denen Sie sich im Laufe dieses Tages geschämt haben.

Für gewöhnlich kommt man täglich auf fünf bis zehn Situationen. Je erfahrener Sie darin sind, Schamgefühle wahrzunehmen, desto mehr Situationen werden Sie vermutlich entdecken.

1. Beschreiben Sie, wie Sie das Schamgefühl, das Sie bereits kennen, erleben und wie es sich in Ihrem Körper anfühlt.

2. Notieren Sie den Zeitpunkt, zu dem es sich zeigte.

3. Schreiben Sie das auslösende Geschehen auf und was Sie zu dem Zeitpunkt getan haben. Schreiben Sie in Form deutlicher Beobachtungen, die – soweit möglich – frei von Deutungen sind. Zum Beispiel: Was Sie jemanden haben sagen hören, was Sie jemanden haben tun sehen, was Sie selbst getan, gesagt oder woran Sie gedacht haben.

4. Verbinden Sie das, was Sie fühlten, mit Ihrem Bedürfnis in diesem Moment.

5. Was hätten Sie gern anders gemacht? Welches Verhalten hätten Sie sich von anderen gewünscht, was hätten diese anders machen sollen?

6. Was hätte in diesem Moment Ihre Bedürfnisse erfüllen können?

7. Was fühlen und brauchen Sie jetzt, während Sie diese Übung machen?

8. Gibt es Bitten, die Sie gern gegenüber sich selbst oder jemand anders ausdrücken würden?

4.24.6 Schamtag

ÜBUNG

Bestimmen Sie einen Tag, an dem Sie ganz bewusst erforschen, was es mit sich bringt, dem Gefühl von Scham nicht auszuweichen. Nehmen Sie an diesem Tag am besten ein Notizbuch oder ein Blatt Papier und einen Stift mit, damit Sie Ihre Erkenntnisse, die sich aus diesem Versuch ergeben, aufzeichnen können. Schreiben Sie nach diesem Tag eine Zusammenfassung. Während des Schamtages vollführen Sie folgende Schritte:

Schritt 1: Wenn Sie merken, dass Sie gerade etwas tun, um dem Gefühl von Scham auszuweichen oder sie loszuwerden – tun Sie es nicht! Es geht nicht darum, mehr Scham zu fühlen (es reicht schon aus, sich der bereits vorhandenen zu stellen) und auch nicht darum, Dinge zu tun, die zu mehr Scham führen. Nehmen Sie einfach wahr, wann Sie Scham fühlen, und bleiben Sie bei diesem Gefühl.

Schritt 2: Nehmen Sie dann bewusst wahr, was Sie benötigen, wenn Sie sich schämen, und was Sie fühlen, wenn Sie Kontakt zu Ihrem Bedürfnis herstellen.

Schritt 3: Machen Sie sich klar, welche Bedürfnisse Sie einerseits befriedigen *wollen*, indem Sie Scham vermeiden, und andererseits welche Bedürfnisse dadurch *nicht* erfüllt werden. Beispielsweise könnten Sie vermeiden, ein unangenehmes Thema gegenüber einem Freund oder einer Freundin anzusprechen, um die Beziehung zu schützen und Harmonie zu erleben. Die nicht erfüllten Bedürfnisse könnten dann Ehrlichkeit, Integrität und Vertrauen sein.

Schritt 4: Wenn Sie den Schamtag durchgeführt haben, nehmen Sie sich Zeit, um darüber zu reflektieren, was Sie über sich selbst, über Ihre Bedürfnisse und über die Scham gelernt haben.

4.24.7 Beziehungen voller Scham

ÜBUNG

Denken Sie an eine Situation, in der Sie Kontakt hatten zu

- Arbeitskollegen,
- Freunden,
- Verwandten
- oder einer anderen Gruppe von Menschen.

Sie verlassen die Gruppe und sie bleibt versammelt zurück. Fragen Sie sich selbst, was das Schlimmste wäre, was diese Personen über Sie sagen könnten.

Dies kann Ihnen wertvolle Hinweise darauf geben, in welchen Situationen Sie sich verletzlich fühlen.

Um herauszufinden, welche Bereiche für Sie besonders kritisch sind, können Sie auch folgende vier Sätze vervollständigen, die die Wissenschaftlerin Brené Brown[63] vorschlägt:

1. „Ich möchte nicht, dass Menschen glauben, ich sei ..."
2. „Ich möchte gesehen werden als jemand, der ..."
3. „Ich würde sterben, wenn jemand wüsste, dass ich ..."
4. „Ich ertrage den Gedanken nicht, dass andere mich wahrnehmen könnten als ..."

---

63 Brown, Brené (2007), I Thought It Was Just Me (but it isn't): Telling the Truth About Perfectionism, Inadequacy, and Power, Gotham.

5. | Der Bedürfniskompass

5.1 Die Scham wieder erkennen lernen

Meist bemerken wir unsere Scham gar nicht, da wir uns blitzschnell gegen dieses Gefühl wehren, sobald nur ein Hauch davon zu spüren ist. In diesem Kapitel beschreibe ich einige typische Strategien, derer wir uns – meist unbewusst – bedienen, um Scham zu vermeiden. Vielleicht haben Sie verlernt, das Schamgefühl in Ihrem Körper wahrzunehmen. Dann ist es sehr hilfreich, zunächst zu verstehen, welches Verhalten darauf hinweist, dass Sie sich geschämt haben und nun versuchen, die Scham zu vermeiden. Der Bedürfniskompass ist ein Werkzeug, das uns genau das ermöglicht. Zusammen mit den bereits beschriebenen Grundlagen der GFK kann uns diese Methode helfen, die Scham wieder zu fühlen und durch sie Wut und Schuldgefühle besser zu verstehen.

Wenn wir eine der vier Richtungen des Bedürfniskompasses (oder einen Mittelweg) einschlagen, versperren wir uns den Zugang zu unseren wahren Bedürfnissen, die sich hinter Scham, Wut und Schuld verbergen. Freunde und Kursteilnehmer, die den Bedürfniskompass über einige Zeit verwendet haben, wussten mir von kleinen „Wundern" zu berichten: Sie haben durch den Kompass entschlüsselt, wie sie sich verhalten, um Scham zu vermeiden. Dieses Wissen hat ihnen neue Handlungsmöglichkeiten eröffnet und ihre Beziehungen zu anderen und zu sich selbst positiv beeinflusst.

5.2 Der Bedürfniskompass

Viele Autoren (wie Jung, Schiff, Nathanson, Bradshow und andere) teilen menschliche Verhaltensweisen in Bezug auf die Scham in vier unterschiedliche Positionen oder Strategien ein. Donald Nathanson etwa verwendet den sogenannten Schamkompass („the compass of shame"), um vier unterschiedliche Methoden der Schamvermeidung zu unterscheiden.[64]

In diesem Kapitel beschreibe ich, wie diese Strategien angewandt werden, um mit unbehaglichen Gefühlen umzugehen: mit dem Erleben des eigenen Ungenügens, dem Gefühl, nicht in Ordnung zu sein, und der Scham darüber, der Mensch zu sein,

---

64 Donald L. Nathanson (1992), Shame and Pride: Affect, Sex and the Birth of the Self, W. W. Norton & Company.

der man ist. Meine Ansicht, wie der Kompass angewandt werden kann, unterscheidet sich von der Nathansons dahingehend, dass ich diese Strategien an zugrundeliegende Bedürfnisse kopple. Deshalb verwende ich den Begriff „Bedürfniskompass". Mithilfe des Bedürfniskompasses bin ich achtsamer gegenüber meinen Gefühlen geworden: Mir ist nun bewusst, dass ich die Freiheit habe, der Scham auf viele verschiedene Arten zu begegnen, während ich früher nur ein oder zwei Handlungsmöglichkeiten in meinem Repertoire hatte. Dadurch sehe ich die Scham nicht mehr als etwas, das ich um jeden Preis vermeiden möchte, sondern als einen Schlüssel zu meinem Inneren.

Wenn wir verstehen, wie wir der Scham ausweichen, indem wir eine der Richtungen des Bedürfniskompasses einschlagen, werden wir schneller darauf aufmerksam, dass wir den Kontakt zu uns selbst verloren haben und stattdessen Strategien anwenden, die vermutlich nicht dazu angetan sind, unsere Bedürfnisse zu befriedigen. Denn sobald wir uns in eine der Richtungen des Bedürfniskompasses bewegen, entfernen wir uns von unseren Bedürfnissen. Es geht also nicht darum, unsere übliche Strategie gegen eine der drei anderen möglichen Handlungsalternativen auszutauschen. Vielmehr geht es darum, unser Handeln und Denken zu verstehen, damit wir zukünftig bewusst wählen können, wie wir unsere eigenen und die Bedürfnisse anderer auf andere Art erfüllen können.

Diese Methode gibt uns eine einzigartige Möglichkeit, unser Verständnis der Begriffe „Rebellion" und „Unterwerfung" zu vertiefen. Wenn wir uns mit den üblichen Anzeichen für diese beiden Verhaltensweisen vertraut machen, können wir auf ganz neue Weise damit umgehen und sie als Schlüssel zu unseren Bedürfnissen anwenden.[65]

---

65 Alle Richtungen des Bedürfniskompasses entsprechen den sogenannten „Wolfsstrategien". Die Theorie des GFK verwendet zuweilen Giraffen und Wölfe als Metaphern für gewaltfreie beziehungsweise lebensentfremdende Kommunikationsstrategien.

5.2.1 Wer ist schuld?

Stellen Sie sich eine horizontale Achse in einem Kompass vor. Entlang dieser Linie stellen wir uns die Frage: Wer ist schuld? Wir nennen dies die „Richtig-Falsch-Achse".

Am linken Ende der Achse, also in westlicher Richtung, finden wir die Antwort, dass alle anderen schuld sind, da sie unnormal, egoistisch und böse sind. Richtung Osten, also am rechten Ende, beantworten wir die Frage damit, dass wir selbst schuld sind, da wir unzulänglich oder zumindest aus verschiedenen Gründen nicht gut genug sind.

Die Sprachgewohnheiten entlang dieser Achse bauen auf statistischen Einschätzungen, Etiketten, Diagnosen, Analysen sowie den Kategorien „richtig" und „falsch" auf.

5.2.2 Wer hat die Macht?

Entlang der vertikalen Achse im Kompass suchen wir nach einer Antwort auf die Frage: „Wer hat die Macht zu bestimmen?" Ich nenne sie die „Machtverteilungsachse".

Nach oben (in nördlicher Richtung) entziehen wir uns und geben unsere Macht auf. Wir unterwerfen uns dem, was geschieht, ohne zu versuchen, darauf Einfluss zu nehmen und stimmen zu, dass jemand anders das Steuer in der Hand hat. Wir verwenden einen so großen Teil unserer Aufmerksamkeit darauf, den Situationen auszuweichen, die Scham in uns auslösen, dass wir in Beziehungen, die uns früher wichtig waren, vielleicht gar nicht mehr präsent sind.

Nach unten hin (in südlicher Richtung) verhalten wir uns genau umgekehrt – wir rebellieren und weigern uns, das zu tun, worum man uns bittet, egal ob dies auf Kosten anderer geschieht oder ob die Beziehungen darunter leiden. Wir wollen beweisen, dass wir frei sind, so zu handeln, wie wir es wollen.

Das Spiel, das wir spielen, baut darauf, entweder „Macht über andere zu haben" oder „sich zu unterwerfen und andere bestimmen zu lassen". Entlang dieser Achse wird eine Sprache verwendet, die Wahlfreiheit und gegenseitige Verantwortung verleugnet: „Ich muss", „Ich darf nicht", „Niemand kann mich daran hindern", „Das war nicht meine Aufgabe", „Ich bin unterlegen", „Ich bin überlegen", „Ich habe nur getan, was der Chef gesagt hat" und: „Ich denke nicht daran, das zu tun, was andere von mir verlangen".

5.3 Vier Richtungen, um mit Scham umzugehen

Wenn man Scham fühlt, kann man auf verschiedene Arten damit umgehen. Indem wir eine der vier Richtungen des Bedürfniskompasses wählen, hoffen wir, die Scham so umwandeln zu können, dass wir sie als weniger überwältigend oder unbehaglich empfinden. Wir möchten zu einem Erleben von Wertigkeit und Respekt zurückkehren, nachdem wir Erniedrigung und Scham gefühlt haben. Ziel ist es, der Scham auszuweichen und sie durch irgendein anderes Gefühl zu ersetzen, egal ob es ein positives oder ein negatives ist. Wenn wir ein bestimmtes Verhalten ausprobiert haben und es dazu geführt hat, dass die Scham verschwunden ist oder zumindest abgenommen hat, werden wir es häufig wieder verwenden. Verhaltensweisen und Situationen, die zu Scham geführt haben, werden wir hingegen vermeiden.

Die Strategien zur Schamvermeidung haben jedoch einen unerfreulichen Nebeneffekt: Wir verlieren den Kontakt zu den Bedürfnissen, auf die die Scham uns hätte aufmerksam machen können. Somit verpassen wir auch die Chance, uns weiterzuentwickeln oder eine tiefere Einsicht darüber zu erlangen, wie wir uns gegenüber anderen auf eine zufriedenstellendere Weise verhalten können. Außerdem pflegen diese Strategien die Menge an Scham in unserem Leben auf die Dauer eher zu erhöhen als zu vermindern.

Wenn wir uns bewusst machen, wie die vier Richtungen des Bedürfniskompasses in unserem Leben vorkommen, können wir diese Strategien – statt durch sie die Scham loswerden zu wollen – als Erinnerung daran verwenden, zu unseren zugrundeliegenden Bedürfnissen zurückzunavigieren. Solange wir keinen Kontakt zu den Bedürfnissen dahinter haben, wird die Scham uns in irgendeiner Form jagen. Erst wenn wir ihre Botschaft – was wir brauchen – verstanden haben, wird sie nachlassen und wir gewinnen einen größeren Handlungsspielraum.

Jede der Richtungen im Bedürfniskompass steht also für eine bestimmte Handlungsweise. Entweder entziehen wir uns, kritisieren uns selbst, rebellieren oder attackieren andere. Es ist fast so, als gäbe es in jeder Richtung ein fertiges Rollenbild. Wir Menschen scheinen uns einige gemeinsame Wege angeeignet zu haben, um mit Demütigungen umzugehen. Da diese Strategien und Rollenbilder in unserer Kultur so gängig und wiederkehrend sind, erkennen wir uns leicht in ihnen wieder, wenn wir sie im Theater, im Film oder in einem Rollenspiel sehen. In meinen Kursen verwende ich häufig Rollenspiele. Bei mehreren Gelegenheiten habe ich einen Part übernommen und nach einer Weile hat einer der Teilnehmer ausgerufen:

„Genau das sagt mein Mann / meine Frau auch immer. Er / Sie verwendet genau die gleichen Worte!! Woher haben Sie das gewusst?"

Das wusste ich natürlich nicht, aber da ich die gleiche „Programmierung" habe, mit gewissen Situationen umzugehen, ist es leicht, sich in die Rolle einzufühlen.

5.4 In welche Richtung zeigt Ihr Kompass?

Wir haben häufig eine Lieblingsstrategie, ein „laufendes Abonnement" einer Richtung, obwohl wir uns manchmal aller vier Möglichkeiten bedienen. Oft wählen wir die Strategie unbewusst. Dies kann auf eine sehr subtile Weise geschehen. Vielleicht haben wir nicht einmal bemerkt, dass wir Scham verspürt und uns entschieden haben etwas zu tun, um diese loszuwerden. Das kann ein Auflachen sein, in dem Versuch abzuwehren, dass wir uns geniert fühlen; oder eine Geste, wenn wir etwas getan haben, was wir als lächerlich oder falsch beurteilen. Manchmal ist es offensichtlich, dass jemand, der einen Wettkampf verloren hat, ein steifes Lächeln im Gesicht trägt, obwohl er oder sie alles andere als fröhlich ist. Das Lächeln ist dazu da, die Enttäuschung, Selbstverachtung oder Scham zu verbergen, aber die meisten Beobachter durchschauen ein „falsches" Lächeln.

Auch wenn dieser Kompass vor allem dazu gedacht ist, mit schamerzeugenden Situationen umzugehen, kann man ihn ebenfalls verwenden, wenn man Schuld oder Ärger fühlt. Dann sollte man darauf gefasst sein, dass auch Schuld und Ärger zu Scham führen, bevor man zu den dahinterliegenden Bedürfnissen vordringt.

1. Wir haben gelernt, mit Scham umzugehen, indem wir uns entziehen, uns verstecken, leise werden, unsere Wünsche aufgeben und Dinge verheimlichen.
2. Wir haben gelernt, gegen Auslöser der Scham vorzugehen, indem wir zeigen, dass wir irgendwo dazugehören, dass wir niemanden brauchen oder dass wir nicht daran denken, Bitten oder Forderungen zu äußern.
3. Wir haben gelernt, gegen das Gefühl von Scham zu kämpfen indem wir gegen das Beschämende rebellieren. Wir tun Dinge, vor denen wir eigentlich Angst haben, die ungewöhnlich und aufsehenerregend sind oder aber wir demonstrieren unsere Unabhängigkeit.
4. Wir haben gelernt, das anzugreifen, was Scham hervorruft. Das geschieht, indem wir versuchen, Macht über andere zu erhalten, indem wir wütend werden und andere beschämen, um uns gegen unsere eigene Scham und Aggression zu wehren.

5.4.1 Wir entziehen uns

(…) wer sich aber nicht offenbaren kann, der kann nicht lieben,
und wer nicht lieben kann, der ist der Unglücklichste von allen.

Sören Kierkegaard[66]

Ein Versuch, Scham zu vermeiden, ist, sich dem Kontakt mit anderen zu entziehen. Wir möchten um jeden Preis den Augen entgehen, die uns zu mustern scheinen, oder dem, was unsere Scham stimuliert. Das führt dazu, dass wir uns Vorstellungen zu eigen machen, was wir tun *sollten*, um okay zu sein und das lässt unseren Lebensraum schrumpfen. Wir überlassen anderen das Ruder und unterwerfen uns ihren Beschlüssen, welche auch immer es sind. Wir werden vielleicht still, verlassen physisch den Platz, sind mental oder auf der Gefühlsebene abwesend oder beschäftigen uns mit etwas ganz anderem, um nicht länger der Begegnung mit der Scham standhalten zu müssen.

Wir entziehen uns sogar dann, wenn wir uns bewusst sind, dass uns dies unser soziales Sicherheitsnetz kostet. Allein die Tatsache, dass wir keine nahen Beziehungen haben, lässt die Scham schwächer werden. Wenn wir niemanden in unserer Nähe haben, wird auch unsere Scham seltener hervorgerufen.

Es gibt dann nur noch relativ wenige Menschen, die bemerken könnten, dass wir unnormal, wertlos, untauglich sind oder dass irgendetwas anderes mit uns nicht stimmt. Die Menschen, die uns wirklich etwas bedeuten, sollen weniger von uns mitbekommen – und dann hoffentlich auch nicht sehen, was für schreckliche Blender wir sind. Auch wenn wir selbst den Kontakt meiden, bilden wir uns leicht ein, wir seien einsam und andere würden uns abweisen.

Wenn wir diese Strategie verwenden, um der Scham zu entgehen, holt diese uns häufig ein. Denn nun beginnen wir uns zu schämen, weil wir keine engen Beziehungen haben und sorgen uns, was die Leute über uns denken werden, wenn sie es bemerken. So führt diese Methode letztendlich zu mehr Scham statt zu weniger. Vielleicht sorgen wir uns sogar, unsere Mitmenschen könnten sich für immer von uns abwenden.

Wenn Menschen in unserer Nähe bemerken, dass wir den Kontakt mit ihnen vermeiden, sind sie wahrscheinlich besorgt, weil sie nicht verstehen, was in uns vorgeht. Sie können unser Verhalten so deuten, dass wir keinen Kontakt haben wollen, da wir nicht von uns hören lassen oder nicht erzählen, was mit uns los ist. Das kann sie glauben machen, wir würden sie nicht mögen, sodass sie sich nun ihrerseits entzie-

---

66 Kierkegaard, Søren (2005), Entweder – Oder: Teil I und II, Deutscher Taschenbuch Verlag.

hen. Damit haben wir durch das Verhalten, das unser Problem mit der Scham lösen sollte, ein weiteres Problem geschaffen.

Es gibt ganz unterschiedliche Situationen, die Menschen dazu verleiten sich zu entziehen: Wenn jemand geschieden wurde, seinen Job verloren hat, krank geworden ist, gemobbt oder misshandelt wurde, eine Prüfung verhauen oder einen Schaden verursacht hat und viele weitere Umstände. Meist geht es dabei um ein Verhalten oder eine einzelne Handlung, von der man annimmt, sie würde einen auf die eine oder andere Art sozial abstempeln. Weitere typische Ursachen sind, dass man einen wie auch immer gearteten Missbrauch verbergen möchte oder glaubt, nicht länger leben zu wollen. Vermeidet jemand auf diese Weise den Kontakt, werden Kunst, Gedichte und Musik vielleicht nie von jemand anders wahrgenommen als von dem, der sie geschaffen hat. Man erträgt einfach den Gedanken nicht, andere könnten das, was man kreiert hat, nicht mögen.

Wenn man sich schämt, ist es schwer, Gemeinschaft in Beziehungen zu anderen zu spüren. Erst in dem Augenblick, in dem wir uns entscheiden, offen darüber zu sprechen, bietet sich die Möglichkeit, ein bis dahin beschämendes Erlebnis zu teilen. Zu erzählen, was in uns vorgeht, statt sich zu entziehen, hat etwas von der Sage, in der die Trolle zerspringen, wenn sie der Sonne ausgesetzt sind: Wir entdecken, dass das, wofür wir uns geschämt haben, nicht länger beschämend ist.

Schon ein leichtes Schamgefühl kann ausreichen, um uns der Verbindung zu unseren Mitmenschen zu entfremden. Indem wir uns entziehen, statt den Kontakt wiederherzustellen, werden wir zu einsamen Inseln, die äußerlich weiterhin mit Menschen zu tun haben, aber wichtige Teile von sich selbst verstecken, weil sie der Scham ausweichen.

Hätten wir die Scham gut aushalten können, hätten wir eine Verbindung mit den Bedürfnissen herstellen können, auf die uns die Scham hinweisen kann. Wenn wir keinen Kontakt zu unseren Bedürfnissen aufnehmen, vergeben wir nicht nur eine große Chance uns zu entwickeln, sondern schlimmer noch: Wir verlieren den Bezug zu Menschen, die uns helfen könnten, diese herausfordernden Situationen durchzustehen.

Ich komme auf Anna und die Situation mit dem Café zurück, um zu zeigen, wie sie handeln und denken würde, um der Scham auszuweichen. Wenn sie sich in diese Richtung des Bedürfniskompasses bewegt, denkt sie vermutlich etwa so: *„Ich will nicht darüber sprechen. Ich kann ja doch nichts an der Situation ändern. Ich kann also genauso gut alles auf sich beruhen lassen."*

Anna tut alles, um sich abzulenken und das, was passiert ist, zu verdrängen. An die Situation erinnert zu werden, schlägt ihr so auf die Stimmung, dass sie versucht, gar nicht erst daran zu denken. Wenn sie befürchtet, möglicherweise auf einen ihrer alten Freunde zu treffen, macht sie Umwege und achtet darauf, nie am Café vorbeigehen zu müssen.

Manchmal ertappt sie sich selbst bei Gedanken wie:
„Es sollte einfach nicht sein."
„Es war nie das Richtige für mich."
„Man sollte nicht versuchen, nach den Sternen zu greifen."
„Es ist zu schwierig, zusammen zu arbeiten, ich mache Dinge lieber auf eigene Faust."

Manchmal eskalieren die Gedanken:
„Man kann genauso gut gleich aufgeben. Es hat keinen Sinn es zu versuchen, denn es wird doch nie so, wie man es sich vorgestellt hat."

Wenn Anna den Bedürfniskompass kennen würde, würde sie bemerken, dass sie sich in die Richtung bewegt hat, in der man versucht, einer beschämenden Situation auszuweichen. Dann könnte sie sich bewusst machen, dass sie den Kontakt zu ihren Gefühlen und Bedürfnissen verloren hat, und etwas tun, um ihn wiederherzustellen.

Wie kann sie sich konkret verhalten? Sie kann jemanden bitten zuzuhören und dieser Person erzählen, was sie fühlt und braucht. Sie kann Kontakt zu ihrem Inneren aufnehmen und sich selbst Empathie entgegenbringen. Die nun folgenden Schritte beschreiben einen „selbstempathischen Prozess"[67].

1. In einem ersten Schritt analysiert sie, wie sie gehandelt hat und stellt eine Beobachtung ihres eigenen Verhaltens auf. *„Zwei Monate sind vergangen, ohne dass ich Kontakt zu meinen Freunden aufgenommen habe. Ich sage zu mir selbst, dass ich auch gleich alles aufgeben kann."*
2. Sie nimmt Kontakt mit dem auf, was sie fühlt: *„Ich fühle mich ängstlich und schlecht allein beim Gedanken daran, über diese Sache sprechen zu müssen."*
3. Sie lässt den Schrecken zu, spürt ihm nach und fragt sich, welche Bedürfnisse sich dahinter verbergen, nicht mit den Freunden zu interagieren oder zu kommunizieren. *„Meine Angst kann ein Zeichen für das Bedürfnis nach Sicherheit, Akzeptanz und Respekt sein."*
4. Welche Bedürfnisse werden durch das Ausweichmanöver *nicht* erfüllt? *„Meine Bedürfnisse nach Sinn, Gemeinschaft, Frieden und Kontakt werden nicht zufriedengestellt, indem ich der Situation ausweiche."*
5. Sie fragt sich, welche Strategien sie anwenden kann, um ihre Bedürfnisse besser zu erfüllen. Das kann zum Beispiel geschehen, indem sie den am Café Beteiligten einen Brief schreibt oder auf eine andere Weise mit ihnen Kontakt aufnimmt. Je mehr Strategien und Möglichkeiten Anna für sich entdeckt, desto größer ist die Chance, dass sie handelt, statt passiv zu bleiben. Denn wenn sie es für die *einzige* Möglichkeit hält, persönlich mit den früheren Freunden zu sprechen, verschließt sie sich leicht und nichts geschieht.
6. Welche Bitten kann sie äußern, an sich selbst und an andere? Bitten, die sie in dem unterstützen, was sie tun möchte.

Wenn sie die Strategie des Sich-Entziehens gewählt hat, ist es wichtig, Kontakt zu jemandem aufzunehmen, mit dem sie sprechen kann, um das Eis zu brechen. Diesen Schritt zu gehen, kann eine große Herausforderung sein. Aber meist wird es leichter, wenn man den Auslöser dafür erkannt hat, warum man sich zurückgezogen hat.

---

67 Über den Begriff Selbstempathie erfahren Sie mehr in Kapitel 3.

5.4.2 Wir suchen die Schuld bei uns selbst

Wenn wir uns schämen, sind wir sehr verletzlich und empfindlich für das, was unsere Umgebung sagt und tut. Eine Art damit umzugehen, ist etwas zu finden, für das wir uns selbst anklagen können. Manchmal ist es einfacher, Kritik von anderen auszuhalten, wenn wir uns bereits selbst „runtergemacht" und gezeigt haben, dass auch wir selbst uns für wertlos oder schlechter als die anderen halten. Sie können uns dann nichts mehr anhaben, weil wir uns bereits unter das Niveau begeben haben, auf dem sie uns kritisieren.

Wenn wir diese Strategie wählen, liegt dahinter häufig eine (oft verborgene) Hoffnung, die Kritik der anderen möge nicht so hart ausfallen. Wir zeigen, dass wir uns für das schämen, was wir getan haben, und uns bewusst sind, dass wir die Liebe anderer nicht verdienen. Wir denken schlecht über uns selbst, damit die anderen nachsichtiger sind. Klagen die anderen uns dennoch an, hat unsere eigene Selbstkritik bereits eine Art mentale Verteidigung aufgebaut, die dafür sorgt, dass wir es aushalten, was auch immer sie uns an den Kopf werfen.

Selbstkritik als eine Form des Umgangs mit schamvollen Situationen ermöglicht es uns, in einer Beziehung zu verbleiben, in der die andere Person uns kritisiert oder sogar körperlichen Schaden zufügt. Für Außenstehende ist vielleicht schwer zu verstehen, wie wir diese Art der Behandlung aushalten. Aber wenn wir so tief in der Selbstkritik stecken und zustimmen, schlecht behandelt zu werden, fällt es uns häufig schwer zu glauben, dass es jemanden geben könnte, der sich wirklich etwas aus uns macht. Bricht eine Person schließlich mit destruktiven Mustern oder verlässt eine potenziell gefährliche Beziehung, geschieht dies häufig, weil jemand außerhalb der Beziehung seine Sicht der Dinge geäußert hat.

Vielleicht haben wir, bevor wir die „Strategie der Selbstkritik" gewählt haben, versucht, uns zu entziehen und dies als unerträglich empfunden. Dann weichen wir auf diese Strategie aus und die Situation wird manchmal noch zerstörerischer. Wir bemühen uns, den Schmerz zu begrenzen, den wir empfinden, weil wir uns isoliert und außen vor fühlen. Daher akzeptieren wir Beziehungen, in denen der Partner uns zu verstehen gibt, dass etwas mit uns nicht stimmt oder wir nicht wert sind geliebt zu werden, ohne uns zu verteidigen. Wir greifen uns selbst an und gleichzeitig gehen wir Verbindungen mit anderen ein, in denen wir glauben uns kleiner machen zu müssen, als wir sind, um teilhaben zu dürfen. Wie ein Boxer, der in einem Kampf k.o. geht, weil er dafür bezahlt wurde, ist es in einer solchen Beziehung sicherer, sich von Anfang an unterlegen zu zeigen. In unserer Gesellschaft, in der es so sehr darauf ankommt, sich zu messen und so viele es darauf anlegen zu siegen, können wir immer jemanden finden, der nichts dagegen hat, sich mit einem Verlierer abzugeben und mit diesem verglichen zu werden.

Wenn wir die Strategie der Selbstkritik wählen, fühlen wir noch immer Scham, aber wir sind zumindest nicht einsam. Wir sind Teil eines Zusammenhangs oder einer Beziehung und das fühlt sich häufig besser an als sich zurückzuziehen. Diese Strategie hat natürlich auch Folgen für das Individuum, die Gemeinschaft, an der es teilhat sowie für die Gesellschaft im Ganzen. Wenn der innere Druck zu groß wird und die Person, die diese unterlegene Position eingenommen hat, die Frustration nicht länger aushält, kann das tragische Folgen haben. Wir sehen das in Beschreibungen der Jugendlichen, die in den USA, Kanada, Deutschland oder Finnland Mitschüler und Lehrer erschossen haben. Ihnen allen war gemeinsam, dass sie bis zum Tag, an dem sie zur Waffe gegriffen haben, zurückgezogen lebten und nicht viel Wesen um sich selbst gemacht haben. *Vor* der Tat wurden sie nicht als aggressiv, gewalttätig oder laut beschrieben.[68]

Meine Interpretation ist folgende: Um mit ihrer Scham umzugehen, haben die Jugendlichen über einen längeren Zeitraum die beiden ersten Richtungen des Bedürfniskompasses verfolgt. Dann ist ihre Frustration so gewachsen, dass sie sie nicht länger in ihrem Inneren verbergen konnten. Bei manchen kam ein Interesse an Waffen und Gewaltfilmen hinzu. Es ist von gesellschaftlichem Interesse, Kindern und Jugendlichen Werkzeuge an die Hand zu geben, um mit Scham anders umzugehen als durch Unterwerfung oder Gewalt. Daher habe ich mit Schrecken gesehen, dass Fernsehsendungen wie die „Supernanny" Konzepte wie die Ecke, in der ein Kind stehen muss, um sich zu schämen, und die Eselsmütze unter anderem Namen „modernisiert" haben und dass diese Sendungen inzwischen auch in Schweden populär sind. Selbst wenn in schwedischen Schulen kein Schüler mehr in die Ecke gestellt wird, kommt es doch vor, dass Kinder aus dem Klassenzimmer geschickt werden, weil der Lehrer sie als störend empfindet. Auf diese Weise bringen wir ihnen bei, dass sie sich mit ihrer Scham – von der Gemeinschaft ausgeschlossen – allein auseinandersetzen müssen, auch wenn sie dabei nicht in einer Ecke stehen müssen. Ich verstehe, dass ein Lehrer, der ein Kind aus dem Klassenraum schickt, dies in der Absicht tut, auf irgendeine Weise der Gesamtsituation Rechnung zu tragen. Aber wenn wir „Fehler" von Kindern bestrafen, indem sie ausgeschlossen werden, sich schämen sollen oder lächerlich gemacht werden, lernen sie Strategien, die sich auf lange Sicht als lebensgefährlich sowohl für sie selbst als auch für andere erweisen können.

---

68 Siehe unter anderem Michael Moores Film „Bowling for Columbine" aus dem Jahr 2002.

„Es ist meine Schuld"

Wenn Anna klar wird, dass sie die Strategie gewählt hat, sich selbst anzugreifen und zu kritisieren, kann sie sich zunächst der Selbstempathie bedienen. Dies ist der erste Schritt, mit der Situation auf eine andere Weise umzugehen. Um Empathie für sich selbst zu finden, beobachtet sie zunächst, was sie zu sich sagt. Doch dies ist nur der erste Schritt. Um nicht trotzdem wieder in ihre übliche Strategie zu verfallen, muss sie auch mit anderen darüber sprechen.

1. Die erste Maßnahme ist die Beobachtung der eigenen Gedanken. Anna lässt ihnen für eine Weile freien Lauf und hört zu, was sie zu sich über sich selbst sagt. Besonders interessant sind die Beurteilungen, die auf *richtig* oder *falsch* beruhen und alle Gedanken dazu, was sie tun *sollte* oder *müsste*.

Sie sagt zu sich selbst, sie sei langweilig, heikel, nicht attraktiv und nun auch noch ein Feigling, der nichts gegen die Situation unternimmt. Sie denkt, dass sie die Sache in die Hand nehmen *sollte*.

2. Der nächste Schritt ist, Kontakt mit ihren Emotionen aufzunehmen: „*Wenn ich zu mir selbst sage, dass ich langweilig bin, fühle ich mich enttäuscht und einsam.*"
3. In einem dritten Schritt bringt man die Gefühle in Verbindung mit Bedürfnissen. Anna hält inne, spürt ihren Gefühlen nach und fragt sich, welche Bedürfnisse sich dahinter verbergen. Annas Gefühle der Enttäuschung und Einsamkeit können Ausdruck ihres Bedürfnisses nach Verständnis, Hoffnung oder Unterstützung sein.
4. Um Fortschritte zu erzielen, fragt sich Anna in einem vierten Schritt, was sie tun kann, um diese Bedürfnisse zu erfüllen. Das kann ein Gespräch mit jemandem sein, bei dem sie darauf vertraut, dass er sie verstehen wird oder ein Brief an die am Café Beteiligten. Sie kann aber auch eine dritte Person einbeziehen, die als Unterstützung mitkommt, wenn sie mit ihren alten Freunden spricht.

5.4.3 Rebellion – sich gegen die Scham wehren

> *Gib niemals anderen Menschen die Macht über dich,*
> *indem du rebellierst oder dich unterwirfst.*
>
> Marshall Rosenberg[69]

Dass wir bei einer Gelegenheit Strategien gefunden haben, die erfolgreich Schamgefühle vermeiden konnten, garantiert nicht, dass diese bis in alle Ewigkeit funktionieren. Manchmal sind wir der Scham ausgeliefert, obwohl wir alles getan haben, um zu entkommen. Wenn wir Scham als unbehaglich empfinden und unsere gewohnten Strategien nicht länger funktionieren, ist uns fast jede Methode recht.

---

69 Rosenberg, Marshall B. (2004), Das Herz gesellschaftlicher Veränderung: Wie Sie Ihre Welt entscheidend umgestalten können, Junfermann.

In der dritten Richtung des Bedürfniskompasses tun wir das Gegenteil von dem, was wir glauben nicht tun zu dürfen, zu können oder zu sollen. Wir rebellieren, indem wir unser Gefühl der Scham bekämpfen oder darauf pfeifen und signalisieren: „Hier komme ich!" Wenn wir uns zur Rebellion entscheiden, um Scham zu vermeiden, bemerken andere meist gar nicht, dass wir uns überhaupt geschämt haben und nun versuchen, diesem Gefühl zu entgehen. Die Scham wird effektiv versteckt, da wir nicht vor Widerstand zurückschrecken, sondern genau das tun, was die Scham stimuliert.

Wenn wir der Scham durch Rebellion ausweichen wollen, kann sich das in hochfliegenden Träumen ausdrücken. Wir setzen darauf, den Widerstand zu überwinden, zu siegen und zu zeigen, wie überlegen wir sind, sodass die Leute unser volles Potenzial bemerken und nicht mehr ohne uns zurechtkommen. Wir können dies zum Beispiel tun, indem wir den Wert einer Gemeinschaft, der wir angehören, überhöhen. So können wir etwa einer kleinen politischen Gruppierung, einer Neonazivereinigung oder einer Gruppe, die für religiöse Werte steht, eine Position zuschreiben, die ihr tatsächlich gar nicht zukommt. Wir glauben vielleicht, die Lösung aller Probleme zu kennen und wenn andere uns nur zuhörten und täten, was wir sagen, würde sich alles lösen. Diese Art zu rebellieren ist ein Versuch, unseren Stolz durch die Reaktionen anderer zu stärken und die Scham ein klein wenig weiter von uns wegzuschieben.

Weitere typische Methoden, um unsere Gefühle zu bekämpfen, sind Lügen, Ausflüchte, Themenwechsel oder uns selbst auf die eine oder andere Art zu zerstreuen. Wir können auch etwas Herausforderndes oder Gewagtes tun und so die Aufmerksamkeit von der verhassten Scham ablenken. Vielleicht äußert sich die Rebellion auch in einem ständigen Streben nach äußerer Bestätigung, etwa durch Popularität, Lob oder Prestige – dann geschieht dies auf Kosten unseres Innenlebens.

Alkohol und andere Drogen werden ebenfalls häufig angewendet, um die Scham loszuwerden. Wir betäuben damit chemisch unsere Gefühle oder konzentrieren uns auf etwas anderes und das funktioniert auch meist – allerdings nur bis der Rausch nachlässt. Wie viele Menschen haben sich schon betrunken und Dinge getan, die sie in nüchternem Zustand nie getan hätten (weil sie sich dann zu sehr geschämt hätten), um am nächsten Morgen im Griff der Scham zu erwachen? Nun kommt auch noch die Angst dazu, sich mit den Taten des Vortags herumschlagen zu müssen. Der Gedanke, auf Personen zu treffen, die am vorangegangenen Abend dabei waren, kann dann etwas Bedrohliches bekommen.

Einige benutzen Sex, um ihre Freiheit von der Scham zu demonstrieren. Aber da Sex uns und unsere Unvollkommenheiten enthüllt, kann er auch dazu führen, dass wir uns wieder zurückziehen. Keine der Strategien, durch die wir gegen unsere Scham rebellieren, wirkt langfristig, wenn wir uns nahe und nährende Beziehungen wünschen.

Im Unterschied zur entgegengesetzten Richtung im Bedürfniskompass, in der wir alles tun, damit uns niemand bemerkt, versuchen wir mit der Strategie der Rebellion die Aufmerksamkeit aller auf uns zu ziehen und sind nur dann glücklich, wenn wir von anderen gesehen werden.

Wir haben, wie ich bereits beschrieben habe, verinnerlicht, was gut/schlecht, normal/unnormal, passend/unpassend ist. Indem wir rebellieren, tun wir alles, um uns von dem einen Extrem zu entfernen, welches auch immer es ist. Wenn Sie Angst davor haben, als geiziger Mensch angesehen zu werden, versuchen Sie dies zu kompensieren, indem Sie sich besonders großzügig zeigen. Sie laden zu Drinks und Reisen ein und verschenken teure Präsente, egal ob Sie es sich leisten können oder nicht, und Sie verbergen Ihre Sorgen, die durch dieses Verhalten entstehen können. Wenn Sie gelernt haben, dass es wichtig ist, das gleiche zu tun wie alle anderen, können Sie beweisen, wie frei Sie sind, indem Sie das genaue Gegenteil tun. Vielleicht verhalten oder kleiden Sie sich auf die denkbar auffälligste Weise. Falls Sie besorgt sind, als Feigling bezeichnet zu werden, üben Sie vielleicht einen lebensgefährlichen Sport aus. Wenn es Ihnen als essenziell vermittelt wurde, Besitz und teure Sachen zu haben, können Sie rebellieren, indem Sie überhaupt nichts besitzen – und umgekehrt.

Das unangenehme Gefühl zu bekämpfen, indem wir versuchen, „schamlos zu werden", ist problematisch, denn wir stellen damit keinen Kontakt zum innersten Kern der Scham her. Stattdessen werden wir hart und kalt und tun Dinge, die wir hinterher bereuen. Währenddessen lauert die Scham noch immer im Hintergrund und nagt an uns. Daher ändert eine rebellierende Person leicht die Strategie und geht dazu über, sich selbst oder andere zu attackieren – das ist die Konsequenz, wenn man es nicht länger schafft, das zu vertreiben, was einen von innen heraus auffrisst.

Wir alle rebellieren manchmal, aber wenn dies zu unserer normalen Strategie wird, befinden wir uns ständig auf der Flucht vor uns selbst und vor anderen. Und falls wir eine andere Wahl treffen als die der Rebellion, dürfen wir nicht glauben, es sei bereits eine Veränderung eingetreten, nur weil wir eine entgegengesetzte Position einnehmen. Um wirklich etwas zu verändern, müssen wir zunächst eine Verbindung zu unseren Gefühlen und Bedürfnissen hinter der Rebellion herstellen. Aber zuallererst müssen wir lernen zu erkennen, dass wir rebellieren. Lassen Sie uns schauen, wie dies in Annas Fall vonstatten gehen kann.

„Es kümmert mich nicht"

Anna kommuniziert nicht mit ihren Freunden über die Situation. Sie hat nun wirklich anderes zu tun: Sie träumt davon, ein eigenes – und viel besseres und fantastischeres – Lokal zu eröffnen. Das wird ein Ort, an dem sich alle zeigen und gesehen werden wollen und der Prominente anziehen wird. Manchmal denkt sie: „Die werden schon noch sehen, mit wem sie sich angelegt haben", aber von außen wirkt es, als nehme sie die Situation auf die leichte Schulter. Sie beginnt, auf Partys zu gehen, betrinkt sich und wenn sie am nächsten Tag erwacht, bereut sie die Dinge, die sie getan hat. Aber sie wischt die Reue einfach weg und denkt, dass sie Spaß haben will und niemand ihr im Weg stehen soll.

Als Anna vom Bedürfniskompass hört, erkennt sie, dass sie gegen den Auslöser ihrer Scham rebelliert. Sie registriert die Gedanken über ihre eigene Vortrefflichkeit und darüber, dass sie niemand anderen braucht.

Dass sie Dinge anstellt, wenn sie betrunken ist, ist eine weitere Alarmglocke für Anna. Sie erlebt sich als stark und unbesiegbar, aber als nicht besonders empfänglich für die Bedürfnisse ihrer Umgebung.

Was kann sie konkret tun, wenn sie sich der Gewaltfreien Kommunikation bedienen will, um zu verstehen, was in ihr vorgeht? Die folgenden Schritte beschreiben, wie sie die GFK nutzen kann, jetzt wo sie verstanden hat, dass sie eine der Strategien des Bedürfniskompasses verwendet.

1. Der erste Schritt ist eine Beobachtung ihres eigenen Benehmens, nachdem sie hören musste, dass ihre Freunde das Café gegründet haben. Dann nimmt sie Kontakt mit ihren Gedanken in den Situationen auf, in denen sie die fragliche Strategie anwendet, zum Beispiel: „Ich werde ihnen schon noch zeigen, mit wem sie sich angelegt haben."
2. Sie nimmt Kontakt auf mit dem, was sie tatsächlich empfindet. Vielleicht fühlt sie sich traurig und einsam.
3. Sie fragt sich, welche Bedürfnisse hinter den Gefühlen stecken. Die Gefühle von Trauer oder Einsamkeit können ihr helfen, Verbindung mit ihren Bedürfnissen, etwa nach Fürsorge oder Gemeinschaft, aufzunehmen.
4. Sie fragt sich, welche Strategien sie anwenden kann, um diese Bedürfnisse zu erfüllen. Was kann Anna genau jetzt tun, um ihre Bedürfnisse – beispielsweise nach Fürsorge oder Gemeinschaft – zu erfüllen?

Hilfreich könnte auch hier ein Gespräch mit jemandem sein, dem sie vertraut und der sie versteht, einen Brief an die am Café Beteiligten zu schreiben oder auf eine andere Weise mit ihnen Kontakt aufzunehmen.

5. Wie können andere ihr helfen das zu tun, worauf sie in Frage 4 gekommen ist? Welche Bitten an sich selbst, die ihr helfen könnten, ihre Bedürfnisse zu erfüllen, kann sie äußern?

5.4.4 Die Schuld bei anderen suchen

Wenn wir uns nicht länger entziehen, die Schuld auf uns nehmen oder die Scham mit Alkohol betäuben wollen, suchen wir vielleicht den Fehler bei anderen. Diese Strategie kann alles beinhalten – von ganz unschuldigen, aber säuerlichen Kommentaren, bis hin zum Versuch, andere zu erniedrigen oder zu diffamieren. Auf die Dauer kann das zu Mobbing, Sabotage, physischer Gewalt und Misshandlungen führen.

Sich zu entziehen fühlt sich nicht länger gut an, da diese Strategie noch mehr Demütigung nach sich zieht und das Risiko mit sich bringt, als Feigling oder ähnliches bezeichnet zu werden. Den Fehler bei uns selbst zu suchen ist ebenfalls keine Alternative mehr, da wir keinen weiteren Augenblick der Unterlegenheit und keinen erneuten Angriff auf uns selbst ertragen können.

Auf der Stelle zu beweisen, dass wir kraftvoller sind als andere, erscheint als einziger Weg, unseren Respekt vor uns selbst zurückzugewinnen. Sich überlegen, schlauer, stärker, größer, schneller oder sogar fieser und vulgärer zu zeigen als andere, kann eine Strategie sein, um sich über andere zu erheben.

Es spielt eigentlich keine Rolle, auf welche Weise wir versuchen, neben jemandem zu glänzen oder wie wir beweisen, dass andere uns unterlegen sind. Die Hauptsache ist, zu gewinnen, den ersten Platz in der Rangfolge einzunehmen und Oberwasser zu bekommen. Jemand anderen klein zu machen kann uns – zumindest vorübergehend – von unseren eigenen Beurteilungen, die uns sagen, dass wir nichts taugen, entlasten.

Diese Richtung des Bedürfniskompasses unterscheidet sich ein wenig von den anderen drei Richtungen, da wir die Ursache für unsere Gefühle hier anderen zuschreiben. In dem Moment, in dem wir andere abwerten und sie als unterlegen ansehen, legt unsere Scham eine Pause ein, wenn auch nur kurzfristig.

Es hängt von den Hierarchien in einer Gruppe und von den Machtunterschieden zwischen den Gruppenmitgliedern ab, ob diese Strategie leicht anzuwenden ist oder nicht. Generell kann man sagen, dass jemand mit großer formeller Macht über andere Menschen mit dieser Strategie eher erfolgreich sein wird.

Trauriges Resultat sind in den USA geschätzt bis zu 100.000 Kinder täglich, die sich weigern, zur Schule zu gehen, weil sie Angst haben, gemobbt und ausgegrenzt zu werden, da diese Strategie gegen sie verwendet wird. Sarkasmus ist ebenfalls eine Variante dieser Taktik. Zu einem Freund, der gerade ein neues Auto gekauft hat, könnten Sie sagen: *„Aha, mehr konntest du dir wohl nicht leisten?"*

Und wenn Ihr Freund die gleiche Strategie verwendet, könnte er antworten: *„Und das von dir! Du fährst doch mit etwas durch die Gegend, das aussieht wie ein Aufsitzrasenmäher."*

Für die meisten ist dieser Dialog nicht besonders verletzend, aber er spiegelt deutlich wider, was wir erreichen wollen, wenn wir diese Strategie anwenden: Wir wollen um jeden Preis gewinnen. Um das Ganze zuzuspitzen können die Beleidigungen mit vagen Drohungen, Forderungen oder Etiketten gespickt sein. Ziel ist es, die eigene Stärke hervorzuheben. Dies kann auch in einem scherzhaft humoristischen Ton dargebracht werden, aber der Zweck ist es, der Scham auszuweichen und damit auch der darunter verborgenen Sehnsucht nach Respekt oder Gemeinschaft. Und wenn jemand schlecht darauf reagiert, können wir es immer noch von uns weisen und sagen: „Ich habe nur einen Scherz gemacht!", „Nimm nicht alles so ernst, verstehst du keinen Spaß?"

Dieses Spiel kann in verschiedenen sozialen und kulturellen Gruppen unterschiedlich aussehen und Menschen können sich schlecht fühlen, wenn sie dieser Art Jargon ausgesetzt sind.

Einige Symptome dieser Richtung des Bedürfniskompasses sind sehr offensichtlich, unsere Abendzeitungen und Nachrichten sind für gewöhnlich voll davon: Mobbing, Schlägereien, Vandale, häusliche Gewalt, Übergriffe auf der Straße, Vergewaltigungen und Mord. In Schweden gibt es einen Begriff namens „Erwachsenenmobbing", der ebenfalls aus dieser Strategie resultieren kann. Ungefähr 300 Selbstmorde von Erwachsenen jährlich ließen sich in Schweden auf Mobbing zurückführen.[70]

Keiner fühlt sich besser, indem er anderen schadet. Ich habe selten von Menschen gehört, die tatsächlich stolz waren, jemanden beschimpft zu haben oder in eine Schlägerei verwickelt gewesen zu sein. Es kann eine vorübergehende Befriedigung verschaffen, aber die Scham dafür, wie man sich ausgedrückt und gehandelt hat, holt einen für gewöhnlich nach einer Weile ein.

Ich bin vollkommen überzeugt davon, dass niemand, der Kontakt zu sich selbst hat, jemand anderen mobben oder ausnutzen *will*. In schmerzhaften Situationen bedarf es unter Umständen dennoch einer großen Portion Empathie, um den inneren Kontakt herzustellen, der so wichtig für die Motivation ist, Verantwortung für seinen eigenen Schmerz zu übernehmen.

Wer mit sich selbst in Kontakt ist, hat auch Kontakt zu dem unschlagbaren Gefühl, zum Wohlbefinden anderer beizutragen. Jemanden, der mobbt, können wir als Person betrachten, die gelernt hat, mit Scham auf eine Art umzugehen, die auf lange

---

70 ↗ http://users.utu.fi/inorri/vuxenmobbning.htm, Stand 20.09.2009.

Sicht weder ihr selbst noch anderen nützt. Das kann uns als Erinnerung dienen, dass auch diese Menschen ein Bedürfnis nach Empathie haben, selbst wenn es eine große Herausforderung sein kann, ihnen diese entgegenzubringen.

„Die anderen sind schuld"

Als Anna versteht, dass sie versucht, mit ihrer Scham umzugehen, indem sie den Fehler bei anderen sucht, kann sie sich der GFK bedienen. Sie beginnt damit, ihre Gedanken zu beobachten. In dieser Richtung des Bedürfniskompasses ist es wertvoll, Denkmustern Aufmerksamkeit zu schenken, die davon handeln, was andere anders hätten machen *sollen*.

1. Anna lässt den Gedanken für eine Weile freien Lauf und hört zu, was sie zu sich selbst sagt: „Sie sind feige Egoisten, die mehr an andere denken sollten. Ich denke gar nicht daran, zuzulassen, dass man sich ungestraft so mir gegenüber verhält."
2. Dann nimmt sie Kontakt mit den Bedürfnissen hinter den Gedanken auf. In diesem Fall sind es Bedürfnisse wie Respekt, Unterstützung und Gemeinschaft.
3. Wenn man in tiefem Kontakt zu den Bedürfnissen steht, verändert sich meistens die Wut. Annas Ärger verwandelt sich in Enttäuschung und Trauer.
4. Anna fragt sich, welche Strategien sie anwenden könnte, um ihre Bedürfnisse zu erfüllen, ohne dass dies auf Kosten anderer geschieht. Sie entscheidet sich, einen Freund zu bitten, sich anzuhören, was für sie so anstrengend ist, um mehr Klarheit zu bekommen, was in ihr vorgeht.
5. Welche Bitten an sich selbst und an andere kann sie äußern, die ihr helfen könnten, mehr Bedürfnisse zu erfüllen?
6. Eine Variante, die in dieser Kompassrichtung ebenfalls gut funktioniert, ist, Kontakt mit den Gefühlen und Bedürfnissen aufzunehmen, die andere haben könnten.

5.5 Zusammenfassung: vier Richtungen im Umgang mit der Scham

Wir können die Strategien, derer wir uns bedienen, wenn wir uns schämen und zum Beispiel Respekt und Gemeinschaft brauchen, in vier unterschiedliche Typen von Verhaltensweisen einteilen. Diese vier Typen können auf viele verschiedene Arten kombiniert und variiert werden und ziehen unterschiedliche „Kosten" nach sich. Aber alle haben den Zweck, uns zu helfen, unserer Scham zu entfliehen.

1. Wir unterwerfen uns, entziehen uns, verstummen und vermeiden zu zeigen, was wir fühlen, brauchen und wollen. Das führt leicht zu Depression und Resignation und nimmt die Lust am Leben. Folgende Gedanken können ein Zeichen für Unterwerfung sein:

„Ich komme nicht zurecht ohne ...“
„Ich brauche nichts, ich komme immer zurecht.“
„Ich tue nicht so als ob ...“
„Ich kann das hier gleich vergessen, es wird ja doch nicht so, wie ich es mir erhofft habe.“

2. Wir bringen uns in Beziehungen ein, aber kritisieren uns selbst, sobald etwas auf uns zukommt, das unsere Scham wecken kann. Unser innerer Kritiker hat freie Bahn, uns zu attackieren und zu beurteilen. Wir zeigen, dass wir Opfer und Verlierer sind, dass auf uns nicht zu zählen ist. Wir entschuldigen uns und signalisieren, dass wir uns dafür schämen, so unzureichend zu sein. Die Scham geht oft in Schuld über. Selbstkritische Gedanken lauten oft etwa so:
„Wenn ich nur lernen könnte, nicht so ... zu sein.“
„Ich bin nicht genügend ...“
„Ich bin so ein ...“
„Warum nur muss ich immer ...“

3. Wir rebellieren gegen das, was wir als Forderung, Bedrohung unserer Freiheit oder Mangel an Respekt auffassen. Durch Rebellion weichen wir dem Schamgefühl aus, indem wir zeigen, dass wir unabhängig sind und frei zu tun, „was immer wir wollen“. In der Konsequenz werden wir leicht kalt und unzugänglich. Wir hören auf, aufmerksam gegenüber den Bedürfnissen anderer zu sein und damit machen wir es uns schwerer, unsere eigenen Bedürfnisse der Fürsorge, Gegenseitigkeit, Gemeinschaft und Liebe zu erfüllen. Gedanken, die mit rebellischem Verhalten verknüpft sind, können sein:
„Ich habe diesen Punkt bereits überschritten – es kümmert mich nicht ...“
„Ich brauche keine Hilfe! Wenn nicht bald etwas passiert, haue ich ab.“
„Schau her, dann zeige ich dir, wie man so etwas macht.“
„Wir haben vor nichts Angst! Wenn mehr Menschen so wären wie wir, sähe die Welt anders aus.“

4. Wir bedrohen, attackieren, verurteilen, kritisieren und beschuldigen andere. Es ist die Schuld anderer, wenn wir wütend werden, weil sie sich anders hätten verhalten sollen. Wir fordern, verwenden Sarkasmen, überzeugen, argumentieren und rechtfertigen uns selbst. Diese Richtung führt zu Wut. Gedanken, die ein Zeichen für Angriffe auf andere sind, können lauten:
„Es ist eure eigene Schuld, wenn ihr Schläge bekommt. Ihr müsst anfangen, selbst Verantwortung zu übernehmen.“
„Sie sind solche Feiglinge. Sie sollten besser wissen, wie man das macht.“
„Sie / er ist / sie sind / ihr seid einfach viel zu ...“
„Sie / er ist / sie sind / ihr seid einfach nicht ... genug.“

5.6 Andere im Umgang mit der Scham unterstützen

Jedes Mal, wenn jemand in eine der Richtungen des Bedürfniskompasses marschiert, um dem Missmut auszuweichen, den die Scham mit sich bringt, entstehen neue Probleme. Jede Strategie zieht unterschiedliche Konsequenzen nach sich. Wir können damit wichtigen persönlichen Netzwerken und Beziehungen schaden. Wir können dazu beitragen, dass andere glauben, etwas mit ihnen sei nicht in Ordnung und wir wollten nichts mit ihnen zu tun haben. Und wir können Gewalt anwenden, die tiefe Spuren im Zutrauen anderer zu uns hinterlässt. Es kann viel Zeit und Energie kosten, die Schäden zu reparieren, die unsere Entscheidung für eine Richtung hervorruft. In dieser Lage ist Hilfe von außen sehr wertvoll.

5.6.1 *Wenn jemand entscheidet, sich zu entziehen*

Wenn jemand sich entzieht oder jemand wirkt, als gebe er seine Bedürfnisse auf, können Sie deutlich machen, dass Ihnen an dem Kontakt zu dieser Person gelegen ist. Wenn Sie die Beziehung aufrechterhalten und sich interessiert dafür zeigen, ob Sie etwas mit der Entscheidung, sich zurückzuziehen, zu tun haben, vermitteln Sie der Person Vertrauen. Sie zeigen sich damit als jemand, der nicht dazu beiträgt, die Schamgefühle noch zu vergrößern. Manchmal schätzen Menschen es nicht, wenn wir gerade in diesem Moment „an die Tür klopfen". Aber ich habe viele Personen im Nachhinein sagen hören, dass sie ein destruktives Muster haben durchbrechen können, wenn jemand gezeigt hatte, dass es ihn kümmerte – auch wenn sie selbst eigentlich entschieden hatten, sich zu entziehen.

Denken Sie daran, dass es auch andere Ursachen als das Vermeiden von Scham dafür gibt, dass jemand sich zurückzieht. Vielleicht möchte die Person einfach ihre Ruhe haben. Aber fragen Sie lieber nach den Gründen, als anzunehmen, Sie wüssten es ohnehin.

5.6.2 *Wenn jemand entscheidet, sich selbst zu beschuldigen*

Wenn jemand sich Schuldvorwürfe macht, können Sie der Selbstkritik mit Ehrlichkeit und Empathie begegnen. Sie können zuhören, welche Gefühle sich hinter den Selbstverurteilungen verstecken, und der Person helfen, ihren dahinter verborgenen Bedürfnissen auf die Schliche zu kommen.

Entscheiden Sie sich, diesem Menschen mit Ehrlichkeit zu begegnen, dann drücken Sie die Gefühle und Bedürfnisse aus, die seine Selbstkritik in Ihnen weckt. Wenn Sie Wertschätzung äußern, ist es wichtig, dass Sie damit nicht versuchen, die Person von ihren Urteilen über sich selbst wegzulotsen. Zwar kann diese Art „Lob" den anderen vorläufig beruhigen, sie funktioniert aber eher wie ein Pflaster, das die Wunde vorübergehend verdeckt, denn als Mittel, um die Verletzung selbst zu heilen. Niemand wird durch ein fröhliches „Aber natürlich bist du gut!" tief innen verändert; am nächsten Tag ist man meist keinen Schritt weiter. Häufig brauchen diese Menschen Empathie oder Akzeptanz statt Aufmunterung oder oberflächlicher „Verarztung" der Wunde.

5.6.3 Wenn jemand sich entscheidet zu rebellieren

In diesem Fall ist es wesentlich, zunächst darauf zu fokussieren, was die Person schon geleistet hat. Wenn es Ihnen gelingt, Wertschätzung dafür auszudrücken, wird Ihr Gegenüber seine Schutzmauer vermutlich ein Stückchen einreißen. Seien Sie jedoch vorsichtig damit, Wertschätzung in Form von Lob auszudrücken, indem Sie sagen, die Person sei tüchtig oder habe etwas gut gemacht, da dies der Rebellion vermutlich mehr Nahrung geben oder die Person glauben machen wird, Sie sympathisierten mit ihrer Wahl. Erzählen Sie stattdessen, welche Ihrer Bedürfnisse durch eine Handlung Ihres Gegenübers erfüllt worden sind und wie Sie sich damit fühlen.

Wenn der andere seine Freiheit und Unabhängigkeit beweisen will, schafft Kritik nicht mehr Kontakt, sondern trägt eher zu mehr Widerwillen bei. Sie wollen jedoch in erster Linie eine Verbindung herstellen, sodass Sie und die Person bald ein einheitliches Bild der Wirklichkeit bekommen.

Sobald Sie den Kontakt hergestellt haben, können Sie mit respektvoller Ehrlichkeit erzählen, welches Verhalten Sie bekümmert, beunruhigt oder wütend macht und welche Wirkung es auf Sie hat. Wenn es der Person schwerfällt, Sie zu hören, können Sie darauf mit Empathie reagieren, um dann zur Ehrlichkeit zurückzukehren.

Wir holen den anderen dort ab, wo er sich gerade befindet. Das kann sich in etwa so anhören: *„Als du während des Gesprächs sagtest ‚Das ist mir scheißegal' und hinausgingst, habe ich mich gefragt, ob du dich nach mehr Verständnis für deine Entscheidungen sehnst."*

Ein Ausdruck von Ehrlichkeit könnte sich etwa folgendermaßen anhören: *„Was ich dich gestern auf der Party tun sah, beunruhigt mich, weil ich sicher sein möchte, dass* *es dir gut geht. Möchtest du erzählen, wie es sich für dich anfühlt, wenn du das von mir hörst?"*

Meist muss der Kontakt zu jemandem, der sich entschieden hat zu rebellieren, langsam und Schritt für Schritt aufgebaut werden. Wenn die Person das Gespräch als Versuch wahrnimmt, ihre – oft als sehr wichtig empfundene – Freiheit einzuschränken, wird sie den Dialog abbrechen wollen. Hinter dieser Reaktion steckt die Angst, mit der Scham, der man entkommen wollte, konfrontiert zu werden.

5.6.4 Wenn jemand entscheidet, andere zu attackieren und zu beschuldigen

„Sei du selbst die Veränderung, die du dir wünschst."[71]

M. Gandhi

Erinnern Sie sich daran, dass niemand, der in Kontakt mit seinen Gefühlen und Bedürfnissen steht, jemand anderen mobben würde? Ein Mensch mit einem guten Selbstwertgefühl muss keinen anderen angreifen, um sich selbst okay zu fühlen. Sie können denen, die andere attackieren, mit Empathie begegnen und ihnen helfen, Verbindung mit ihren Bedürfnissen aufzunehmen und so alternative Verhaltensweisen zu entdecken.

Das oben genannte Gandhi-Zitat beschreibt den meiner Meinung nach besten Weg, mit jemandem umzugehen, der uns angreift. Wenn Sie jemandem, der sich für diese Richtung des Bedürfniskompasses entschieden hat, ebenso hart gegenübertreten, wird er dies als Einladung zu einem Kräftemessen verstehen. Mit Argumenten aufzuwarten ist häufig ein Teil der Strategie, mit der die Person der Scham auszuweichen trachtet. Um einen Zugang zu finden und Kontakt herzustellen, ist es wirksamer, selbst einen anderen Weg zu wählen. Damit leben Sie gleichzeitig vor, wie man anders mit der Situation umgehen kann, als Fehler bei anderen zu suchen und sie zu übertrumpfen. Wir können andere Kommunikationspfade aufzeigen, indem wir – statt nur Urteile wahrzunehmen – darauf horchen, welche Bedürfnisse der andere durch diese tragische Strategie so verzweifelt zu erfüllen versucht. Wenn unser Gesprächspartner fühlt, dass wir ihn verstehen, wird er wahrscheinlich eher bereit sein zu hören, was wir zu sagen haben.

---

71 Gandhi, Mohandas Karamchand (2001), Eine Autobiographie oder: Die Geschichte meiner Experimente mit der Wahrheit, Verlag Hinder + Deelmann.

Nun hoffe ich, dass die vier Richtungen des Kompasses deutlich geworden sind und Sie sich inspiriert fühlen, der Scham auf neue und erfüllendere Weise entgegenzutreten. Der Schlüssel dazu ist, jedes Mal Kontakt mit unseren Bedürfnissen aufzunehmen, sobald wir uns in eine der Richtungen des Bedürfniskompasses bewegen.

Um herauszufinden, in welche Richtung des Bedürfniskompasses Sie für gewöhnlich tendieren, wenn Sie sich schämen, können Sie die nun folgenden Übungen zu Hilfe nehmen.

5.7 Von Scham zu Verletzlichkeit

ÜBUNG

Lieblingsidentitäten

Ich möchte wahrgenommen werden als:

1.

2.

3.

4.

5.

Unerwünschte Identitäten

Ich möchte nicht wahrgenommen werden als:

1.

2.

3.

4.

5.

Was bedeutet es für mich, auf diese Art wahrgenommen zu werden?

Was bedeuten diese Etiketten für mich?

Warum sind sie so unerwünscht?

Welche Bedürfnisse wollen sie mir zeigen?

Vervollständigen Sie den folgenden Satz und nehmen Sie dabei Bezug auf Ihre unerwünschten Identitäten:

„Wenn du mir ein Etikett verpasst und mich auf diese unerwünschten Identitäten reduzierst, verpasst du die Chance zu entdecken, dass ich eine komplexe Persönlichkeit bin und dass es vieles gibt, was ich kann, zum Beispiel: …“

1.

2.

3.

Diese Aufgabe wurde inspiriert von einer Übung in Brené Browns Buch „I Thought It Was Just Me (but it isn't)".

5.8 Tagebuch führen, um die Scham kennenzulernen

Schreiben Sie eine Zeit lang Tagebuch und notieren Sie Situationen, in denen Sie sich geschämt haben. Sie können einmal wöchentlich schreiben oder aber jeden Tag, um Ihre Reaktionen kontinuierlich zu verfolgen. Wenn Sie sich bewusst sind, wie Sie der Scham begegnen, wird es Ihnen möglich sein, unbefriedigende Verhaltensmuster zu ändern. Mithilfe dieses Tagebuches können Sie also in erster Linie erkennen, welche Strategie Sie wählen, um der Scham zu entfliehen. Dadurch können Sie neue, befriedigendere Verhaltensweisen entwickeln. Beispiele für solche Situationen finden Sie im Folgenden.

1. Beschreiben Sie so viele Situationen, in denen Sie Scham erlebt haben, wie möglich. Bewerten Sie die Intensität der Schamgefühle auf einer Skala von 1 bis 10. Der Wert 10 steht für die höchste Intensität.

2. Erstellen Sie mithilfe des Bedürfniskompasses eine Liste Ihrer Reaktionen und beobachten Sie, was Sie getan haben, als Sie Verbindung zur Scham hergestellt haben. Häufig kann die Reaktion – also dass Sie sich in eine der Richtungen des Bedürfniskompasses bewegt haben – ein Hinweis auf Scham sein.

3. Ordnen Sie jede Reaktion einer der Richtungen des Bedürfniskompasses zu.

4. Ergänzen Sie sofort oder im Laufe des Tages, welche Gedanken über Sie selbst die Scham verstärkt haben.

5.8.1 Beispielsituationen

ÜBUNG

Beispiel A:
Ich fahre eine dritte Runde um den Parkplatz und habe keine Lust mehr, nach einer Lücke zu suchen. Gedanken: „Ich werde abgewiesen." „Das hier ist zu peinlich, ich sollte es bleiben lassen."

Beispiel B:
Ich freue mich auf ein Telefongespräch, aber als ich anrufe, höre ich nur den Anrufbeantworter. Gedanke: „Niemand will mit mir sprechen, ich bin unwichtig."

Beispiel C:
Sie sprechen nicht darüber, was Sie fühlen, wenn der Blick vieler Menschen auf Sie gerichtet ist. Gedanke: „Ich bin schüchtern, das hier ist so peinlich."

Beispiel D:
Jemand sagt: „Warum hast du nicht getan, was du versprochen hast?" Gedanke: „Ich werde kritisiert."

Beispiel E:
Sie sprechen über etwas, das Sie interessiert. Plötzlich wird das Gesicht Ihres Gesprächspartners vollkommen gleichgültig, seine Aufmerksamkeit wandert ab oder die Person wechselt das Gesprächsthema, ohne darauf einzugehen, was Sie gesagt haben. Gedanke: „Ich bin langweilig. Das hier ist erniedrigend."

Beispiel F:
Sie möchten das Restaurant verlassen, bevor das Bestellte serviert wurde, aber Sie finden die Bedienung, die Ihre Bestellung aufgenommen hat, nicht. Sie möchten Ihrer Begleitung nicht sagen, dass Sie sich nicht erinnern, wie die Bedienung aussah, weil Sie befürchten, für verrückt gehalten zu werden. Gedanke: „Ich bin selbst schuld, dass ich nicht aufmerksam genug bin. Das ist typisch für mich."

6. | Stolz

6.1 Hochmut kommt vor dem Fall?

Manchmal höre und sehe ich, wie Menschen stolz darauf sind, Gewalt anzuwenden, sei es nun in Worten oder Taten. Äußerungen wie: „Ich habe ihn mir geschnappt", „Er hat bekommen, was er verdient hat", „Das hat ihr das Maul gestopft" atmen Rebellion, aber auch Stolz.

Es gibt Unmengen von Filmen, in denen die Handlung auf einem Kräftemessen – wer ist stärker, wer ist gewalttätiger? – beruht. Häufig geht es nicht nur darum, wer den Feind mit physischer Gewalt besiegt, sondern auch darum, den anderen im Streit verbal ohne Fausthiebe zu überwältigen, mit Worten wie Messerstiche. Schlagfertig und mit einem heftigen Gegenangriff antworten zu können, gilt als cool und als Ausdruck von Cleverness.

Vielleicht liegt es teilweise an solchen und ähnlichen Demonstrationen von Stolz, dass allein das Wort *Stolz* Abscheu und Unbehagen wecken kann: Es ist mit Hochmut, Gewalt und Respektlosigkeit vermengt. Im Katholizismus zählt Hochmut zu den sieben Todsünden.

Stolz an sich ist kein Ausdruck dafür, dass wir besser sind als andere, sondern beschreibt vielmehr das Empfinden desjenigen, dem etwas geglückt ist. Wir empfinden Stolz, wenn wir eine überwundene Herausforderung feiern, etwas, von dem wir nicht sicher waren, dass wir es schaffen würden. Manchmal jedoch entsteht daraus der Gedanke, wir seien besser, stärker oder klüger als andere. Dann geht Stolz in etwas über, das wir Hochmut nennen. Häufig liegt Hochmut jedoch im Auge des Betrachters: Weil wir uns selbst mit anderen vergleichen, gehen wir davon aus, dass auch die anderen dies tun.

Wenn wir Stolz fühlen, reagiert der Körper genau konträr zum Erleben von Scham. Die Haltung ist aufrechter (im Gegensatz zum Zusammensinken des Körpers, wenn wir uns schämen), unser Blick begegnet den Blicken anderer (während wir dies vermeiden, wenn wir Scham empfinden), wir atmen tief und strecken vielleicht den Brustkorb heraus, machen uns groß und wollen beachtet werden – auch das ein Gegensatz zur Scham und dem mit ihr einhergehenden Wunsch zu verschwinden.

Wenn uns etwas geglückt ist, wird unser Stolz als ganz natürliche Reaktion geweckt. Sich über Fortschritte zu freuen ist ein angeborenes Bedürfnis des Menschen – wir feiern unsere Fähigkeit, Dinge zu verändern, Bedürfnisse zu befriedigen, etwas Neues zu erschaffen und Träume zu erfüllen. Leider gestehen sich viele von uns diese Freude nicht zu. Stattdessen verstecken wir sie, vielleicht um nicht überheblich zu wirken oder den Eindruck zu erwecken, wir wollten uns profilieren. Folgendes erzählte eine meiner Kursteilnehmerinnen:

> *„Als ich aufwuchs, war es weder unter gleichaltrigen Freunden noch unter Erwachsenen akzeptiert, auf sich selbst oder auf etwas, das man getan hatte, stolz zu sein. Es ist nicht gelungen, mir meinen Stolz vollständig „abzuerziehen", aber ich fühle noch immer eine Art Scham, wenn ich zum Beispiel sage, dass ich gut in etwas oder stolz auf meine Kinder bin. Es fühlt sich einfach nicht ganz richtig an und manchmal würde ich mich im Nachhinein gern entschuldigen. Sogar jetzt, während ich darüber schreibe, fühle ich mich unbehaglich."*

Birgitta

6.2 Stolz und Wertschätzung

> *Ich möchte anderen von schönen Dingen erzählen, die in meinem Leben passieren – etwa, wenn ich an etwas mitgewirkt habe, für das ich dankbar bin –, ohne mich dafür zu schämen. Anerkennung, die nicht überheblich ist, sondern freudig. Sich freuen und dankbar für etwas sein, ohne zu vergleichen und zu behaupten, man sei besser.*

Kursteilnehmer

Ich bin immer wieder fasziniert, wie eifrig kleine Kinder etwas zeigen möchten, das sie gemalt oder gebaut haben. Und wie enttäuscht sie sein können, wenn man ihnen nicht mit Interesse oder Verständnis dafür begegnet, wie groß und wichtig ihr Schaffen für sie ist. Diese Sehnsucht, etwas, das wir erreicht haben, gemeinsam mit anderen zu feiern, vergeht nicht, nur weil wir älter werden. Sie begleitet uns, genau wie die anderen menschlichen Bedürfnisse auch.

Die Freude über ein erfülltes Bedürfnis scheint eine verderbliche Ware zu sein. Wenn wir uns nicht sputen, unserem Stolz und unserer Zufriedenheit Ausdruck zu verleihen, pflegt die Freude „ranzig" zu werden und wir fühlen uns vielleicht einsam und verbittert. Uns selbst und anderen gegenüber Stolz und Wertschätzung auszudrücken, ist eine wichtige Zutat, um Glück zu empfinden.

Wenn wir Wertschätzung zum Ausdruck bringen, feiern wir damit, dass Bedürfnisse erfüllt wurden und freuen uns darüber. Wir erzählen anderen, wie sie unser Leben bereichern und was wir dabei fühlen. Äußern wir Wertschätzung hingegen wie Anerkennung, gefährden wir den Kern der Freude, denn dadurch können wir vergleichende Denkmuster nähren, die besagen, jemand sei besser oder schlechter als ein anderer. Damit schaffen wir eher Abstand, als dass wir unverfälschten Stolz hervorrufen.

Mit Komplimenten und Lob beurteilen wir den anderen als gut, normal, tüchtig oder wunderbar. Wir beschreiben, wie die anderen „sind", statt auszusagen, auf welche Weise sie etwas in unserem Leben verändert haben. Um Wertschätzung zu signalisieren, die eher zu Stolz als zu einem Gefühl von Überlegenheit führt, können wir uns auf Folgendes konzentrieren:

1. was jemand getan hat, das ich wertschätze (statt meine Deutungen oder meine Beurteilung dessen, was er getan hat),
2. was ich beim Gedanken daran fühle,
3. welche meiner Bedürfnisse durch das Handeln des anderen erfüllt wurden.

Mithilfe dieser Schritte können wir natürlich auch Wertschätzung uns selbst gegenüber ausdrücken, ohne uns im sogenannten „falschen Stolz" zu verfangen, den ich etwas später beschreiben werde.

6.3 Sich für Wertschätzung schämen

Warum nur schämen sich manche Menschen, wenn ihnen Wertschätzung entgegengebracht wird? Wertschätzung scheint das Potenzial zu haben, unsere Verteidigung „niederzureißen" – sie macht deutlich, dass eine andere Person uns sieht, was dazu führen kann, dass wir uns exponiert und nackt fühlen. Können wir wirklich sicher sein, dass die anderen meinen, was sie sagen? Sehen sie mich wirklich? Werden sie verlangen, dass ich auch in Zukunft das gleiche leiste? Kann ich ihre Erwartungen erfüllen? – Wir stehen da mit unserer Kraft und fragen uns, ob wir akzeptiert werden in einer Welt, in der wir gelernt haben, nicht herauszustechen und aufzufallen.

Ich sehe Scham und Schuld als Signale aus unserem Inneren, die uns daran erinnern, dass wir vergessen haben, auf welche Weise wir wechselseitig mit anderen Menschen verbunden sind. Die Scham will uns auch auf die Bedürfnisse anderer aufmerksam machen. Wenn wir die Wertschätzung unserer Mitmenschen nicht als Freude über die Erfüllung ihrer Bedürfnisse hören, sondern lediglich als ein Zeichen dafür, dass wir respektiert sind, werden wir ihr vielleicht generell ausweichen. Wenn wir jedoch sehen, wie unser Handeln anderen geholfen hat, können wir gemeinsam mit ihnen feiern und stolz auf die Möglichkeiten sein, die wir Menschen haben, zum Leben anderer beizutragen.

6.4 Drei Arten von Stolz

Wenn wir Stolz und Selbstrespekt erleben, liegt es daran, dass wir uns aufgrund unseres Handelns zufrieden, froh und heiter fühlen. Stellen Sie sich folgende Handlungsfolge vor:

1. Wir haben einen Auftrag angenommen, der eine interessante Herausforderung darstellt.
2. Wir führen eine Handlung aus, um uns dem Ziel zu nähern.
3. Wir sind stolz und freuen uns, erfolgreich gewesen zu sein.

Denken Sie an einen Fußballspieler, der soeben ein Tor geschossen hat: die Arme über dem Kopf, die Brust nach vorn und oben gereckt und im Gesicht ein breites Grinsen. Wir alle erkennen diesen Ausdruck von Stolz, sei es bei einem Fußballer, einem Politiker oder jemand anders, der mit etwas erfolgreich war, für das er sich wirklich ins Zeug gelegt hat.

Nathanson spricht von drei verschiedenen Arten von Stolz und meint, dass wir alle drei auf eine positive Weise erleben können.[72] Diese Einteilung ist hilfreich, denn so können wir besser verstehen, wie wir durch jeden einzelnen Typ Kontakt mit unseren Bedürfnissen aufnehmen.

6.4.1 Stolz

Wenn wir auf etwas, das uns gelungen ist, stolz sind, wird das körperlich sichtbar. Wir halten den Kopf hoch, manchmal ist der Brustkorb herausgestreckt und wir begegnen dem Blick anderer. Dies ist ein scharfer Kontrast zur Scham, die uns zusammensacken und uns den Blick senken lässt.

6.4.2 Geliehener Stolz

Wir können auch stolz auf etwas sein, das unseren Kindern, Arbeitskollegen oder Freunden gelungen ist. Nathanson nennt das „geliehenen Stolz", weil es nicht wir selbst sind, die etwas getan haben. Diese Art von Stolz kann stimuliert werden, wenn eine Person oder Gruppe – wie etwa unsere Lieblingsfußballmannschaft – erfolgreich war.

---

72 Donald L. Nathanson (1992), Shame and Pride: Affect, Sex and the Birth of the Self, W. W. Norton & Company.

In meiner Ursprungsfamilie wurde dieser geliehene Stolz immer dann auf die Probe gestellt, wenn Schweden Eishockey spielte. Ging es für unsere Nationalmannschaft „Tre Kronor" gut aus, sagten wir: „Wir haben gewonnen" oder: „Wir sind die besten". Lief es schlecht und Schweden verlor, hieß es: „*Sie* haben verloren" oder: „*Sie* waren schlecht".

Die Kehrseite des geliehenen Stolzes ist, dass wir faktisch nicht selbst etwas erreicht haben und dass wir uns von anderen abhängig machen, um Stolz zu empfinden. Unser Stolz liegt z. B. in den Händen eines Fußballhelden. Trikots mit den Namen von Sportlern werden unter anderem deshalb so gut verkauft, weil Menschen sich im Glanz derer sonnen möchten, denen etwas gelungen ist, das man selbst nicht schaffen würde.

Hinter dem geliehenen Stolz stehen natürlich wichtige Bedürfnisse – ebenso wie hinter dem Stolz auf etwas, das wir selbst erreicht haben.

6.4.3 Falscher Stolz

Falscher Stolz entsteht, wenn jemand etwas erfunden oder übertrieben hat. Ein klassisches Beispiel ist der Angler, dessen Fang wächst, je häufiger und je nachdem in welcher Gesellschaft er seine Geschichte erzählt.

Durch etwas, das eigentlich nicht wahr ist, bitten wir um Respekt und um die Erlaubnis, etwas Besonderes sein zu dürfen – eine risikoreiche Variante, das zu bekommen, was wir suchen. Denn wenn die Lüge die Grenzen des Akzeptablen überschreitet und aufgedeckt wird, riskieren wir stattdessen, sämtlichen Respekt und sogar unsere Glaubwürdigkeit zu verlieren.

Auf der anderen Seite können wir uns entscheiden zu glauben, was jemand erzählt, weil wir uns nicht vorstellen können, dass der andere ein solches Risiko auf sich nehmen würde. Wir selbst würden vielleicht nicht im Traum daran denken, bei etwas zu lügen, das, wenn es entdeckt wird, unsere Scham so enorm erhöhen würde. Wenn wir von uns auf andere schließen, entscheiden wir uns ganz einfach dafür, zu glauben, dass deren Erzählung wahr ist.

Eine meiner ehemaligen Arbeitskolleginnen war für Übertreibungen bekannt. Sie fing an zu verstehen, dass dies es den Menschen schwer machte, ihre Erzählungen für bare Münze zu nehmen. Mehrmals hatte sie kritische Reaktionen erhalten und mitten in einer Geschichte darüber, wie sie einen vier Kilo schweren Fisch gefangen hatte, rief sie plötzlich aus: „Und in einem Jahr wiegt er mit Sicherheit sechs." In diesem Augenblick eroberte sie einen großen Teil des Vertrauens ihrer Kollegen zurück, da deutlich wurde, dass sie die Verantwortung für ihren falschen Stolz übernahm. Dies ist eine Art, ein Muster zu durchbrechen, das auf unserem Irrtum gründet, wir müssten uns durch etwas ganz Besonderes hervortun, um okay zu sein.

Sogar hinter falschem Stolz, erfundenen Geschichten und Übertreibungen finden sich natürliche Bedürfnisse, etwa danach, gesehen oder gehört zu werden, nach Respekt und danach, sich bedeutsam zu fühlen. Wenn wir in Kontakt zu diesen Bedürfnissen stünden, könnten wir – statt zu übertreiben – Bitten ausdrücken oder andere Strategien der Bedürfniserfüllung wählen.

6.4.4 Wie wir feiern können, wenn wir uns stolz fühlen

Wenn wir auf etwas stolz sind und dies gemeinsam mit anderen feiern möchten, gibt es einige Dinge zu bedenken, um es den anderen einfacher zu machen, sich mit uns zu freuen.

Das eine ist, Vergleiche zu vermeiden und uns nicht als besser anzusehen, sondern stattdessen voll und ganz unsere Freude über den Erfolg zum Ausdruck zu bringen. Wir können außerdem deutlich machen, welche Bedürfnisse wir durch unser Tun erfüllt haben.

6.4.5 Wie wir geliehenen Stolz verändern und unsere Bedürfnisse selbst besser erfüllen können

Wenn wir geliehenen Stolz empfinden, ist es von Nutzen innezuhalten, wieder Kontakt aufzunehmen und herauszufinden, welche Bedürfnisse durch das Ereignis, auf das wir stolz sind, de facto erfüllt wurden. Egal ob wir aus eigener Kraft glänzen oder uns im Licht eines anderen sonnen – die Bedürfnisse sind gleichermaßen real. Ohne die Begeisterung zu zerstören, die Sie empfinden, wenn Sie jemanden etwas Bestimmtes erreichen sehen, können Sie vielleicht andere Wege finden, Ihre Bedürfnisse zu befriedigen und Stolz und Freude zu erleben, ohne dabei abhängig vom Handeln anderer zu sein.

6.4.6 Wie wir falschen Stolz verwandeln können

Um falschen Stolz zu verwandeln, bedarf es zunächst der Zuversicht, dass wir auch ohne Übertreibungen oder imposante Geschichten akzeptiert werden. Dieses Zutrauen fällt uns leichter, wenn wir uns daran erinnern, dass sich auch hinter dem falschen Stolz schöne Bedürfnisse verbergen – etwa nach Akzeptanz, aber auch nach Zugehörigkeit und danach, gesehen und gehört zu werden. Die Einsicht, dass wir übertreiben, kann uns zum Signal werden, dass unsere wichtigen Bedürfnisse beachtet werden müssen und dass wir innehalten und Kontakt mit ihnen aufnehmen sollten.

Wenn uns andere auf ehrliche Art und nach den Regeln empathischen Verstehens infrage stellen, kann uns das eine große Unterstützung dabei sein, uns der nackten Wahrheit auszusetzen.

6.5 Töten Sie Jante nicht – werden Sie sein Freund

Norrbotten, wo ich aufgewachsen bin und wo ich wohne, wird scherzhaft auch als die „Wiege des Jantegesetzes"[73] bezeichnet. Lange bevor Axel Sandemose den Begriff „Jantegesetz" geprägt hatte, gab es das Phänomen und wir haben seit Generationen die Idee tradiert, man solle nicht „herausstechen" und „glauben, dass man etwas Besseres ist" und dass „Eigenlob stinkt".

In meiner Heimatgemeinde hat man in der Vergangenheit symbolische Begräbnisse von Jante angeordnet, um spürbar zu machen, dass man sich von unnötiger Selbstkritik verabschieden sollte. So einfach werden wir unsere Scham und Selbstkritik jedoch – zum Glück – nicht los.

Ich habe unzählige Beispiele dafür gesehen, dass wir – wenn wir versuchen, Kritik zu verstehen, statt sie loszuwerden – Einsichten darüber erlangen können, dass wir den Kontakt zu einem wichtigen Aspekt des Lebens verloren haben. Scham kann uns helfen, wenn wir uns die Zeit nehmen, ihrem innersten Kern zu lauschen. Es gibt einen Grund dafür, dass wir Skandinavier das Jantegesetz haben – wir sollten Jante nicht töten! Nehmen Sie sich stattdessen Zeit, zu hören, was es im Sinn hat. Verurteilungen, Selbstkritik und andere Bewertungen können uns – wenn wir auf die Intention statt auf den Inhalt hören – erinnern, wie wichtig es ist, dafür zu sorgen, dass die Bedürfnisse aller erfüllt werden.

---

73 Anm. d. Ü.: Das Jantegesetz beschreibt einen Verhaltenskodex in den skandinavischen Ländern, der besagt, man solle sich nicht als besser, klüger oder wertvoller fühlen, stets bescheiden sein und nicht herausstechen. Mehr Informationen dazu etwa hier: ↗http://de.wikipedia.org/wiki/Janteloven.

6.6 Sich für jemanden schämen

Auf die gleiche Weise, auf die wir Stolz für jemand anders fühlen können, können wir uns auch im Namen eines anderen schämen. Wir haben eine Art Radar, der ortet, ob das Bedürfnis nach Respekt erfüllt wurde oder nicht. Gewisse „peinliche" Menschen wissen nicht einmal, dass sie „sich schämen sollten", also schämen wir uns für sie. Dieser Mechanismus beinhaltet einiges an Komik. Ein Beispiel dafür ist Rowan Atkinson, der als Mr. Bean all die Dinge tut, die man eigentlich nicht tun darf. Ich kann fühlen, wie die Scham in mir kribbelt, wenn ich Mr. Bean sehe, auch wenn ich mir in Erinnerung rufe, dass es nur ein Film ist. Er scheint sich kein bisschen zu schämen, also muss ich das für ihn tun.

Eine andere Situation, in der ich mich für jemand anders schämte, spielte sich in meiner Jugend ab.

„*Seht euch den an!*" – Eines der älteren Mädchen zeigte kichernd hinüber zum Café-Bereich unseres Aufenthaltsraums. Gerade an dem Tag wurde mir die Ehre zuteil, mit einer Gruppe älterer Mädchen aus der Neunten die Kaffeepause zu verbringen. Ich war dreizehn, ging in die siebte Klasse und es war immer wieder spannend zu hören, wie die älteren Mädchen über Jungs und andere interessante Dinge sprachen.

„*Der sieht nicht ganz normal aus.*" – Neugierig blickte ich auf und erstarrte. Mir wurde eiskalt, als ich sah, was die negative Aufmerksamkeit der Mädchen auf sich zog. Zu meinem Entsetzen entdeckte ich, dass es mein Vater war!

„*Er sieht aus wie ein Hund*", kicherte eines der Mädchen. „*Nein, eher wie ein Idiot*". Und nun kicherten alle.

Ich spürte, wie es in mir kribbelte. In voller Montur, mit einer sogenannten „Russenmütze" mit Pelz und Ohrenklappen, die an den Seiten abstanden, und mit einer ungeheuer hässlichen Jacke, über die ich schon manches Mal geseufzt hatte, stand MEIN PAPA da. In meinem Aufenthaltsraum!

Papa sah sich suchend um und da mir klar war, dass er mich jeden Moment entdecken würde, klaubte ich schnell meine Sachen zusammen. Die Scham war überwältigend, ich wollte von einem schwarzen Loch verschluckt werden. Ich murmelte meinen Freundinnen etwas Unverständliches zu und als ich mit Papa auf gleicher Höhe war, zischte ich aus einem Mundwinkel, ohne ihn anzusehen: „*Nun geh schon!*"

Ich wollte nicht, dass andere glaubten, ich hätte irgendetwas mit dieser peinlichen Erscheinung zu tun. Meine Bedürfnisse nach Akzeptanz und Gemeinschaft waren akut gefährdet und ich wollte um jeden Preis vermeiden, mit der Quelle meiner Scham in Verbindung gebracht zu werden.

Heute fühlt sich dieses Ereignis bedrückend an und ich wünschte, ich hätte den Mut gehabt, meinen Freundinnen zu erzählen, dass der Mann mein Papa war. Hätte ich damals nur mehr Werkzeuge zur Verfügung gehabt, mich dazu zu verhalten; wäre mir klar gewesen, dass ich Akzeptanz brauchte und Teil einer Gemeinschaft sein wollte – ich hätte ihn nicht „verleugnen" müssen.

7. | Wofür Wut überraschenderweise gut sein kann

7.1 Die blitzschnelle Verwandlung

„Ärger kann nur dann auftreten, wenn du glaubst, dass du angegriffen worden bist,
dein Gegenangriff gerechtfertigt ist und du in keiner Weise dafür verantwortlich bist."

Ein Kurs in Wundern[74]

Mein damals dreijähriger Sohn schlug zunächst ein Glas kaputt. Während ich die Scherben aufwischte, verteilte er sandiges Spielzeug im Bett. In der Zeit, in der ich den Sand entfernte, schaffte er es, seine Filzspielsachen in der Toilette zu baden und dabei Wasser auf den Fußboden und seine Hosen zu befördern. Aber bereits eine Sekunde, nachdem ich seine Hose gewechselt hatte und wir endlich hätten gehen können, lag die Hose schon wieder auf dem Boden. Es war klar, er trieb Schabernack mit mir. Er wollte meine Grenzen testen!

Ich wurde fuchsteufelswild und da die Wut überhandnahm, schrie ich ihn an, er solle seine Hose wieder anziehen! Er (der nicht daran gewöhnt war, dass jemand die Stimme gegen ihn erhob) sah mich mit großen Augen an und sagte vorsichtig: „Jetzt bin ich aber erstaunt." Da löste sich meine Wut in nichts auf. Auf einmal war offensichtlich, dass er vollkommen in seinen Fantasiespielen aufgegangen war, ohne die geringste Absicht, meine Pläne zu durchkreuzen. Es war meine Interpretation, er habe beabsichtigt, mich zu reizen und störrisch zu sein, die mich rasend machte, und nicht das, was er tatsächlich getan hatte.

Als wir uns dann hinsetzten, ich ihn in den Arm nahm und wir eine Weile sprachen, kamen meine Tränen. Ich erzählte ihm, dass ich gestresst und traurig über das war, was ich zu ihm gesagt hatte und auch über die Art, auf die ich es gesagt hatte. Ich fragte ihn, was er nun fühle. Er streichelte mir über die Wange und sagte: „Du wirst es bestimmt lernen, Mama, beim nächsten Mal machst du es anders." Die Wärme in seinen Worten ließ mich noch mehr weinen. Es half mir zu verstehen, wie gerne ich daran denken möchte, Kontakt wertzuschätzen, statt um jeden Preis „voranzukommen". Dies war eine Lektion dafür, wie wir riskieren, unseren Beziehungen zu schaden, wenn unsere Denkmuster uns verleiten zu glauben, unsere Gefühle seien ein Resultat dessen, was jemand anders tut.

---

74 Ein Kurs in Wundern (2010), Textbuch / Übungsbuch / Handbuch für Lehrer, Greuthof Verlag.

Der Prozess, die eigene Wut voll und ganz auszudrücken, beginnt mit der Einsicht, dass Wut nie davon abhängt, was eine andere Person tut. Wenn wir wütend sind und Verbindung zu unseren Bedürfnissen hinter dem Ärger herstellen, verwandelt er sich in eines oder mehrere andere Gefühle gleicher Intensität, etwa in starke Enttäuschung, Trauer oder Angst. Allen auftretenden Gefühlen ist gemeinsam, dass sie besser als die Wut dazu geeignet sind, uns zu zeigen, was wir gerade brauchen.

Die Verwandlung kann blitzschnell vonstattengehen, wenn jemand unserer Wut mit Empathie begegnet. Die Empathie hilft uns, in einen tieferen Kontakt mit uns selbst zu treten, ganz im Gegensatz zur oberflächlich anklagenden Wut.

> Wenn Sie wütend sind, erinnern Sie sich an Folgendes:
> 1. Sie sind wütend, weil einige Ihrer Bedürfnisse nicht erfüllt wurden.
> 2. Sie sind wütend, weil Sie jemand anderem die Schuld dafür geben, dass Sie nicht bekommen, was Sie brauchen und um was Sie bitten.
> 3. Wenn Sie sich äußern, während Sie wütend sind, ist das Risiko groß, dass Sie dies auf eine Weise tun, die dazu beiträgt, dass Sie nicht bekommen, was Sie benötigen.

7.2 Der Kern der Gewalt

„Es ist wichtiger, die latente Gewalt in der Gesellschaftsstruktur aufzudecken, als Frieden zu machen, wenn offene Gewalt ausbricht."

Jayaprakash Narayan[75]

Schon seit längerer Zeit höre ich, wie Menschen Angst und Frustration darüber äußern, dass es in unserer Gesellschaft so viel Gewalt gibt. Manche sind beunruhigt über gewalttätig agierende Jugendliche, andere über Männer, die sich an Frauen oder Kindern vergreifen, oder aber über Frauen und Mädchen, die sich prügeln. Menschen, die an Schulen arbeiten, äußern Angst angesichts des dort herrschenden Ausmaßes an Gewalt und kränkender Sprache. Andere sind eher besorgt über die Gewalt auf den Straßen und den Vandalismus. Es wird häufig darüber gesprochen, dass wir eine Sprache verwenden, die uns nicht akzeptabel erscheint, und dass Kinder und Jugendliche jeglichen Respekt vor Autoritäten und vor Erwachsenen verloren haben.

Es gibt einen gemeinsamen Kern in all dem. Den erreichen wir jedoch nicht, indem wir uns nur auf die Gruppe oder das Individuum konzentrieren, die oder das etwas

---

75 Narayan, Jayaprakash, Einführung. In: Bhave, Vinoba (1974), Dritte Macht, Hinder + Deelmann.

tut, was wir als Zeichen für mangelnden Respekt wahrnehmen. Ich halte es für hilfreich, uns zu Gewalt auf die gleiche Weise zu verhalten, wie wir uns zu Viren oder Epidemien verhalten: Wir sehen sie nicht als Fehler oder Verantwortung eines Einzelnen, sondern als etwas, mit dem zurechtzukommen wir jedem Menschen helfen sollten.

Um mit Gewalt umzugehen ist es nötig, unser Menschenbild zu ändern: nämlich wahrzunehmen, dass wir wechselseitig voneinander abhängig sind und dass wir einander mit Respekt behandeln sollten. Viele Menschen ziehen einfache Lösungen den komplexeren vor. Wir können zum Beispiel glauben, ein Burnout beruhe auf dem Unvermögen eines einzelnen Individuums, die Balance zwischen Arbeit und Erholung zu halten oder auf seinen mangelnden Kenntnissen über Stress. Entwickeln wir dann Maßnahmen, um dieser Einzelperson zu helfen, werden dabei möglicherweise die Normen und Werte der Gesellschaft außer Acht gelassen, die sich ebenfalls auf den Stress des Einzelnen auswirken können: etwa dass man produktiv sein und mit Stress konstruktiv umgehen soll. Ich erinnere mich, wie ich selbst einmal dabei ertappt wurde. Mit einer Gruppe von Arbeitnehmern machte ich ein Seminar zum Thema Umgang mit Stress. Einer der Teilnehmer weigerte sich, die von mir vorgeschlagenen Entspannungsübungen zu machen. Er sagte: „Soso, nun bringen uns die Arbeitgeber also bei, besser mit Stress umzugehen, damit wir noch härter arbeiten können." An diesem Tag lernte ich ziemlich viel.

Wir können uns einbilden, sobald wir eine Diagnose über jemanden gestellt haben, hätten wir den ursächlichen Zusammenhang verstanden und damit bereits unter Kontrolle. Das vermittelt eine gewisse Beruhigung, aber auf gesellschaftlicher Ebene fehlt noch immer die Veränderung, die es braucht, damit – wie in diesem Beispiel – dem Burnout vorgebeugt werden kann. Daher müssen auch Politiker und Entscheidungsträger die Grenzen und Möglichkeiten der Menschen wahrnehmen.

Das gleiche gilt für unseren Blickwinkel auf Gewalt und die Ursachen von Wut, Scham und Schuld. Wir können uns entscheiden, diese als ein individuelles Problem zu sehen. Dann riskieren wir jedoch, die Chance auf wichtige und notwendige Veränderungen in der Gesellschaft zu verpassen, die zu nachhaltigen Lösungen führen könnten.

7.3 Gewalt in der Unterhaltung

Ein Dominanzsystem setzt voraus, dass wir lernen, die Gewalt zu genießen. Zu den Uhrzeiten, wenn in den USA vor allem Kinder fernsehen, also zwischen 19 und 21 Uhr, misshandelt oder tötet der Held in 75 Prozent der Sendungen jemand anders. Wenn Kinder in den USA 15 Jahre alt sind, haben sie durchschnittlich 30.000 Schlägereien und Morde – verübt von „den Guten" – gesehen.

Marshall Rosenberg[76]

Wahrscheinlich sind die Zahlen in Schweden[77] ungefähr gleich. Viele Kinder beginnen früh Fernsehsendungen und Filme zu sehen, in denen Gewalt, Wettbewerb und das Bestreben, andere zu übertrumpfen, einen großen Teil der Handlung ausmachen. Zum Beispiel Pokémon, Dinosaur King, Tom & Jerry und andere Disneyfiguren, bei denen es in jeder Folge um Gewalt geht, werden auch in Schweden und Deutschland gezeigt. Mein Sohn war erst drei Jahre alt, als er von der Kita nach Hause kam und von den Pokémon erzählte, die alle anderen Jungs zu mögen schienen. Also setzte ich mich mit ihm hin, um zu sehen, um was für eine Sendung es sich dabei handelte, und war schockiert über das Ausmaß an Schlägereien, Sarkasmen sowie Richtig-Falsch-Denkmustern.

Haben Sie einmal darüber nachgedacht, wann Schlägereien und Morde in Filme am eindringlichsten sind? Sie passieren auf dem Höhepunkt der Sendung, wenn es am spannendsten ist und man wissen möchte, wie es ausgeht. So gewöhnen wir uns ganz einfach und systematisch daran, uns durch Gewalt zu amüsieren. Indem wir in so jungen Jahren lernen, dass Ungereimtheiten und Konflikte mit Gewalt gelöst werden, erfahren wir sie als einen konstruktiven Weg, um mit Problemen umzugehen.

Jedes System und jede Kultur braucht einen Mythos, der erklärt, wie die Dinge so geworden sind, wie sie sind. Eine Geschichte, die häufig genug erzählt und immer wieder im Alltag bestätigt wird, ist irgendwann keine Sage oder Fantasie mehr, sondern wird als Wirklichkeit anerkannt. Und wenn das passiert ist, billigen wir diese Geschichte, selbst wenn sie unser Leben zerstört. Wir haben gelernt zu akzeptieren, dass Menschen als gewaltsame schlechte Wesen angesehen werden, die nur ihr eigenes Bestes wollen – obwohl die Wahrheit vielleicht eine ganz andere ist.

In den letzten Jahrhunderten ist Gewalt mehr und mehr kommerzialisiert worden. In Hollywood kann man deutlich sehen, wie das Ausmaß an Gewalt und Mord in

---

76 Siehe den Artikel „Ilska och System" auf ↗http://www.friareliv.se.

77 Anm. d. Ü.: Laut einer Studie von 2004 enthalten in Deutschland knapp 80 Prozent der Fernsehsendungen Gewaltdarstellungen, etwa jede 20. Minute handelt von Gewalt. (Studie „Das Weltbild des Fernsehens" (2004) von Prof. Dr. Helmut Lukesch, die Ergebnisse sind unter ↗http://epub.uni-regensburg.de/3266/1/lukesch21.pdf einsehbar, Stand 25.09.2011).

Filmen inflationär um mehrere hundert Prozent gestiegen ist.[78] Filme sind Mythen-
träger und heute gelten als Helden häufig diejenigen (Männer), die am meisten und
brutalsten morden und Schaden anrichten – und all das im Namen des Guten. Wer
am sich am Ende des Filmes als am meisten effektiv darin erwiesen hat, Gewalt anzuwenden, um die „bösen Mächte" zu vernichten, wird Action- oder Superheld ge-
nannt. Sind es solche Werte, die wir den nachfolgenden Generationen vermitteln
wollen? Ist es diese Botschaft, die wir an unsere Kinder weitergeben möchten? Wollen wir für die Idee stehen, dass eine erwachsene Person jederzeit zu Gewalt greifen
kann, um mit einer Situation klarzukommen?

Es gibt noch immer Kulturen, in denen Menschen, die anderen schaden, nicht als
böse oder schlecht angesehen werden. Man sieht es vielmehr so, dass sie ihre wahre
Natur vergessen haben. Wenn in einer solchen Kultur eine Person einem anderen
geschadet hat, konzentriert man sich darauf, ihn oder sie an seine oder ihre wahre
Natur zu erinnern. Man tut alles was man kann, um dieser Person zu zeigen, „wie es
ist, Mensch zu sein". Wenn man möchte, dass derjenige etwas aus der Situation lernt,
glaubt man, auf diese Weise bessere Ergebnisse zu erzielen als mit einer Bestrafung.[79]

Was würde wohl mit uns und unserem System geschehen, wenn wir ebenso häufig
Filme sehen würden, die den Mythos von Menschen als kooperierende Wesen vermitteln, wie wir Filme sehen, die auf der Glaubensvorstellung basieren, Menschen
seien aggressiv?

7.4 Der vergessene Anwendungsbereich der Wut

> *Ich sehe allen Ärger als Resultat eines gewaltprovozierenden Denkens an,*
> *das uns vom Leben abschirmt.*
> Marshall Rosenberg

In vielen Zusammenhängen wird Wut als etwas Schlechtes, Unnormales oder etwas,
das man loswerden sollte, dargestellt. Diese Betrachtungsweise der Wut sorgt jedoch
eher dafür, dass wir versuchen sie zu verbergen, und dann werden die Gefühle häufig
noch stärker.

---

78 Riane Eisler (2005), Die Kinder von morgen: Die Grundlagen der partnerschaftlichen Bildung, Ar-
bor-Verlag.
79 Siehe den Artikel „Ilska och System av dominans" auf ⌐ http://www.friareliv.se, in dem Marshall Rosenberg unter anderem auf einen Volksstamm namens Orang Asili hinweist. Oder lesen Sie Ruth
Benedicts „Patterns of Culture" (2006), Mariner books.

Wenn wir hingegen die Wucht der Wut nutzen, um deutlicher zu artikulieren, was wir brauchen und wollen, kann diese Kraft unseren Beziehungen zugutekommen. Setzen wir sie hingegen dafür ein, um unsere Gefühle anderen zum Vorwurf zu machen, können wir unseren nahen Beziehungen damit schaden.

Unseren Gefühlen und Bedürfnissen Worte zu verleihen, bevor die Wut sich voll entwickelt, ist eine effektive Methode mit ihr umzugehen. Es ist nie zu spät, das zu lernen, aber natürlich wäre es schön, wenn alle Menschen es bereits als Kind erfahren dürften. Ich denke mir, dass eine Gesellschaft, in der wir alle die Fähigkeit haben, unsere Gefühle und Bedürfnisse mit Worten auszudrücken und in der alle wissen, wie sie diese bei anderen hören können, eine vollkommen andere Gesellschaft wäre als die, in der wir leben. Wut würde dort nicht persönlich genommen werden. Wir sollten versuchen zu verstehen, was die aufkommende Wut uns sagen will, statt hart zurückzuschlagen.

Adolf Hitler scheint verstanden zu haben, dass die Fähigkeit, zu fühlen und Gefühle in Worten auszudrücken, eine Bedrohung für ein auf Gehorsam aufbauendes System ist. Er wusste, dass das Vermögen der Menschen, ihre Gefühle und Bedürfnisse auszudrücken, zu einer inneren Freiheit führt, die Menschen schwer lenkbar macht. Daher untersagte er Lehrern an deutschen Schulen, Kindern beizubringen, wie sie ihre Gefühle artikulieren können.[80]

Ein Mensch, der Kontakt zu seinen Gefühlen und menschlichen Bedürfnissen hat, wird nie zu einer leicht zu steuernden Marionette werden.

7.5 Wut – eine Warnlampe

Wir können uns zur Wut verhalten, wie zur Lampe auf dem Armaturenbrett unseres Autos, die rot leuchtet, wenn das Öl zur Neige geht. Die Lampe an sich ist nicht wichtig, aber sie signalisiert etwas Wesentliches, um das wir uns kümmern, das wir untersuchen und vielleicht mit externer Hilfe beheben müssen. Es bedarf sozusagen eines „Blicks unter die Motorhaube". Zu glauben, das Ziel im Umgang mit Wut sei lediglich, die Warnlampe zum Erlöschen zu bringen, kann vernichtende Konsequenzen haben. Wenn wir die wichtige Botschaft unterdrücken, indem wir versuchen, die Lampe zum Erlöschen zu bringen, bedeutet das – übertragen auf die Wut –, dass wir versuchen, jemanden zu beruhigen. Darüber vergessen wir leicht, wichtige Maß-

---

80 Im Museum zur Geschichte des Holocaust in Jerusalem existieren mehrere solche Verordnungen Hitlers.

nahmen zu treffen – also Öl nachzufüllen –, was dazu führen kann, dass der Motor knirscht.

Es ist von großem Nutzen zu lernen, wie wir die Beurteilungen und Forderungen, die unsere Wut hervorrufen, effektiv in eine Botschaft übersetzen können. Tun wir das nicht, nimmt die Wut meist überhand und lässt uns Entscheidungen treffen, die wir im Nachhinein bereuen und die letztendlich zu noch mehr unerfüllten Bedürfnissen führen.

Unsere Wut kann helfen, uns darüber klar zu werden, was wirklich wichtig für uns ist. Aber um zu verstehen, was das ist, müssen wir neugierig auf ihre Botschaft sein. Sobald wir anderen die Schuld für unseren Ärger geben, verlieren wir teilweise unsere Fähigkeit, selbst zu definieren, was für uns wichtig ist und entsprechende Veränderungen umzusetzen. Übernehmen wir jedoch Verantwortung für unsere Wut und die verursachenden Gedankengänge, können wir unsere volle Kraft nutzen, um die uns wichtigen Veränderungen durchzuführen.

> *Bewerten wir unser Verhalten in Bezug auf unsere unerfüllten Bedürfnisse, dann kommt der Veränderungsimpuls nicht aus Scham, Schuld, Ärger oder Depression, sondern aus einem aufrichtigen Wunsch, zum eigenen Wohlergehen und zu dem anderer Menschen beizutragen.*
>
> Marshall Rosenberg[81]

Hat die Wut erst einmal ihren Zweck erfüllt – wenn Sie sie genutzt haben, um sich Ihrer Bedürfnisse und Wertvorstellungen bewusst zu werden –, wird sie sich verwandeln. Das ist nicht das gleiche wie die Wut zu verdrängen, aber auch etwas anderes als „sich zu beruhigen". Wenn Sie in Kontakt mit Ihren Bedürfnissen sind, können die Gefühle, die Sie dann spüren, genauso intensiv und schmerzhaft sein wie die Wut selbst, aber sie haben einen anderen „Geschmack".

7.6 Bis zehn zählen

Vereinfacht könnte man sagen, unser Gehirn wird „gekidnappt", wenn wir wütend sind. Daher kann der alte Rat, wenn man ärgerlich ist, bis zehn zu zählen, bevor man handelt, sehr nützlich sein. Wenn wir die Bedürfnisse finden wollen, die hinter diesen Gefühlen stecken, sollten wir uns selbst Zeit geben, um Kontakt nach innen aufzunehmen. Hinter jedem Ärger verbergen sich wertvolle Informationen.

Fast alle tragen wir Gedanken in uns, die zu Scham, Schuld und Wut führen. Ein wichtiger Schritt, um sich mit ihnen anzufreunden, ist sich zurückzulehnen und der

---

81 Rosenberg, Marshall B. (2011), Gewaltfreie Kommunikation. Eine Sprache des Lebens, Junfermann.

Wut ausreichend lange Raum zu geben – aber nur in unserem Inneren –, bis wir Klarheit über unsere Bedürfnisse haben und darüber, wie wir in der Situation agieren möchten. Das kann sich ungewohnt anfühlen, da wir „automatisch" reagieren, wenn wir wütend werden.

Viele Menschen versuchen die Wut zu zensieren und zu unterdrücken, was dazu führt, dass sie entweder nach einer Weile explodieren oder resignieren.

Um in Harmonie mit unseren Werten zu leben – statt in eine automatisierte, robotergleiche Verhaltensweise zu verfallen, die wir durch unsere Sozialisation in einer traditionellen Dominanzkultur gelernt haben –, brauchen wir Zeit. Zeit, um uns für die Lebensweise zu entscheiden, die wir uns wünschen.

7.7 Von Scham zu Wut zu Gewalt

In Nordamerika sind Amokläufe immer mehr an der Tagesordnung und auch in Deutschland und Finnland hat es welche gegeben. Fasst man nun die Untersuchungsergebnisse zu diesen Ereignissen zusammen, fällt auf, dass in allen diesen Tragödien Respekt ein zentraler Punkt war. Bei den Tätern war die Scham so groß geworden, dass sie nicht länger damit umgehen konnten und sie schließlich in Wut und Gewalt umgeschlagen ist. Niemand explodiert in tödlicher Gewalt, ohne dass er oder sie sich gedemütigt fühlt.

Deshalb ist ein wesentlicher Punkt bei der Gewaltprävention der, wie wir Schamgefühle bei uns selbst und bei anderen auffangen können, bevor diese tragische Folgen haben. Aber es reicht nicht, *Einzelne* zu unterstützen, die das für sie erträgliche Maß an Scham bereits überschritten haben. Wir müssen auch etwas gegen die gewaltfördernden Strukturen tun und uns damit beschäftigen, welche Sicht auf das Leben sie vermitteln. Der erste Schritt ist, einen Weg zu finden, Gewalt anzunehmen, statt sie als etwas Falsches anzusehen. Erst dann haben wir die Chance, Zugang zu der darunter verborgenen Scham zu finden.

7.8 Wenn wir Scham als etwas Falsches ansehen

„Jetzt bist du böse!" Mein fünfjähriger Sohn zieht mürrisch die Schultern hoch, steigt aus dem Auto aus und geht mit energischen Schritten davon, offensichtlich unzufrieden.

Wütend und müde entgegne ich ihm: *„Wärst du etwa nicht wütend, wenn ich deine Spielsachen kaputtmachen würde?!"*

Ich war aufgebracht, weil er ein Loch in die Deckenverkleidung unseres Autos gemacht hatte. Als er später von jemandem abgeholt wurde, flüsterte er (so laut, dass ich es hören konnte): *„Ich traue mich nicht wegzufahren, weil Mama dann vielleicht meine Sachen kaputtmacht."*

Mir brach es das Herz. Das war es nicht, was ich wollte – dass er meine Äußerung als Bedrohung auffasste, die ihn nun verunsicherte.

Diese Geschichte ist ein deutliches Beispiel dafür, dass wir selten das Herz eines anderen öffnen, indem wir ihn bitten, sich in eine Situation ähnlich der unseren hineinzuversetzen. Es ist wahrscheinlicher, dass er eine Drohung oder Forderung hört, als dass er Verständnis für uns entwickelt.

> *Um Ärger vollständig auszudrücken, brauchen wir ein klares Bewusstsein für unser Bedürfnis. Zusätzlich brauchen wir Energie, um unser Bedürfnis zufriedenzustellen. Der Ärger jedoch zieht uns Energie ab, indem er sie in Richtung „Leute bestrafen" statt „Bedürfnisse erfüllen" lenkt.*
>
> Marshall B. Rosenberg[82]

In Dominanzkulturen ist Wut ein Zeichen dafür, dass jemand etwas falsch gemacht hat und bestraft werden muss. In Kulturen, die Augenmerk darauf legen, dem Leben zu dienen, wird Wut als Ausdruck eines wichtigen unerfüllten Bedürfnisses angesehen.

Wir haben ebenso wenig Nutzen davon zu erkennen, ob Wut normal ist oder nicht, wie wir Nutzen von der Erkenntnis haben, dass Empfindungen wie Durst, Freude oder Müdigkeit normal oder unnormal sind. Wichtig ist allein, einen Nutzen daraus zu ziehen, auf das Gefühl zu hören und etwas gegen die Ursache zu unternehmen.

An einem GFK-Kurs in Sri Lanka nahmen einige katholische Nonnen teil, die manchmal so leise sprachen, dass man sie kaum verstehen konnte. Auf die Frage, worauf sie sich während des Kurses konzentrieren wollten, blickten mehrere von ihnen auf den Boden. Zu meiner Verwunderung äußerten sie kurz darauf – beschämt

---

82 Rosenberg, Marshall B. (2011), Gewaltfreie Kommunikation. Eine Sprache des Lebens, Junfermann.

und fast flüsternd –, dass sie lernen wollten, mit ihrer Wut umzugehen. Im Laufe des Kurses verstand ich besser, woher dieser Wunsch kam.

Der Hintergrund war folgender: Sie hatten gelernt, Wut als etwas Schlechtes, als ein Problem anzusehen. Das führte dazu, dass sie zögerten, überhaupt etwas zu sagen, wenn sie sich aufgebracht fühlten. Zurückgehaltene Wut kann aber zu einem Vulkan werden, der schließlich ausbricht. Bei diesen Frauen führte die unterdrückte Wut bald darauf zu Äußerungen, die nicht so schön waren.

Es dauerte eine Weile, ihnen zu zeigen, dass Wut ein wertvolles Signal ist, das es zu beachten gilt, und dass es nicht falsch ist, sich wütend zu fühlen. Die meisten entdeckten die Bedürfnisse, die sich hinter ihrer Wut verbargen. Sie verstanden außerdem, dass sie mit ihrem Ärger leichter auf eine für sie akzeptable Weise umgehen konnten, wenn sie Kontakt zu diesen Bedürfnissen aufnahmen.

7.8.1 Fünf Schritte, um Wut zu akzeptieren und mit ihr umzugehen

ÜBUNG

1. Halten Sie inne und atmen Sie. Tun und sagen Sie nichts.
2. Geben Sie allen Urteilen und Forderungen in Ihrem Kopf freien Raum, halten Sie sie nicht zurück. Beachten Sie dabei, was in Ihnen passiert.
3. Stellen Sie eine Verbindung zu den Bedürfnissen hinter den Urteilen und Forderungen her.
4. Nehmen Sie Kontakt mit Ihren Emotionen auf. Wenn Ihr Gefühl von Wut zu etwas anderem, ebenso starkem wechselt, stehen Sie in Kontakt mit Ihren Bedürfnissen.
5. Äußern Sie die Gefühle und Bedürfnisse, die nicht erfüllt wurden sowie eine Bitte, von der Sie glauben, sie könne helfen, die Bedürfnisse zu befriedigen.

7.9 Geben Sie – aber nur, wenn Sie es freiwillig tun

Wie ich bereits früher in diesem Buch erläutert habe, gibt es einen engen Zusammenhang zwischen Wut und allen Gedanken darüber, was jemand tun oder nicht tun sollte. Alle Ideen, was jemandes Pflicht und was richtig und falsch ist, sind typische „Zutaten" der Wut. Eine der Grundannahmen der Gewaltfreien Kommunikation ist, dass wir Menschen geben wollen, weil wir gerne teilen und etwas beitragen möchten – aber nur dann, wenn wir es als freiwillig erleben und nicht als etwas, das von uns gefordert wird.

Bei einer Gelegenheit wurde mir eine schmerzhafte Lektion zuteil, wie wichtig es ist, nur zu geben, wenn wir es freiwillig tun. Zu einem Freund hatte ich mehrere Male Ja in Situationen gesagt, in denen ich lieber Nein gesagt hätte. Ich hatte mich in die Idee verrannt, dass man als Freundin immer großzügig ist, teilt und bereit steht, egal ob man will oder nicht.

Jedes Mal, wenn ich Ja sagte und Nein meinte, wurde ich ihm gegenüber gereizter und entwickelte ein inneres Feindbild. Am Ende erschien er mir als ein Monster, aber ich sagte noch immer höflich Ja, wenn er mich um etwas bat. Als er mich einmal besuchte, nahm er eine Mandarine aus einer Obstschale auf dem Küchentisch, ohne vorher zu fragen. Aus MEINER Obstschale, OHNE mich zu fragen, ob das für MICH in Ordnung war! Meine Reaktion schockierte mich, da ich es für gewöhnlich schätze, wenn meine Freunde sich bei mir wie zu Hause fühlen. Ich zitterte vor Wut und hatte alle möglichen gewalttätigen Gedanken, was ich ihm antun könnte. Es war für mich fast unerträglich zu sehen, wie er die Mandarine schälte und aß. Dennoch vermochte ich noch immer nichts zu sagen.

Als ich mich ein wenig gefangen hatte, sah ich ein, dass ich zu häufig Ja gesagt hatte und dass ich ehrlicher äußern musste, wie seine Entscheidungen auf mich wirkten. Also erzählte ich ihm davon und wir sprachen darüber, wie wir uns zueinander verhalten wollten. Mir wurde die wertvolle Einsicht zuteil, dass die anderen dafür bezahlen müssen, wenn mein Ja kein richtiges und freiwillig gegebenes Ja ist.

Nun wollen wir wieder zu Annas Geschichte zurückkehren, um zu sehen, wie dieser Aspekt sich in ihrer Situation äußern könnte. Wenn sie wütend gedroht und versucht hätte, ihre Freunde zu zwingen, sie mitmachen zu lassen, hätten diese am Ende vielleicht zugestimmt. Bei Anna hätte das aber vermutlich zu einer ständigen Verunsicherung geführt, denn innendrin wissen wir alle, wie wichtig es ist, aus einer freien Entscheidung heraus zu geben. Sie wäre vielleicht von Zweifeln geplagt und würde darüber grübeln, ob die anderen sie wirklich dabeihaben wollen. Und die Freude, nun am Café teilzuhaben, könnte leicht von diesen nagenden Gedanken getrübt werden.

Würden die Freunde von Schuldgefühlen wegen Annas Enttäuschung heimgesucht und erklärten sie sich deshalb mit etwas einverstanden, das sie eigentlich nicht wollen, käme das sehr wahrscheinlich früher oder später heraus – entweder direkt oder in Form von spitzen Bemerkungen, Sarkasmus oder allgemeinem Widerwillen Anna gegenüber.

7.10 Hinter der Wut lauert die Scham

Ärger zieht uns Energie ab, indem er sie auf Strafaktionen umlenkt.

Marshall B. Rosenberg[83]

Den tiefsten Schamgefühlen begegnet man häufig, indem man sich zunächst um die Wut oder Schuld kümmert, die auf die Scham folgen.

Aus dem Kapitel 5 zum Bedürfniskompass geht hervor, dass unter anderem Nathanson glaubt, wir empfänden immer Scham, bevor wir Wut fühlen.[84] Er meint, dass niemand gewalttätig wird, ohne zuvor eine wie auch immer geartete Kränkung erlebt zu haben. Wenn jemand sich in die Richtung des Bedürfniskompasses bewegt, die beinhaltet, jemanden anzugreifen, hat diese Person in der Regel bereits andere Wege ausprobiert, um mit der Scham umzugehen, aber schließlich keine Alternative gesehen, als jemand anderem die Schuld für ihre Gefühle zu geben.

Dieser Prozess kann blitzschnell vonstattengehen, er kann sich aber auch über lange Zeit hinziehen. Wir möchten dem Gefühl von Scham entgehen und indem wir anderen die Schuld geben, versuchen wir uns selbst davon zu befreien.

Auch wenn dies nicht immer der Fall sein muss, habe ich festgestellt, dass eine bestimme Nuance von Scham häufig vor der Wut kommt. Wenn die Bedürfnisse nach Respekt und Wertschätzung nicht erfüllt sind, kann das zu Gewalt unterschiedlicher Art führen, weil wir nicht wissen, wie wir Demütigungen anders handhaben sollen als mit harten Worten, Selbsthass oder geballten Fäusten. Mit Scham umzugehen ist daher auch ein Weg, um mit Wut umzugehen. Beide Gefühle gehören zusammen wie Kopf und Zahl, zwei Seiten der gleichen Medaille.

7.11 Wütende Frauen

Es gibt unerhört viele Bezeichnungen für wütende Frauen. Ich fragte einige meiner Freunde, welche Worte ihnen für wütende Frauen respektive wütende Männer einfielen. Die Liste mit Worten für wütende Männer war extrem kurz, aber lesen Sie unten einige Vorschläge für die unendlich vielen Begriffe für wütende Frauen. Dass es so viele Bezeichnungen gibt, sehe ich als Hinweis darauf, dass weibliche Wut außerhalb der Norm steht und nicht dem Bild entspricht, wie Frauen zu sein haben.

---

83 Rosenberg, Marshall B. (2011), Gewaltfreie Kommunikation. Eine Sprache des Lebens, Junfermann.

84 Donald L. Nathanson (1992), Shame and Pride: Affect, Sex and the Birth of the Self, W. W. Norton & Company.

Hexe	Megäre
alte Schachtel	Zankteufel
hysterische Kuh	Beißzange
dumme Kuh	Giftnudel
alte Ziege	Giftspritze
Zicke	Besen
Kratzbürste	Drachen
Bitch	Fuchtel
Zimtzicke	Schlange
Nörgelliese	Hure
Hausdrachen	dummes Huhn
Sau	Labertasche
Schlampe	Meckertante
alte Fregatte	Miststück
Xanthippe	verdammtes Weibsstück
Fotze	klimakterisches Frauenzimmer
Flittchen	alte Schabrake
teuflisches Weib	Suffragette
Satansweib	Emanze
Furie	Blaustrumpf
Schreckschraube	Amazone
alte Hippe	

Wenn eine Frau sich wütend gebärdet, wird das häufig als bedrohlicher und unpassender wahrgenommen, als wenn ein Mann wütend ist. Ich glaube, dass es Frauen unter anderem deshalb bisweilen so schwerfällt, ihrer Wut Ausdruck zu verleihen. Eine Frau, die wütend wird, bricht gewohnte Muster, wie Frauen reagieren „sollten".[85] Weibliche Wut kann daher – wenn sie konstruktiv genutzt wird – große Bedeutung für zukünftige, friedliche Veränderungen der Gesellschaft haben, auch wenn wir in der Geschichte gesehen haben, wie Frauen in unblutigen Friedensbewegungen höhnisch mit allerhand Schimpfworten belegt wurden. In blutigen Auseinandersetzungen zwischen Männern hingegen wird der „Gewinner" oft als Held bezeichnet.

Wutgefühle sind häufig sehr intensiv, was ich darauf zurückführe, dass tiefsitzende Werte bedroht werden. Wenn wir wahrnehmen, was eine Person wertschätzt, können wir denjenigen, der wütend ist, auch leichter respektieren, statt dieser Person diverse Worte an den Kopf zu werfen, egal ob es sich nun um einen Mann oder um eine Frau handelt.

---

85 Eine Untersuchung von United Minds (2007) hat gezeigt, dass 55 Prozent der schwedischen Frauen sich dafür schämten, wütend geworden zu sein, während nur 25 Prozent der schwedischen Männer dies taten.

7.12 Wut bei Kindern

Viele behaupten, Wut sei natürlich, und deuten gewisse Verhaltensweisen bei Säuglingen als Ärger. Es gibt viele Studien, aus denen hervorgeht, dass wir Jungen häufig als wütender ansehen als Mädchen. Die Forschung zur Identitätsentwicklung zeigt, dass Mädchen mit anderen Erwartungen und Verhaltensweisen konfrontiert werden als Jungen. Mehrere Untersuchungen zu den Reaktionen Erwachsener auf Säuglinge zeigen, dass die Erwachsenen die Säuglinge unterschiedlich wahrgenommen haben, abhängig von den Vorinformationen, die sie über das Geschlecht des Kindes bekommen hatten.[86] Je nachdem, ob man den Personen gesagt hatte, dass es sich um ein Mädchen oder einen Jungen handelte, reagierten sie unterschiedlich auf das Weinen des Kindes. So hieß es z. B.: *„Sie hat geweint, weil sie traurig oder ängstlich war."*

Und über dasselbe Kind, wenn sie glaubten, es handele sich um einen Jungen: *„Er hat geweint, weil er wütend oder gereizt war."*

7.13 Eingreifen um zu schützen statt zu strafen

Manchmal reichen Worte nicht, um an jemanden heranzukommen, wenn es heiß hergeht und wir vielleicht besorgt sind, jemand könne zu Schaden kommen. Dann können wir unsere Kraft anders einsetzen, statt nur mit Worten zu versuchen, Schlimmeres zu verhindern. Um die gute Beziehung aufrechtzuerhalten, ist es wichtig, dass wir mit der Intention eingreifen, die Person zu schützen, nicht zu bestrafen. Nachdem wir unser Möglichstes getan haben, um jemanden vor Schaden zu bewahren, ist es wichtig, so bald wie möglich ein Gespräch zu führen, mit dem Ziel, Kontakt herzustellen und gegenseitigen Respekt zu etablieren.

Unsere Wut ist ein Indikator dafür, dass wir nicht ausreichend klar sehen, um zu schützen statt zu strafen. Die Wut wird von genau der Energie genährt, die uns jemanden beurteilen und dann glauben lässt, wir hätten das Recht, die Strafe zu bestimmen, die die Person unserer Meinung nach verdient hat. Wenn wir wütend sind,

---

86 Fausto-Sterling, Anne (1988), Gefangene des Geschlechts? Was biologische Theorien über Mann und Frau sagen, Piper. Darüber kann man außerdem in mehreren schwedischen Forschungsberichten lesen, die im Internet zugänglich sind. Anm. d. Ü.: Fausto-Sterling bezieht sich hier auf die Studie „Sex Differences: A Study of the Eye of the Beholder" von Dr. John Condry und Dr. Sandra Condry. Darin wurde Studenten und Studentinnen ein Video eines Kindes gezeigt, das als Reaktion auf ein hervorspringendes Schachtelmännchen erst Erschrecken, dann Aufregung und schließlich Weinen zeigt. Diejenigen, die das Kind für ein Mädchen hielten, interpretierten das Weinen zumeist als Zeichen für Angst, die Versuchspersonen, die von einem Jungen ausgingen, deuteten es eher als Zorn.

ist unser Kopf so voll von Urteilen, dass wir häufig nicht offen sind für die Gefühle und Bedürfnisse anderer Menschen.

Eine meiner Freundinnen ist alleinerziehende Mutter und hat es finanziell manchmal ganz schön schwer. Alle unvorhergesehenen Ausgaben werden zur Herausforderung und als ihr Sohn einen Ball mit ins Haus nahm und begann, drinnen damit zu spielen, bat sie ihn, aufzuhören, damit nichts kaputtging. Er fuhr fort und als sie mich um Rat fragte, schlug ich vor, sie solle ihn um das bitten, was sie von ihm wollte und warum sie es wollte, statt ihm zu sagen, was sie *nicht* wollte.

Sie versuchte es damit, ihn zu bitten, den Ball über den Boden zu rollen und erklärte es damit, dass nichts kaputtgehen sollte. Er fuhr fort, den Ball zu dribbeln. Nachdem ich gehört hatte, wie sie abwechselnd versuchte, ihm mit Empathie zu begegnen und ihn dann ohne Erfolg bat, den Ball zu rollen, schlug ich vor, dass sie ihm den Ball stattdessen wegnehmen sollte, um ihren gemeinsamen Besitz zu schützen.

Meine Freundin antwortete erschöpft: „Aber ich möchte, dass er sich frei fühlt." Abwartend sah ich dann zu, während sie ihn einige weitere Mal bat, mit dem Dribbeln aufzuhören. Sie wurde jedoch immer gereizter. Schließlich hatte sie genug, nahm ihm den Ball mit einer heftigen Bewegung ab und räumte ihn mit Bestimmtheit weg. Ihr Sohn war natürlich enttäuscht und äußerte das lautstark. Da seine Mutter zu diesem Zeitpunkt selbst gereizt war, fiel es ihr schwer, ihm mit Empathie zu begegnen.

Wir sprachen am darauffolgenden Tag darüber und da sah sie ein, dass sie zu lange gewartet hatte, um zu handeln, und dass sie dabei den Kontakt mit ihren eigenen Bedürfnissen verloren hatte. Ihre Wut rührte daher, dass sie nicht für ihr eigenes Bedürfnis nach Sicherheit eingetreten war und den Ball früher genommen hatte.

Sie verstand, dass sie viel eher in der Lage gewesen wäre, der Enttäuschung ihres Sohnes mit Verständnis und Zärtlichkeit zu begegnen, wenn sie nicht gewartet hätte zu handeln, bis sie wütend wurde.

Wenn sie eingegriffen hätte, um zu schützen, hätte sie den Ball nehmen können, noch immer in Kontakt mit sich selbst, und gleichzeitig hätte sie z.B. sagen können: „Nun bin ich so beunruhigt, dass ich den Ball an mich nehmen möchte, um zu verhindern, dass etwas kaputtgeht. Ich werde ihn nehmen und weglegen und ich möchte gerne hören, wie das für dich ist." Weil sie in diesem Fall immer noch in Kontakt mit ihren Bedürfnissen gewesen wäre, wäre sie außerdem offener für ihr Kind gewesen, um ihm zu helfen, mit seiner Wut und Enttäuschung zurechtzukommen.

7.14 Zusammenfassung: Annahmen, die uns helfen können, mit Wut umzugehen

- Wut zieht ihre Energie aus anderen dahinterliegenden Gefühlen.
- Wut ist das Ergebnis eines Denkmusters, das uns nicht nützlich ist.
- Je nachdem wie wir uns entscheiden, eine Situation zu betrachten, werden wir wütend oder nicht. Der Blickwinkel, aus dem wir eine Situation wahrnehmen, hat außerdem Einfluss darauf, ob wir in der Lage sind, die Situation in die gewünschte Richtung zu verändern.
- Statt die Wut als falsch zu beurteilen, können wir sie als eine „Warnlampe" betrachten, die uns hilft wahrzunehmen, dass wir auf Urteile fokussiert sind und nicht auf unsere Gefühle und Bedürfnisse.
- Wir werden wütend, weil wir über andere Menschen und deren Handlungen urteilen. Wenn wir diese Beurteilungen aufmerksam beachten, fällt es uns leichter, Verantwortung für unsere Gefühle zu übernehmen, statt anderen die Schuld dafür zu geben.
- Alle Gedanken, die Forderungen beinhalten, haben das Potenzial, Wut hervorzurufen. Man kann sie daran erkennen, dass sie Worte wie *müssen, sollen, richtig, deine Pflicht, mein Anrecht, falsch, passend, unpassend* etc. beinhalten.
- Wir können Verantwortung für unsere Gefühle übernehmen, selbst wenn wir uns intensiv und kraftvoll äußern, indem wir die Gefühle mit unseren Bedürfnissen in Verbindung bringen.
- Wenn wir Kontakt zu den Gedanken und damit den Bedürfnissen hinter der Wut herstellen, kann die Wut sich manchmal verwandeln, ohne dass eine andere, äußere Veränderung vonstattengegangen ist.
- Wir können gleichzeitig unsere Wut äußern und die volle Verantwortung für sie übernehmen, indem wir ausdrücken, was wir fühlen und brauchen, statt unsere Urteile darüber zu äußern, was wir für richtig oder falsch halten.
- Wir können mit Wut und den sie verursachenden Gedanken umgehen, indem wir uns darauf konzentrieren, das Verhalten der anderen Person zu verstehen. Wenn wir zuhören, welche Bedürfnisse jemand durch seine Handlungen zu erfüllen versucht, können wir unsere Wut effektiv umwandeln.

In Kapitel 3 postuliere ich: Wenn wir in Kontakt mit unseren Bedürfnissen stehen, können wir nicht länger ärgerlich sein, weil die Wut sich in andere Gefühle verwandelt hat, die unseren Bedürfnissen näher sind. Dieser Grundsatz hat mir häufig geholfen zu beurteilen, ob ich die Wut tatsächlich in der Tiefe verwandelt habe oder nicht.

7.15 Üben Sie sich darin, mit Wut umzugehen

7.15.1 Was macht Sie wütend?

ÜBUNG

Machen Sie eine Bestandsaufnahme und erstellen Sie eine Liste darüber, welches Verhalten anderer Menschen Wut in Ihnen hervorruft. Stellen Sie sicher, dass es sich bei dem Niedergeschriebenen um Beobachtungen handelt und nicht um Deutungen oder Analysen. Verwenden Sie die Liste, um Ihre Wut kennenzulernen und mit ihr umzugehen. Sie kann in Situationen, die besondere Aufmerksamkeit erfordern, als Gedächtnisstütze fungieren.

Zwischen Deutungen, Urteilen, Analysen und tatsächlichen Beobachtungen des Geschehenen unterscheiden zu können, ist ein wertvoller Schritt. Wenn wir die Dinge sehen können, wie sie sind, ohne sie durch unsere Meinungen und Gedanken zu filtern, wird es für gewöhnlich leichter, wieder in Kontakt mit unseren erfüllten oder unerfüllten Bedürfnissen zu kommen.

Dies ist ein wichtiger Schritt auf dem Weg, unsere „wutproduzierenden" Gedanken in den Griff zu bekommen. Häufig ist es zielführender, gar nichts zu sagen, wenn wir wütend sind, da in unseren Äußerungen in dieser Situation oft mitschwingt, dass wir andere beschuldigen oder bestrafen wollen.

Wenn Sie herausfinden möchten, was Sie wütend macht, kann es Ihnen helfen, folgende Sätze zu vervollständigen:

- Ich hasse Menschen, die …
- Menschen die … sollten …
- Ich werde verrückt in der Nähe von Menschen, die …
- Es macht mich so wütend, wenn Menschen …
- Situationen, die mich fuchsteufelswild machen, sind …

7.15.2 Verwandeln Sie Ihre Wut

ÜBUNG

1. Denken Sie an eine Situation, in der jemand etwas getan hat, was Ihre Wut hervorgerufen hat. Beschreiben Sie sie kurz mit den gleichen Worten, die Sie verwenden würden, um die Geschichte einem verständnisvollen Freund zu erzählen.
   Gestehen Sie sich zu, eine Sprache zu verwenden, die Ihrem Empfinden entspricht. Wählen Sie eine Situation, die zu vertiefen Ihnen sinnvoll erscheint.

2. Beschreiben Sie nun anhand von Beobachtungen exakt, was die andere Person getan hat. Übersetzen Sie alle Deutungen in Beobachtungen dessen, was tatsächlich geschehen ist.

3. Was ist Ihrer Meinung nach die Ursache Ihrer Wut? Schenken Sie Beurteilungen und Gedanken darüber, was jemand tun sollte, Aufmerksamkeit.

4. Nähern Sie sich Ihrer eigenen Menschlichkeit, indem Sie Kontakt mit Ihren in dieser Situation unerfüllt gebliebenen Bedürfnissen aufnehmen. Verwenden Sie die Urteile und Forderungen, die Sie unter Punkt 3 entdeckt haben, um über Ihre Bedürfnisse Klarheit zu erlangen. Inspiration und Unterstützung bietet Ihnen die Bedürfnisliste auf Seite 46.

5. Was empfinden Sie, wenn Sie diesen Bedürfnissen Aufmerksamkeit schenken? Fühlen Sie vielleicht auch etwas anderes als Wut?
   Nehmen Sie sich genügend Zeit für diesen Schritt und nehmen Sie wirklich Kontakt mit den Bedürfnissen auf, um zu sehen, ob die Gefühle sich verändern, ohne dass Sie versuchen, dies zu erzwingen.
   Wenn das Gefühl sich nicht verändert, benötigen Sie vielleicht mehr Zeit. Oder gehen Sie die oben genannten Schritte erneut durch. Sie können auch ausprobieren, ob die Wut sich durch die nachfolgenden Schritte verändert.

6. Machen Sie Ihr Gegenüber menschlich. Versuchen Sie sich hineinzuversetzen in das, was die andere Person gefühlt oder welche Bedürfnisse sie gehabt haben mag, als sie so gehandelt hat (Punkt 2). Formulieren Sie eine Vermutung, was der andere fühlte und brauchte, als wollten Sie ihm oder ihr mit Empathie begegnen.

7. Lenken Sie Ihre Aufmerksamkeit sowohl auf Ihre Bedürfnisse als auch auf die des anderen. Was fühlen Sie dabei?
   Wenn Sie noch immer wütend werden, wiederholen Sie den Prozess unter Punkt 3.

8. Wenn sich die Wut verändert hat und Sie Kontakt mit den dahinterliegenden Bedürfnissen hergestellt haben, fragen Sie sich, ob es etwas gibt, worum Sie sich oder die andere Person jetzt bitten möchten.

7.15.3 Äußern Sie die Wut, wenn Sie sie verwandelt haben

ÜBUNG

Bevor Sie mit dem anderen kommunizieren, können Sie sich fragen: „Ist klar, worauf ich so reagiere? Stehe ich in Verbindung mit meinen Gefühlen und Bedürfnissen? Habe ich eine Vermutung, was der andere oder die anderen fühlen und brauchen? Habe ich für mich geklärt, was als Nächstes geschehen soll?" (Sind diese Fragen für Sie nicht geklärt, kann es sinnvoll sein, erst die Übung „Verwandeln Sie Ihre Wut" durchzuführen.)

Wenn Sie Antworten auf diese Fragen haben, ist es Zeit zu reden. Vermeiden Sie es, dem anderen Ihre Beurteilungen mitzuteilen, sie könnten dem Kontakt im Wege stehen. Kommunizieren Sie stattdessen was Sie fühlen, brauchen und äußern Sie eine Bitte, was geschehen sollte.

Es ist wahrscheinlich, dass auch Ihr Gesprächspartner ein großes Bedürfnis danach hat, gehört zu werden. Erinnern Sie sich daran, dass dem, was die andere Person zu sagen hat, zuzuhören nicht bedeutet ihr beizupflichten oder zu erfüllen, worum sie bittet. Wenn Sie deutlich zeigen, dass Sie versuchen das Gesagte zu verstehen, werden Sie vermutlich erstaunt sein, wie schnell der andere darauf vertraut, dass seine Bedürfnisse wichtig für Sie sind. Ein typisches Ergebnis ist, dass auch der andere eher bereit sein wird, Ihren Bedürfnissen zu lauschen. Vermutlich wird er außerdem offen dafür sein, die Situation anders zu handhaben, wenn er darauf vertrauen kann, dass auch seine Bedürfnisse bei der Entscheidung berücksichtigt werden.

Es ist genauso wichtig, *warum* Menschen das tun, worum wir sie bitten, wie *dass* sie es tun. Denn wir wissen, dass es die Beziehung immer belastet, wenn wir etwas aus Pflicht, Schuld, Scham, für eine Belohnung oder aus Angst vor Bestrafung tun. Das passiert häufig auf Kosten von Zuversicht, Wohlwollen oder Vertrauen. Verschaffen Sie sich mithilfe der folgenden Punkte Klarheit, wie Sie sich artikulieren könnten.

1. Schreiben Sie nieder, was Sie zu der anderen Person sagen können, indem Sie Ihre Beobachtungen, Gefühle, Bedürfnisse und Bitten ausdrücken.
2. Notieren Sie, was Ihr Gesprächspartner antworten könnte.
3. Welche Gefühle und Bedürfnisse äußert diese Person mit dem, was sie sagt und tut? Formulieren Sie eine Vermutung, mit der Sie dem anderen Empathie entgegenbringen.
4. Fahren Sie fort, einen Dialog zu schreiben, solange es sich sinnvoll anfühlt, und denken Sie daran, sowohl dem anderen mit Empathie zu begegnen als auch Ihre eigenen Gefühle, Bedürfnisse und Bitten zu äußern, sodass die Bedürfnisse aller Beteiligten berücksichtigt werden können.

8. | Die nagende Schuld

8.1 Die nagende Schuld

21:10 Uhr

Den Tag im Geiste durchgegangen und gedacht „keine Schuld heute". Ein Weilchen geschlummert ... Aufgewacht! Ich bin voller Schuld, ich habe meine Mutter nicht angerufen.

Sie will, dass ich zu ihr komme und am liebsten auch dort übernachte. Wenn ich anrufe, befürchte ich, dass die Schuld und der Schmerz im Magen zunehmen.

Mein Vater war Alkoholiker, mein Großvater mütterlicherseits ebenso und meine Mutter glaubt, das sei ihre Schuld. Ich bin der einzige Mensch, bei dem sie sich sicher fühlt – so ist es, seit ich denken kann. Schlummere wieder ein.

22:30 Uhr

Ich kann lügen und sagen, ich sei krank ... Aber nein! Sagen, dass ich den ganzen Tag Gäste hatte, was wahr ist, aber kurz anrufen kann man ja trotzdem. Lügen, ich hätte angerufen, aber sie nicht erreicht ... Mein Gott, was mache ich hier bloß? Schlafe ein.

23:15 Uhr

Wache wieder auf. Ich spüre die Müdigkeit im Kopf und meine Arme fühlen sich an wie Blei, als ich versuche, mich aufzusetzen. Bin traurig darüber, dass ich mich nicht frei fühle.

Sonja

Um mit Scham umzugehen, müssen wir uns manchmal zunächst den Gedanken zuwenden, die uns Schuld einflößen. Scham führt leicht zu Schuld und wird von Gedanken wie folgenden genährt:

„Warum habe ich nichts getan?"
„Warum habe ich nichts bemerkt?"
„Warum habe ich nichts gesagt?"
„Wie kann es mir gut gehen, wenn es ihr so schlecht geht?"

Schuldgefühle bringen uns selten dazu, uns auf die gewünschte Weise zu ändern, aber sie lassen uns häufig lügen. Wir wissen nicht, wie wir mit noch mehr Schuld umgehen sollen, also erzählen wir Varianten der Wahrheit. Schuld ist ein Zeichen dafür, dass wir zwischen zwei oder mehr einander im Wege stehenden Dingen aufgerieben werden. Auf der einen Seite wollen wir etwas tun, um gewisse Bedürfnisse zu erfüllen, auf der anderen Seite leiden andere Bedürfnisse darunter. Wir versuchen eine Lösung zu finden, wie wir uns verhalten wollen, indem wir zu uns selbst sagen, dass wir etwas tun „sollten" – und damit ist der innere Krieg in vollem Gange.

Manchmal beißen wir die Zähne zusammen und tun, was wir tun „sollten", aber häufig hinterlässt dies einen bitteren Beigeschmack in der Beziehung zu anderen. Oder wir versuchen zu ignorieren, was wir tun „sollten", aber dann riskieren wir, nur halb zu genießen, weil die Scham die ganze Zeit in uns nagt und unsere Aufmerksamkeit abzieht. Wir haben den Glauben verinnerlicht, wir müssten gewisse Bedürfnisse aufgeben, um andere befriedigen zu können.

8.1.1 Wenn Sie Schuld fühlen, machen Sie sich Folgendes klar:

1. Sie fühlen Schuld, weil Sie mindestens zwei Bedürfnisse haben, die unerfüllt sind.
2. Diese Bedürfnisse sind wichtig und schön.
3. Sie fühlen Schuld, weil Sie glauben, dass diese Bedürfnisse nicht erfüllt werden können, ohne dass jemand etwas aufgeben muss, oder weil Sie die Schönheit dieser Bedürfnisse nicht sehen.
4. Wenn Sie handeln, *bevor* Sie Kontakt zu diesen Bedürfnissen haben, wird Ihr Handeln kostspielig für die Beziehung werden, egal für welches Verhalten Sie sich entscheiden.

8.2 Der Unterschied zwischen Scham und Schuld

In einem schwedischen Lexikon der Psychologie heißt es:
In Gesellschaften, in denen man großen Wert auf das eigene Gewissen der Menschen legt, überwiegt die Schuldkultur die Schamkultur.

Vielleicht ist da etwas dran. Weiterhin steht dort über Schuldgefühle:
Bewusste oder unbewusste Schuldgefühle. Diese Gefühle haben einen speziellen Charakter, der mit dem Bewusstsein zusammenhängt, gegen Regeln oder Normen verstoßen zu haben, die man selbst gutheißt und akzeptiert oder aber es handelt

sich dabei um einen Verstoß, der den Unwillen, den Zorn oder die Ablehnung anderer weckt. Sie unterscheiden sich somit von Schamgefühlen, die entstehen, wenn man sich blamiert hat und eher gegen die Etikette als gegen die Ethik verstoßen hat.[87]

Der Psychologe Silvan Tomkins, der die Messbarkeit unserer Gefühle im Körper untersucht hat, fand keinen allen Menschen gemeinsamen spezifischen physischen Ausdruck für Schuld. Man errötet vor Scham, aber nicht vor Schuld. Tomkins bezeichnete Schuld als moralische Scham, da Schuld seiner Meinung nach immer auf Scham zurückgeführt werden kann.[88]

Vereinfacht kann man sagen, dass sich Gedanken der Scham um das drehen, was mit uns nicht stimmt, während es bei der Schuld darum geht, was wir falsch gemacht haben. Wir können zuweilen Scham empfinden ohne uns schuldig zu fühlen, aber im Kern der Schuld findet sich fast immer eine Form von Scham. Kommen beide Gefühle zusammen, wird es noch schwerer, mit ihnen umzugehen. Wenn die Schuld, etwas nicht getan zu haben, das wir hätten tun *sollen*, verschwunden ist, können die nagenden schamvollen Gedanken, was für ein schlechter Mensch man *ist*, bleiben.

Wenn es darum geht, die beiden Gefühle voneinander zu unterscheiden, hat es mir sehr geholfen, mich daran zu erinnern, dass Scham mit dem Glauben zu tun hat, man habe versagt. Die Gedanken drehen sich eher um uns als Person und nicht so sehr um unsere Handlungen. Natürlich können Taten eine Rolle spielen, aber es sind die Gedanken, wie oder was wir *sind*, da wir so handeln, die die Scham heraufbeschwören. Ich habe zum Beispiel jemanden angelogen und mich dafür geschämt. Wenn ich dann die Wahrheit erzähle, kann die Scham dennoch bleiben, da sie nicht von der Handlung selbst ausgeht, sondern davon, was für ein schlechter Mensch ich bin, da ich lüge.

Schuld fühlt man, wenn man etwas getan (oder nicht getan hat), von dem man denkt, man hätte es nicht tun (oder tun) sollen. Das heißt nicht zwangsläufig, dass ich mich als Person für wertlos halte.

---

87 Henry Egidius (2008): Psykologilexikon, Natur & Kultur. Abrufbar unter ↗ http://www.psykologiguiden.se.

88 ↗ http://www.tomkins.org

8.3 Schuld und Schamvorwürfe

Gedanken, die zu Schuld führen, basieren auf „Sollte-Gedanken".

Sich selbst die Schuld geben:
„Warum habe ich nicht eingegriffen?"
„Ich sollte mich mehr um meine Enkelkinder kümmern."
„Ich hätte mehr Einsatz zeigen sollen."
„Womit habe ich das hier verdient, wo sie doch nur so wenig bekommen hat."

Anderen die Schuld geben:
„Es fühlt sich an, als hätte ich nichts mehr, wofür es sich zu leben lohnt. Ich verstehe nicht, wie ihr mir das antun konntet. Wegen euch hat mein Leben keinen Sinn mehr."

Gedanken, die zu Scham führen, basieren auf Vorstellungen, was die richtige und falsche Art ist zu sein.

Anderen Schamgefühle beibringen:
„Was für Menschen seid ihr bloß? Ich dachte, man könne euch vertrauen, aber ihr interessiert euch ja nur für euch selbst!"

Sich selbst Scham einreden:
„Was für ein Mensch bin ich nur, dass es mich so wenig kümmert?"
„Ich bin so dumm, ich kapiere gar nichts."
„Mein Körper ist hässlich und eklig, niemand will mir nahe sein."
„Wie ich wieder aussehe! Was sollen die Leute denken!?"

Im Schwedischen wird das Wort „schämen" für die Beschreibung des Gefühls von Scham genauso wie für das Gefühl von Schuld verwendet.[89] Dies kann verwirrend sein und es zusätzlich erschweren, zwischen diesen beiden Empfindungen zu unterscheiden. Wenn wir davon sprechen, jemandem die Schuld für etwas zu geben, kann das im anderen ebenso gut Scham hervorrufen.

Es war hilfreich für mich zu erkennen, dass Gedanken, die zu Scham führen, sich nicht verwandeln, indem man etwas tut. Das ist ein Unterschied zu den Gedanken, die zu Schuld führen und die manchmal zumindest vorübergehend verschwinden, wenn ich das tue, was ich glaube tun zu müssen. Wenn ich zum Beispiel glaube, meiner alten Mutter beim Fensterputzen helfen zu müssen, verschwinden die Schuldgefühle, wenn ich es erledigt habe. Die Scham, wenn ich denke, ich sei nicht normal, weil ich meiner alten Mutter nicht helfe, verschwinden nicht allein dadurch, dass ich

---

89 Anm.d.Ü.: Auch wenn der Begriff „Schuld" im Schwedischen etwas breiter gefasst ist, kennen wir dieses Phänomen auch im Deutschen. So bedeutet etwa „Was hast du getan? Du solltest dich schämen" sinngemäß „Du solltest dich schuldig fühlen".

ihr helfe. Dennoch kostet es in einer Beziehung immer etwas, wenn ich die Dinge nicht vollkommen freiwillig tue, zum Beispiel künftiges Wohlwollen.

Ein anderer allgemeiner Unterschied zwischen Scham und Schuld ist folgender: Wenn wir uns schuldig fühlen, haben wir häufig Angst vor der Bestrafung, die uns für unser Handeln auferlegt wird. Wenn wir Scham fühlen, sorgen wir uns stattdessen, dass wir ausgeschlossen oder nicht akzeptiert werden.

Sowohl Scham als auch Schuld können uns eine Hilfe sein, durch das Leben zu navigieren und zu klären, wie wir handeln und leben wollen. In hoher Konzentration sind jedoch beide u.U. schwer zu bewältigen. Die mit diesen Gefühlen einhergehenden Gedanken lähmen uns und legen sich uns in den Weg, statt uns erkennen zu lassen, was wir brauchen und wollen. Es ist wertvoll, zwischen beiden zu unterscheiden, um leichter einen Kontakt zu unseren Bedürfnissen herzustellen.

Es gibt keine wasserdichte Unterscheidung zwischen dem, was Schuld und dem, was Scham stimuliert. In ein und derselben Situation kann die eine Person Schuld und die andere Scham empfinden.

8.4 Die Schuld sanieren – Schuld in Bedürfnisse verwandeln und den inneren Konflikt ermitteln

Wenn wir uns schuldig gefühlt haben, haben wir oft nur einer Seite unserer selbst zugehört. Was wir als Schuld wahrnehmen ist ein innerer Konflikt, in dem wir für die Erfüllung einiger unserer Bedürfnisse eingetreten sind und entsprechend gehandelt haben – das jedoch auf Kosten anderer Bedürfnisse.

Häufig taucht die Schuld auf, wenn wir versuchen, mit alten Mustern zu brechen und etwas Neues auszuprobieren, vielleicht um Bedürfnisse zu befriedigen, die seit Langem unerfüllt geblieben sind. Das kann sich so anfühlen, als würde die Schuld „versuchen, uns in alte, wohlbekannte Pfade zurückzulenken". Sie will uns zurück ins Bekannte und Sichere lotsen.

Und wenn wir zum Alten und Wohlbekannten zurückkehren, wird die Schuld vermutlich nachlassen, aber gleichzeitig wird die innere Unzufriedenheit steigen. Im schlimmsten Fall fühlen wir uns kalt, abgestorben und deprimiert, wenn wir nicht gleichzeitig auf die Bedürfnisse lauschen, die hinter unserem Wunsch stecken, etwas Neues auszuprobieren.

Hier hilft uns die Fähigkeit, den verschiedenen Teilen, die in uns in unterschiedliche Richtungen streben, zuzuhören und neue Strategien zu finden, die für alle Tendenzen in uns funktionieren können. Falls wir bereits gehandelt haben und uns dafür schuldig fühlen, sollten wir lernen, auf beide Bedürfnisse hinter der Schuld zu hören – auf diejenigen, die unser „innerer Kritiker" verteidigt und auf diejenigen, die unser „innerer Wähler" zu erfüllen versucht. Wenn wir nur dem zuhören, der uns kritisiert, werden wir für immer und ewig glauben, wir taugten nichts (Richtung der Selbstkritik im Bedürfniskompass). Wenn wir handeln, ohne auf die selbstkritische Stimme zu hören und sie stattdessen zum Schweigen bringen wollen, werden wir häufig hart, weil wir einen wichtigen Teil von uns abtrennen müssen. Wir greifen offensiv an (schlagen also die Richtung der Rebellion im Bedürfniskompass ein) und „machen, was wir wollen". Welche dieser Richtungen auch immer wir wählen, sie wird zu Entscheidungen führen, die uns und anderen nicht voll und ganz dienlich sind. Wenn Sie in eine solche Situation geraten, führen Sie mithilfe der folgenden Schritte eine innere Schuldsanierung durch.

8.4.1 Schuldsanierung

ÜBUNG

1. Sobald Sie Schuld fühlen, halten Sie inne, atmen Sie durch und nehmen Sie Kontakt mit den Vorgängen in Ihrem Inneren auf.
2. Lassen Sie allen Urteilen und „Sollte-Gedanken" freien Lauf. Hören Sie diesen Gedanken zu, ohne Ihr Handeln nach ihnen auszurichten.
3. Fragen Sie sich, an welche Bedürfnisse Sie diese Gedanken erinnern wollen.
4. Fragen Sie sich, welche Bedürfnisse Sie erfüllen wollen, wenn Sie nicht das tun, was Sie glauben tun zu „sollen".
5. Fragen Sie sich, was Sie tun können, um sowohl die Bedürfnisse aus Punkt 3 als auch die aus Punkt 4 zu erfüllen oder zumindest zu beachten.
6. Handeln Sie, wenn das Schuldgefühl sich verwandelt, auch wenn Sie zu keiner Lösung gekommen sind, wie Sie alle Bedürfnisse erfüllen können. Gestehen Sie sich zu, um die Bedürfnisse zu trauern, die Sie in diesem Moment nicht befriedigen können.

8.5 Was in unserer Macht steht, oder: Hören Sie auf, Gott zu spielen!

*Überlassen Sie Ihre Macht niemals einem System,
indem Sie gegen es rebellieren oder sich ihm unterwerfen.*

Marshall Rosenberg

Wir können Macht als das Vermögen beschreiben, eine gewünschte Veränderung anzustreben oder zu bewirken. Um effektiv zu kommunizieren, haben wir großen Nutzen davon zu unterscheiden, was wir steuern können und was nicht. Wir sollten aufhören, „Gott zu spielen" und zu glauben, dass wir etwas lenken könnten, worauf wir gar keinen Einfluss haben. Das eröffnet uns größere Möglichkeiten, sowohl uns selbst als auch anderen dabei zu helfen, die vorhandene Kraft auf das zu verwenden, was wir bestimmen können. Mithilfe dieser klaren Unterscheidung können wir einen Trennstrich zwischen dem ziehen, worüber wir bestimmen und was wir beeinflussen können und dem, was außerhalb unserer Macht liegt.

Was können wir also beeinflussen, wenn es um Kommunikation und Beziehungen geht? Wo verläuft die Trennlinie?

Wir können bestimmen:
- *wie* wir uns ausdrücken,
- welche *Intention* wir mit dem Gesagten verfolgen,
- unsere *Reaktion* auf die Äußerungen anderer,
- *wie* wir mit unserer Reaktion auf die Äußerungen anderer umgehen.

Worüber wir *nicht* bestimmen können:
- Die *Reaktionen* anderer auf das, was wir sagen und darauf, wie wir es sagen.
- Die *Intention* anderer hinter dem, was sie sagen und wie sie es sagen.
- Die *Entscheidung* anderer, was sie tun und was sie sagen.

Wir können wählen, wie wir selbst agieren möchten, aber wir können nicht für andere entscheiden, sich nicht durch unsere Handlungen beeinflussen zu lassen. Alles was wir tun, wirkt sich auf unsere Umgebung aus, aber wir können nicht immer bestimmen, wie es das tut. Zwischen beidem zu unterscheiden verleiht uns Kraft zu handeln, statt der nagenden Schuld Nahrung zu geben.

Wir können die Natur der Dinge nicht verändern, aber wir sind frei zu wählen, wie wir uns dazu stellen wollen. Wenn ich abnehmen möchte und hoffe, dass es mir gelingt, indem ich nur Süßigkeiten esse, muss ich mich sehr viel bewegen. Ich kann mich entscheiden, Süßigkeiten zu essen, aber ich kann nicht beeinflussen, wie viele Kalorien diese enthalten oder wie diese sich auf meinen Körper auswirken. Wenn ich die wechselseitige Beziehung zwischen mir und meiner Umgebung akzeptiere, wird es leichter zu handeln und zu kommunizieren. Wir können lernen, in Einklang mit unserer Umgebung statt in einem ständigen Machtkampf mit ihr zu leben.

Wenn uns jemand sagt: „Ich bin so enttäuscht, *weil du* dich nicht darum scherst, wie es mir geht" und wir glauben, es liege in unserer Macht, Gefühle in anderen hervorzurufen, schließen wir daraus, wir seien verantwortlich für die Enttäuschung des anderen.

Sehen wir jedoch ein, dass wir keine Götter sind, die Macht über die Gefühle anderer Menschen haben, erreichen wir schneller ein Mitgefühl mit ihnen. Dann können wir den Kummer des anderen als ein Signal dafür hören, dass sie oder er ein Bedürfnis nach mehr Fürsorge oder Liebe hat, als er oder sie momentan erlebt. Weil wir wissen, dass wir nicht für das Fühlen anderer verantwortlich sind, ist das, was wir dann eventuell für den anderen tun, freiwillig und basiert nicht auf Pflichtgefühl oder dem Wunsch, Schuldgefühle zu vermeiden.

8.5.1 Schuld und Forderungen

Forderungen entstehen, wenn wir glauben, wir hätten Macht über das Leben eines anderen und seine Entscheidungen. Wir können auf das Leben unserer Mitmenschen und ihre Entscheidungen einwirken, aber wir können nicht für sie entscheiden. Letztendlich sind es immer sie, die wählen. Halten wir dennoch daran fest, dass jemand uns gefällige Beschlüsse fassen sollte oder muss, und der andere lehnt dies ab, werden wir vermutlich ärgerlich.

Wenn wir versuchen, einen anderen zu zwingen oder ihn bzw. sie dazu zu bringen, etwas zu tun, um Schuld zu vermeiden, kann das nur auf Kosten von Vertrauen und Wohlwollen geschehen. Gehen wir hingegen davon aus, dass Menschen ihr eigenes Leben und das anderer bereichern wollen, sofern sie es freiwillig tun, werden wir unsere Kraft dazu verwenden, mit anderen zusammenzuarbeiten statt sie zu etwas zu zwingen. Das erweitert unsere Möglichkeiten, auf unsere Mitmenschen einzuwirken, weil wir für verschiedene Wege offen sind, um sowohl von unserem eigenen Standpunkt als auch von dem des anderen aus zu handeln.

Wenn wir Forderungen stellen, signalisieren wir damit, dass wir bereit sind, auf Kosten der Bedürfnisse anderer zu handeln. Im Versuch, Macht über etwas zu erlangen, über das wir nicht bestimmen können, verlieren wir den Einfluss, den wir tatsächlich haben.

Schuld führt manchmal zu den beabsichtigten Verhaltensänderungen, aber sie lässt uns die Veränderung meist halbherzig ausführen, da unsere Intention dahinter sich nicht verändert hat. Dann tun wir etwas, weil wir *sollten* und um der Schuld zu entgehen. Wir verändern jedoch unser Verhalten nicht aus dem echten Wunsch heraus, etwas beizutragen.

8.6 Die Jagd nach dem Sündenbock

„Opfere eine Ziege und alles wird gut."

Stellen Sie sich vor, wie Sie sich kaputtlachen müssten, wenn Sie das beim nächsten Konflikt am Arbeitsplatz vorschlagen würden. Dennoch geht es in Krisenzeiten bei Gesprächen im Pausenraum häufig genau darum. Wir versuchen jemanden zu finden, dem wir das Problem anlasten können, jemanden der einen Fehler gemacht hat, der anders hätte handeln sollen und der eine wie auch immer geartete Bestrafung verdient.

Das Wort *Sündenbock* taucht auf, wenn es Zeit wird, jemandem Verantwortung abzufordern und wenn man jemanden braucht, dem man das Geschehene in die Schuhe schieben kann. Aber was ist ein Sündenbock? Ein Sündenbock ist jemand, der unschuldig ist – ursprünglich handelte es sich dabei nur um einen Ziegenbock –, jemand der geopfert wurde, um die Götter zu besänftigen.

Nach Sündenböcken zu suchen heißt, dass man dort, wo viele beteiligt waren, Einzelne als Schuldige herauspickt. Oft ist es leichter, eine oder einige wenige Personen zu bestrafen, als den wirklichen Ursachenzusammenhang herauszufinden.

> *Aaron soll seine beiden Hände auf den Kopf des lebenden Bockes legen und über ihm alle Sünden der Israeliten, alle ihre Frevel und alle ihre Fehler bekennen. Nachdem er sie so auf den Kopf des Bockes geladen hat, soll er ihn durch einen bereitstehenden Mann in die Wüste treiben lassen, und der Bock soll alle ihre Sünden mit sich in die Einöde tragen.*[90]

In der Bibel finden sich unter anderem in den Büchern des Mose Erzählungen über Sündenböcke. Durch ein Ritual wurden die Sünden des Volkes symbolisch auf ein Tier übertragen, das dann entweder geopfert oder vertrieben wurde. Ähnliche Rituale werden in vielen weiteren Religionen beschrieben.

---

90 Bibel, 3. Buch Mose, Lev 16, 21 – 22.

Der ursprüngliche Sündenbock war also ein Bock, auf den der Hohepriester die Verfehlungen und Missetaten übertrug, die das israelische Volk im Laufe eines Jahres begangen hatte, um dem Volk Vergebung zuteilwerden zu lassen. Der Bock selbst hatte nichts getan, aber er würde geopfert, um das Volk von seinen Sünden reinzuwaschen.[91] Es wirkt absurd, dass eine Ziege die Schuld für die Taten der Menschen auf sich nehmen kann. Dennoch kommt dieses Verfahren in Organisationen, Familien und anderen Zusammenhängen häufiger vor als man denkt. Wir verharren in viel größerem Maße in alten Mythen und Ritualen als wir vielleicht glauben. Einige Beispiele:

- Ein Fußballspieler, der ein schlechtes Spiel gemacht hat, wird zum Sündenbock. Er wird als Verantwortlicher dafür auserkoren, dass es für die ganze Mannschaft so schlecht gelaufen ist. Es kann auch der Fehler des Trainers gewesen sein.

- In vielen Organisationen, in denen ich als Mediatorin vermittelt habe, sind Konflikte darauf hinausgelaufen, dass verschiedene Lager unterschiedliche Personen als Sündenbock ausgewählt haben. Sobald etwas schiefläuft, stellt man die Frage: „Wessen Fehler ist das?" oder: „Wer wird hierfür Rede und Antwort stehen?" Die Frage kommt schnell und ohne großes Nachdenken. Es ist fast so, als wäre es ein Naturgesetz, dass ein Einzelner die Verantwortung trägt.

- In Schweden wurde mehrere Jahre lang debattiert, wem wir Katastrophen wie den Untergang der Estonia oder den Tsunami in Thailand zur Last legen können. Der Glaube daran, dass ein Sündenbock das Gleichgewicht wieder herstellt (was in diesen tragischen Situationen natürlich nicht möglich ist), scheint sehr stark zu sein.

- Die Schuld auf sich zu nehmen, wird manchmal als „edel" angesehen und es gibt sogar Internetblogs, in denen Leute die Verantwortung für alles Mögliche übernehmen.

Wir haben gelernt, uns selbst zu entlasten und die Verantwortung jemand anderem zuzuschieben, um uns so zumindest einen vorübergehenden Frieden zu verschaffen. Wenn wir uns selbst schuldig fühlen, ist es schön, sagen zu können, dass jemand anders einen Fehler gemacht hat. Auf die gleiche Weise wie eine den Göttern geopferte Ziege dem Volk Schuldfreiheit schenken soll, können wir uns darauf ausruhen, dass wir wissen, wer sich falsch verhalten hat. Das Problem ist, dass die Verantwortung nicht *einem* Individuum aufgebürdet werden kann, wenn eine Gruppe versagt hat. Es besteht also das Risiko, dass man nichts aus dem Vorfall lernt. Einen Sündenbock auszuwählen kann uns auch dabei behindern, unsere Irrtümer zu betrauern.

---

91 Es heißt, Jesus sei für unsere Sünden am Kreuz gestorben, was als maximale Opferung eines Sündenbocks angesehen werden kann.

Es geht hier um unsere Sicht auf das Leben und den Glauben daran, dass es jemanden gibt, der uns unsere Sünden vergeben kann. Eine höhere Macht entscheidet darüber, ob wir freigesprochen werden oder nicht und diese Macht oder dieser Gott kann mit einem Opfer besänftigt werden. Gott ist eine Art Revisor, der Buch führt und Soll und Haben bilanziert. Mit dieser Lebenssicht kann man sich einen Platz im Himmel erkaufen, indem man zum Beispiel Geld für wohltätige Zwecke spendet.

Aber was passiert wirklich, wenn wir für etwas, das in einer Organisation passiert ist, nach einem Sündenbock suchen? Wenn wir herausgefunden haben, wessen Fehler es war, müssen wir nur noch eine passende Bestrafung finden und damit soll alles wieder in Ordnung sein. Doch selbst wenn die dahinterstehende Intention ist, eine Art Harmonie wiederherzustellen, funktioniert das leider nicht für alle Beteiligten. Eher führt dieses Vorgehen dazu, dass es Menschen schwerer fällt, von ihren Fehlern zu erzählen.

8.7 Selbstvertrauen und Selbstwertgefühl

„Scham in sich zu tragen ist wie Angst vor einer Enthüllung in sich zu tragen.“
Marta Cullberg Weston[92]

Nur mit einer gewissen Skepsis verwende ich die Begriffe Selbstwertgefühl und Selbstvertrauen, weil sie oft im Sinne von etwas gebraucht werden, das jemand „hat“. Ich verwende die Begriffe als ein Spiegelbild unserer Denkmuster und hoffe, damit zu verdeutlichen: Wir können darüber bestimmen, wie wir uns zu unseren Gedanken verhalten.

8.7.1 Selbstvertrauen

Nach meiner Definition ist Selbstvertrauen das Maß unserer Fähigkeit, mit innerer Kritik umzugehen, die sich gegen unsere Handlungen, Kompetenzen und Leistungen richtet. Wenn ich von jemandem sage, er habe „ein gutes Selbstvertrauen“, meine ich, jemand ist in der Lage, derartige innere oder äußere Kritik zu hören und sie in etwas Nützliches zu verwandeln.

---

92 Cullberg Weston, Marta (2008), Från skam till självrespekt, Natur och Kultur.

8.7.2 Selbstwertgefühl

Selbstwertgefühl definiere ich als die Fähigkeit, mit kritischen Beurteilungen gegen die eigene Person umzugehen. Diese Form der Kritik äußert sich vornehmlich über das Verb sein: *„Ich bin zu ...“*, *„Ich bin nicht ausreichend ...“*, *„Ich sollte mehr ... sein“.*

Mit einem „guten Selbstwertgefühl“ meine ich, diese Art innerer oder äußerer Kritik im Moment ihres Auftauchens übersetzen zu können und ihren lebensdienlichen Kern zu verstehen. Wenn ich dazu in der Lage bin, kann ich auch noch so nagende Schuldgefühle in den Griff bekommen.

8.8 Freiheit von Schuld macht uns zugänglich

Es war immer schwer für mich, mit der Wut meines kleinen Sohnes umzugehen. Daher kämpfte ich jahrelang gegen seine Zornesausbrüche an, indem ich ihn tröstete, die Sache herunterspielte oder abwechselnd ihm und den beteiligten Kindern die Schuld dafür gab. Ich wollte seinem Ärger um keinen Preis Raum geben. Immer fühlte ich mich für sein Verhalten verantwortlich und empfand gegenüber meinem Umfeld Scham und Schuld für seine Wut.

Gestern, zwei Tage nach dem Kurs in Gewaltfreier Kommunikation, kam er wieder nach einer Schlägerei in der Schule nach Hause. Oh je! Aber was geschah? Ich setzte mich neben ihn und begegnete ihm mit Empathie, ich erriet, was er fühlte und brauchte und am Ende weinte er bitterlich in meinen Armen. Wir sprachen und wir schwiegen miteinander. Ich fühlte mich kein bisschen schuldig für das, was in der Schule geschehen war, wie ich es zuvor zu tun pflegte. Ich fühlte nur ihn.

Susanne

Diese erfreulichen Worte erreichten mich nach einem GFK-Kurs zum Thema Wut, Scham und Schuld. Die Erzählung der Kursteilnehmerin zeigt, dass Freiheit von Schuld den Zugang zu anderen öffnet. Wenn wir die Schuld für die Aufregung oder die Traurigkeit anderer auf uns nehmen, sind wir damit beschäftigt, unser eigenes Inneres zu beruhigen.

Häufig stellt die Schuld sich unserer Fähigkeit, einander zu hören, in den Weg. Nimmt jemand die Schuld auf sich, wenn ich etwas kommuniziere, ist das ein Zeichen dafür, dass der andere nicht gehört hat, was ich brauche. Wenn ich merke, dass jemand, mit dem ich spreche, Schuld auf sich nimmt, versuche ich, einen oder mehrere der folgenden Punkte umzusetzen:

1. Den anderen darum bitten, die Verbindung zwischen dem was ich fühle und meinem Bedürfnis zu wiederholen. Das hilft dem anderen zu verstehen, dass ich die Verantwortung für meine Gefühle tragen will.

   „Ich will sicherstellen, dass ich mich deutlich ausgedrückt habe. Bist du bereit zu erzählen, was du mich über meine Bedürfnisse und meine Gefühle hast sagen hören, damit ich weiß, ob ich mich irgendwo undeutlich ausgedrückt habe?"

2. Raten, welche Gefühle und Bedürfnisse die andere Person in diesem Augenblick verspürt – laut oder leise.

   „Ich frage mich, ob du enttäuscht warst, als du hörtest, dass ich nicht kommen werde, weil du gerade ein großes Bedürfnis nach Unterstützung hast?"

3. Bitten Sie andere, Ihnen zu helfen, sich deutlicher auszudrücken. Etwas so:

   „Wenn du etwas in meinen Äußerungen als Schuldvorwurf verstanden hast, würdest du es mir sagen? Ich bitte dich darum, damit ich mich anders ausdrücken kann, nämlich auf eine Weise, die dir deutlich macht, dass die Schuld nicht bei dir liegt."

8.9 Geld und Schuld

„Ich verdiene mehr als die Sekretärin bei uns auf der Arbeit und sie redet immerzu davon, dass sie nicht genug Geld hat. Das führt dazu, dass ich nichts von meinem letzten Impulskauf sage, meine Einkaufstüten verstecke und mich beschämt fühle, wenn ich auf der Arbeit ein neues Kleidungsstück trage."

„Ich habe mich geschämt, als ich meinem Vater nicht das zum Geburtstag kaufen konnte, was ich ihm gern schenken wollte. Und dabei hatte ich selbst ein in meinen Augen teures Geschenk von ihm bekommen. Ich schämte mich so sehr, dass ich nicht zu seiner Geburtstagsfeier ging."

Das sind einige Stimmen aus der Mitte der Gesellschaft, wo es sowohl beschämend sein kann, zu viel als auch zu wenig Geld zu haben. Die Scham und die Schuld können in beiden Situationen unseren Kontakt zu anderen Menschen belasten. Wir befürchten, nicht angenommen und akzeptiert zu werden und das führt häufig zu einer Menge Heimlichtuerei rund um das Thema Geld. Viele, die ich danach gefragt habe, wissen nicht, wie viel ihre Freunde, Kinder oder Eltern verdienen.

Wenn ich einen Kurs halte und einer der Teilnehmer sich mit seiner Beziehung zum Geld auseinandersetzen möchte, geht es fast immer darum, dass die Person sich schämt, um Geld zu bitten, oder aber dass sie sich wegen ihres Umgangs mit Geld schuldig fühlt. Dies ist ein spannendes Forschungsfeld, das viel darüber verrät, wie wir unsere eigenen Bedürfnisse und die anderer in Einklang bringen können.

Viele Jahre lang habe ich zusammen mit einigen Partnern einen einwöchigen GFK-Kurs in Estland veranstaltet. Jedes Mal haben wir uns den Kopf zerbrochen, welche Teilnahmegebühren wir erheben sollten, da Menschen aus verschiedenen Ländern mit ganz unterschiedlichen ökonomischen Voraussetzungen teilnahmen und wir auch diejenigen willkommen heißen wollten, die nur wenig zahlen konnten.

Wir haben unterschiedliche Varianten ausprobiert. In einem Jahr starteten wir den Versuch, Westeuropäer und Osteuropäer unterschiedliche Gebühren zahlen zu lassen. In jedem Kurs hatten wir dann ein offenes Gespräch über den finanziellen Aspekt des Kurses. Wir fragten die Teilnehmer, wie es für sie war, den Betrag zu zahlen, um den wir sie gebeten hatten. Und wir waren darauf gefasst, von jemandem aus Westeuropa zu hören, es sei ungerecht, mehr zahlen zu müssen.

Aber die Person, die am stärksten reagierte, war eine Osteuropäerin, die es erniedrigend fand, in eine Schublade gesteckt zu werden, nur weil sie aus einem bestimmten Teil der Erde kam. Als arm angesehen zu werden fühlt sich häufig wie eine Demütigung an. Sie sagte sogar, sie fühle sich wie ein „Mitbürger zweiter Klasse". Mehrere der anderen Teilnehmer stimmten ihr zu.

Kommt man aus einer Kultur, in der man an schneidige Botschaften wie: „Jeder ist seines Glückes Schmied und alle haben die gleiche Chance, erfolgreich zu sein" glaubt, fühlt man sich leicht peinlich berührt, wenn man nicht genug Geld hat. Seine eigenen Finanzen nicht im Griff zu haben, fühlt sich beschämend an, denn man sollte sich „nach der Decke strecken".

Hollywood ist eine sprudelnde Quelle bewegender Filme, in denen es jemand trotz aller Widrigkeiten „geschafft" hat. Sie basieren häufig auf einer „wahren Geschichte" und schicken die Botschaft in die Welt, dass man Erfolg hat, wenn man sich nur genug anstrengt. Umgekehrt bedeutet das: Wenn man arm ist, hat man nicht genug für seinen Erfolg getan. Vorstellungen wie diese oder „Wie man sich bettet, so liegt man" lassen uns leicht die Augen vor der uns umgebenden Wirklichkeit verschließen: Wenn jemand arm ist, dann hat derjenige sich ganz einfach nicht genügend angestrengt und nichts Besseres verdient.

8.10 Eine Bestandsaufnahme dessen, was Ihnen Schuld einflößt

Listen Sie Situationen auf, in denen Sie sich schuldig fühlen. Verwenden Sie die Liste, um sich die Schuld bewusst zu machen, sie kennenzulernen und mit ihr umzugehen. Die Liste kann Ihnen immer dann als Erinnerung dienen, wenn Sie besonders wachsam sein müssen. Sie kann Sie außerdem anspornen, ein wenig mehr zu trainieren, neue Umgangsweisen mit solchen Situationen zu finden.

Wenn Sie glauben, sich nie schuldig zu fühlen, schlage ich vor, dass Sie besonders gründlich darüber nachdenken, ob Sie nicht doch zu bestimmten Gelegenheiten etwas tun, um das Gefühl von Schuld zu vermeiden. Manchmal kann das fast automatisch geschehen, sodass wir uns nicht einmal bewusst werden, dass diese Gefühle in uns auftauchen.

Schuld zeigt sich häufig in Kombination mit unterschiedlichen Varianten von Unbehagen und Unwillen. Daher beachten wir sie nicht, sondern versuchen um jeden Preis, sie nicht zu fühlen. Wenn wir vermeiden, dem Schuldgefühl Beachtung zu schenken, können sich diese Gedanken in unserem Unterbewusstsein festsetzen. Dadurch wird es noch schwerer, mit der Schuld umzugehen, als wenn wir sie bereits in einem früheren Stadium angegangen wären.

Finden Sie mithilfe der nun folgenden Fragen heraus, auf welche Weise die Schuld sich in Ihr Leben drängt.
- Was passiert? – Was können Sie in dem Moment, in dem die Schuld entsteht, beobachten?
- Was glauben Sie, was Sie in dieser Situation tun sollten?
- Was glauben Sie, was Sie in dieser Situation nicht tun sollten?
- Was denken Sie über sich selbst?
- Was denken Sie über andere Menschen?
- Was hören Sie andere sagen?
- Was sagen Sie selbst?

Als mir bewusst wurde, dass ich mich immer schuldig fühlte, wenn ich meine Schwester traf, wurde das Gefühl für mich greifbarer. Ich verstand, dass ein altes Denkmuster das Steuer übernahm, sobald ich sie traf oder nur daran dachte, sie zu treffen. Als ich aufmerksamer wurde, entdeckte ich, dass die Schuld mich daran erinnern wollte, für die Bedürfnisse einzustehen, die ich häufig in der Beziehung zu meiner Schwester aufgab, und dass ich gleichzeitig behutsam mit ihren Bedürfnissen umgehen wollte.

Sowie ich anfing, für meine Bedürfnisse einzustehen, musste die Schuld mich nicht länger in jedem Moment daran erinnern.

8.11 Der Schuldtag

ÜBUNG

Wählen Sie einen Tag aus, an dem Sie sich dem Erforschen Ihrer Schuldgefühle widmen. An diesem Tag geht es darum zu verstehen, was es mit sich bringen kann, nichts zu tun, um Schuldgefühle zu vermeiden. Tragen Sie an diesem Tag gern Stift und Notizbuch bei sich, um Ihre Einsichten niederzuschreiben. Wenn Sie einen Tag bestimmt haben, vollführen Sie folgende Schritte:

Schritt 1: Wenn Ihnen bewusst wird, dass Sie gerade etwas tun, um ein Schuldgefühl zu vermeiden – tun Sie es nicht! Es geht nicht darum, mehr Schuld zu fühlen (denn es reicht schon, die ohnehin vorhandene Schuld auszuhalten). Nehmen Sie nur wahr, wann Sie sich schuldig fühlen und halten Sie an diesem Punkt inne.

Schritt 2: Richten Sie Ihre Aufmerksamkeit dann auf das Bedürfnis hinter der Schuld. Was brauchen Sie? Und was fühlen Sie, wenn Sie Kontakt zu dem Bedürfnis hergestellt haben?

Schritt 3: Machen Sie sich bewusst, welche Bedürfnisse Sie befriedigen wollen, indem Sie Schuldgefühle vermeiden, und welche Bedürfnisse dadurch unerfüllt bleiben.

Schritt 4: Wenn Sie sich nun über Ihre Bedürfnisse im Klaren sind, wollen Sie das Versäumnis, für das Sie sich schuldig fühlen, nachholen oder nicht? Sind Sie bereit, die Konsequenzen zu tragen, wohin auch immer Ihre Entscheidung Sie führt? Wollen Sie jemanden um etwas bitten?

Nachwort

Das Schreiben dieses Buches dauerte so viel länger, als ich mir jemals hätte träumen lassen. Was anfangs als kleines Bändchen gedacht war, wuchs und wuchs und wuchs. Wut, Scham und Schuld waren zu Beginn nur drei Ausdrücke für mit Gedanken vermischte Gefühle, die mir interessant erschienen. Ich hatte keine Ahnung, was mich unter der Oberfläche erwartete, als ich mir wirklich die Zeit nahm, mich mit der Schuld, der Scham und der Wut auseinanderzusetzen. Ich bin den vielen Autoren, Filmemachern und Wissenschaftlern, die sich vor mir des Themas angenommen haben, außerordentlich dankbar, denn durch sie habe ich eine Menge hilfreicher Impulse aus unterschiedlichen Richtungen erhalten.

Ohne die hingebungsvollen Personen, mit denen zusammen ich die Scham erforschen konnte, wäre ich nicht so weit gekommen. Auch wenn viele weitere mir auf dieser Reise geholfen haben, möchte ich besonders Kay Rung, Katarina Hoffmann und Johan Rinman nennen, weil sie in den letzten Jahren bereit waren, die Ideen zu prüfen, mit denen ich zu ihnen gekommen bin. Sie haben protestiert, gejubelt, ergänzt und gestrichen, ihr Können mit eingebracht und vieles mehr beigetragen.

Es ist schön, das Nachwort zu diesem Buch zu schreiben und zu wissen, dass es nun fertig ist. Gleichzeitig ist da eine gewisse Unzufriedenheit, den Schlusspunkt unter etwas gesetzt zu haben, das noch weiter wachsen, das noch mehr spezifiziert und verfeinert werden und zu weiteren neuen Gedankengängen und Verhaltensweisen einladen könnte. Dennoch schließe ich diese Arbeit mit Freude ab und in der Hoffnung und dem Vertrauen darauf, dass das, was ich geschrieben habe, für Sie als Leser etwas verändert.

Ich freue mich auf das nächste Mal, dass ich Scham, Schuld oder Wut fühle. Hoffentlich teilen Sie diese Freude!

Liv

Literatur

ALAKOSKI, SUSANNE (2011), *Bessere Zeiten,* edition fünf.

BACH, RICHARD (1987), *Illusionen: Die Abenteuer eines Messias wider Willen,* Ullstein.

BENEDICT, RUTH (2006), *„Patterns of Culture",* Mariner books.

BÖHM, TOMAS & KAPLAN, SUZANNE (2009), *Rache: Zur Psychodynamik einer unheimlichen Lust und ihrer Zähmung,* Psychosozial-Verlag.

BRADSHAW, JOHN (2006), *Wenn Scham krank macht: Verstehen und Überwinden von Schamgefühlen,* Droemer Knaur.

BROWN, BRENÉ (2007), *I Thought It Was Just Me (but it isn't): Telling the Truth about Perfectionism, Inadequacy, and Power,* Gotham.

BROWN, DAN (2011), *Das verlorene Symbol,* Bastei Lübbe.

BUBER, MARTIN (1958), *Schuld und Schuldgefühle,* L. Schneider.

CAN, MUSTAFA (2006), *Tätt intill dagarna: berättelsen om min mor,* Norstedts.

CLARK, MARY E. (2002), *In Search of Human Nature: Who Do We Think We Are?* Routledge Chapman & Hall.

CULLBERG WESTON, MARTA (2008), *Från skam till självrespekt,* Natur och Kultur.

DAMASIO, ANTONIO R. (2004), *Der Spinoza-Effekt: Wie Gefühle unser Leben bestimmen,* List Taschenbuch.

DIAMOND, JARED (2006), *Arm und Reich: Die Schicksale menschlicher Gesellschaften,* Fischer.

EIN KURS IN WUNDERN (2010), Textbuch / Übungsbuch / Handbuch für Lehrer, Greuthof Verlag.

EISLER, RIANE (2005), *Kelch & Schwert: Von der Herrschaft zur Partnerschaft: Weibliches und männliches Prinzip in der Geschichte,* Arbor Verlag.

EISLER, RIANE (1996), *Sacred Pleasure: Sex, Myth, and the Politics of the Body,* Harpercollins.

EISLER, RIANE (2007), *The Real Wealth of Nations: Creating a Caring Economics,* Berrett-Koehler.

FAUSTO-STERLING, ANNE (1988), *Gefangene des Geschlechts? Was biologische Theorien über Mann und Frau sagen,* Piper.

FREDRIKSSON, MARIANNE (1999), *Hannas Töchter,* Fischer.

GALTUNG, JOHANN & ANDREAS (2004), *En Flygapelsin berättar,* Vita Älgen.

GANDHI, MOHANDAS KARAMCHAND (2001), *Eine Autobiographie oder: Die Geschichte meiner Experimente mit der Wahrheit,* Verlag Hinder + Deelmann.

GIBSON, NEILL & KLEIN, SHARI (2004), *Was macht dich wütend? Zehn Schritte zur Transformation von Wut, durch die alle gewinnen können,* Junfermann.

GOLEMAN, DANIEL (1995), *Emotionale Intelligenz,* Carl Hanser Verlag.

HARTMANN, THOM (2000), *Unser ausgebrannter Planet: Von der Weisheit der Erde und der Torheit der Moderne,* Riemann Verlag.

ISDAL, PER (2001), *Meningen med våld,* Gothia förlag.

KASHTAN, INBAL (2005), *Von Herzen Eltern sein: Die Geschenke des Mitgefühls, der Verbindung und der Wahlfreiheit miteinander teilen,* Junfermann.

KOHN, ALFIE (2010), *Liebe und Eigenständigkeit: Die Kunst bedingungsloser Elternschaft, jenseits von Belohnung und Bestrafung,* Arbor Verlag.

KJELLQVIST, ELSE-BRITT (1993), *Rött och vitt: om skam och skamlöshet,* Carlsson förlag.

LARSSON, GÖRAN (2007), *Skamfilad: Om skammens många ansikten och längtan efter liv,* Cordia / Verbum förlag AB 2007

LARSSON, LIV (2004), *Nonviolent Communication i praktiken: arbetsbok för att lära sig Nonviolent Communication individuellt eller i grupp,* Friare Liv Konsult.

LARSSON, LIV (2009), *Begegnung fördern: Mediation in Theorie und Praxis, Mit Gewaltfreier Kommunikation vermitteln,* Junfermann.

LERNER, HARRIET (2004), *Wohin mit meiner Wut? Neue Beziehungsmuster für Frauen,* Fischer.

LIEDLOFF, JEAN (2009), *Auf der Suche nach dem verlorenen Glück: Gegen die Zerstörung unserer Glücksfähigkeit in der frühen Kindheit,* Beck.

MILGRAM, STANLEY (1982), *Das Milgram-Experiment: Zur Gehorsamsbereitschaft gegenüber Autorität,* Rowohlt.

NATHANSON, DONALD L. (1992), *Shame and Pride: Affect, Sex and the Birth of the Self,* W. W. Norton & Company.

OBAMA, BARACK (2008), *Hoffnung wagen: Gedanken zur Rückbesinnung auf den American Dream,* Rieman Verlag.

QUINN, DANIEL (1994), *Ismael,* Goldmann Verlag.

ROSENBERG, MARSHALL B. (2011), *Gewaltfreie Kommunikation. Eine Sprache des Lebens,* Junfermann.

ROSENBERG, MARSHALL B. (2010), *Das können wir klären! Wie man Konflikte friedlich und wirksam lösen kann,* Junfermann.

ROSENBERG, MARSHALL B. (2011), *Erziehung, die das Leben bereichert: GFK im Schulalltag,* Junfermann.

ROSENBERG, MARSHALL B. (2009), *Die Sprache des Friedens sprechen – in einer konfliktreichen Welt,* Junfermann.

ROSENBERG, MARSHALL B. (2009), *Was deine Wut dir sagen will: überraschende Einsichten. Das verborgene Geschenk des Ärgers entdecken.* Junfermann Verlag.

SAINT-EXUPERY, ANTOINE DE (2008), *Der kleine Prinz,* Karl Rauch Verlag.

SJÖDIN, AGNETA (2007), *En kvinnas resa,* Bazar förlag.

SKÅRDERUD, FINN (202), *Oro,* Natur och kultur.

WENNSTAM, KATARINA (2005), *En riktig våldtäktsman: En bok om samhällets syn på våldtäkt,* Albert Bonniers Förlag.

WINK, WALTER (2000), *The Powers That Be: Theology for a New Millenium,* Double Day Image.

WINK, WALTER (1992), *Engaging the Powers: Discernment and Resistance in a World of Domination,* Fortress P.

DVD, CD

NATHANSON, DONALD L. (2003), *Managing Shame, Preventing Violence: A Call to our Clergy,* DVD.

EISLER, RIANE (2004), *Children of tomorrow,* DVD.

ROSENBERG, MARSHALL B. (2003), *Basics of NVC,* CNVC.

MOORE, MICHAEL (2002), *Bowling for Columbine,* DVD.

Internetquellen

↗ http://www.friareliv.se

↗ http://www.tomkins.org

↗ http://www.cnvc.org

↗ http://www.gewaltfrei.de

↗ http://www.nonviolentcommunication.com

Über die Autorin

Liv Larsson ist zertifizierte GFK-Trainerin (CNVC) und wurde unter anderem von Marshall Rosenberg, dem Begründer der Gewaltfreien Kommunikation, ausgebildet. Sie vermittelt als Mediatorin in Schulen, Familien und Organisationen. Außerdem bildet sie selbst in Mediation und Konfliktmanagement aus.

Seit 1992 hat sie Kurse in GFK, Führung, Mediation und persönlicher Entwicklung in Schweden, Europa, Asien und anderen Teilen der Welt geleitet. Dabei bildet sie so verschiedene Gruppen wie Führungskräfte, Friedensarbeiter, Mitarbeiter in Kinderheimen, Mediatoren, Theatergruppen, Ärzte, Lehrer und viele andere aus.

In den letzten Jahren hat sie sich auf die Ausbildung in Wut, Scham und Schuld sowie Mediation spezialisiert.

Von Liv Larsson erschien bei Junfermann bereits das Buch „Begegnung fördern: Mediation in Theorie und Praxis". In Schweden hat sie weitere Bücher zur GFK sowie zwei Kinderbücher veröffentlicht. Einige der Titel sind in andere Sprachen übersetzt worden.

Sie selbst hat mehrere Bücher von Marshall Rosenberg ins Schwedische übersetzt und in ihrem eigenen, 1992 gegründeten Verlag Friare Liv Konsult herausgegeben.